INTERVENÇÕES PSICOLÓGICAS NA INTUBAÇÃO

Da clínica do agora à clínica do depois

Alfredo Simonetti
Jaquilene Barreto
ORGANIZADORES

INTERVENÇÕES PSICOLÓGICAS NA INTUBAÇÃO

Da clínica do agora à clínica do depois

Aline Vaneli Pelizzoni
Andrea Batista de Andrade Castelo Branco
Bruna Freire Ribeiro
Gabriel Afonso Dutra Kreling
Karla Driele da Silva Alves Arruda
Jefferson Clayton da Silva Oliveira
Lucas Jagnow Guerra
Pedro Henrique de Araujo
Raquel Guzella de Camargo
Rita Gomes Prieb
Sara Caldart Lupatini
Sheila Taba

Intervenções psicológicas na intubação – Da clínica do agora à clínica do depois

DIRETOR
Alcebino Santana

COORDENAÇÃO EDITORIAL
Karol Oliveira

DIREÇÃO DE ARTE
Tiago Rabello

REVISÃO
Giovanna Marques Hailer Felipe

CAPA
Karol Oliveira

IMAGEM DE CAPA
Karla Driele da Silva Alves Arruda

DESIGNER
Maria Eduarda Dieguez

PROJETO GRÁFICO E DIAGRAMAÇÃO
Conrado Esteves

I61 Intervenções psicológicas na intubação : da clínica do agora à clínica do depois / organizadores : Alfredo Simonetti , Jaquilene Barreto. – Belo Horizonte : Artesã, 2022.

268 p. ; 23 cm.

ISBN: 978-65-86140-87-3

1. Psicologia hospitalar. 2. Tratamento intensivo. 3. Unidades de terapia intensiva. 4. Intubação. 5. COVID-19. I. Simonetti, Alfredo. II. Barreto, Jaquilene

CDU 159.9

Catalogação: Aline M. Sima CRB-6/2645

IMPRESSO NO BRASIL
Printed in Brazil

(31)2511-2040 (31)99403-2227
www.artesaeditora.com.br
Rua Rio Pomba 455, Carlos Prates – Cep: 30720-290 | Belo Horizonte – MG
/artesaeditora

Sumário

Apresentação

A psicologia envolvida com a intubação orotraqueal é um campo amplo, desafiador e relativamente desconhecido. É difícil entender que a intervenção que fez a história da Medicina Intensiva tenha sido tão pouco explorada até hoje nas questões psicológicas que envolvem pacientes, familiares e a equipe de atendimento.

Este livro, Intervenções Psicológicas na Intubação, torna-se, assim, uma pedra angular na compreensão da ansiedade, angústias e receios que permeiam os diversos momentos daqueles pacientes que precisam ser intubados, daqueles que ficam intubados por algum tempo e, também, dos que se recuperam de um período de intubação e lutam para voltar a uma vida possível. O livro foi escrito em tempos da pandemia de Covid-19, período em que as UTIs ficaram lotadas e todas as questões psicológicas decorrentes da intubação foram exacerbadas. Mas os ensinamentos aqui colocados serão fundamentais para a melhoria das intervenções psicológicas dos doentes submetidos à ventilação mecânica por outras causas.

Parabéns aos autores por transformarem um assunto importante e complexo num texto compreensível e interessante. Um valor imenso para médicos, psicólogos, enfermeiros, fisioterapeutas e outros profissionais envolvidos no cuidado dos pacientes intubados. Que possamos entender e intervir melhor nesses pacientes!

Dr. Álvaro Réa-Neto
Médico Intensivista
Diretor do Centro de Estudos e Pesquisa em
Emergências Médicas e Terapia Intensiva (CEPETI)
Ex-Presidente da Associação de
Medicina Intensiva Brasileira (AMIB)

Prefácio

Quando recebi o convite do querido amigo Alfredo Simonetti para escrever o prefácio deste livro aceitei de imediato, não pensei duas vezes, afinal, prefaciar o livro de um profissional tão diferenciado e especial é, para mim, não um trabalho, mas uma honra. Quando recebi os originais fiquei muito surpresa: "Intervenções psicológicas na intubação?". A primeira coisa que me veio à cabeça foi: *que livro atual e ousado*!

Atual, porque não há momento melhor para se falar das questões emocionais relativas à intubação do que agora, tempo em que vivenciamos uma pandemia[1], inesperada e grave, cuja principal sintomatologia é respiratória. *Ousado*, porque a intubação, uma das melhores formas de tratamento para casos de questões respiratórias graves, faz os pacientes perderem a autonomia e a fala, justamente a fala, o modo principal de trabalho da psicologia. Neste momento pensei: como discorrer a respeito deste procedimento tão específico e ao mesmo tempo tão usual no contexto hospitalar?

Na leitura dos capítulos percebi não somente a experiência de cada um dos autores, mas também o quanto a construção do livro foi pensada e discutida, desde o momento em que se cogita realizar o procedimento, passando pelo procedimento em si e indo até o depois. Por meio dos depoimentos dos pacientes entrevistados tomamos

[1] O livro foi escrito no primeiro semestre de 2021, no auge da pandemia pela COVID-19, quando o Brasil chegou a registrar mais de 4.000 mortes diárias. (Nota do editor).

consciência da angústia desta vivência de tantas incertezas, medos e privações, não somente dos pacientes e familiares como também dos profissionais envolvidos.

De fato, para quem trabalha em hospital há 40 anos como eu, fica claro que para o paciente passar pela intubação é difícil e assustador embora seja um procedimento muito comum, utilizado em muitas cirurgias nas quais o paciente permanece anestesiado por longo período de tempo. É um procedimento utilizado também em casos mais graves para garantir a segurança do paciente, seu conforto e por ser uma forma mais efetiva de melhorar a condição respiratória. O fato é, e isso foi muito bem discutido no livro e ilustrado pelos casos relatados, que a Covid-19 trouxe, em pouco tempo do seu aparecimento, um agravamento severo do pulmão cuja intubação poderia trazer tanto a salvação do paciente como uma forte possibilidade de morte.

Esta leitura me fez reviver inúmeros momentos vivenciados no dia a dia do hospital. Pacientes que repentinamente tinham que falar com suas famílias e se despediam com um até breve que poderia ser um até nunca mais. Muito interessante os capítulos que falam como abordar o paciente intubado e qual o melhor momento do desmame e da extubação. Excelente a forma como os autores discorreram sobre estes dois aspectos, principalmente como alcançar e ajudar aquele que não consegue por meio da fala expressar suas vontades e necessidades.

A perda da autonomia e do controle sobre si mesmo é assustador para aquele que adoece, aspecto exaustivamente discutido na maioria dos capítulos do livro. Estar intubado e sedado concretiza a perda de autonomia, pois o paciente não tem controle sobre o que fazem com ele, não há a sua participação nas decisões e, dessa forma, ele precisa deixar sua vida e seu "eu" nas mãos de outras pessoas, as quais nem conhece de fato.

O capítulo sobre as complicações psicológicas pós-UTI foi muito bem colocado, pois nem tudo termina com a melhora da doença e com a volta para casa. Sequelas físicas e emocionais acompanham esta "alta". Sobreviver à pandemia traz um capítulo à parte tanto para o cuidado físico quanto para o emocional e, desse modo, o seguimento desses pacientes se torna necessário e fundamental.

Outro destaque nesta leitura foi a possibilidade de compreender o que é a ventilação mecânica e quais são as suas consequências e possibilidades, assim como a angústia vivenciada por aquele que é o responsável pelo procedimento: o médico. Sabemos que o pensamento principal para o médico é poder cuidar e curar seu paciente, mas esta pandemia trouxe inúmeros desafios. No início, não era sabido como se dava o contágio, qual a sua extensão e quais as formas de proteção necessárias – chamava muita atenção que os médicos eram os que pareciam ter mais medo do contágio, por isso utilizavam duas máscaras e se expunham ao mínimo na linha de frente. Não existia um dia como o outro ou uma semana igual a anterior e essa incerteza trazia ansiedade e medo para a equipe de saúde. Foram meses até aprender a lidar com esta doença que se transformava rapidamente por meio de suas variantes. Foi muito veiculado sobre o heroísmo dos médicos e dos profissionais de saúde. Na verdade, não sei se era isso mesmo que eu observava na percepção dos mesmos. Atendi muitos colaboradores e médicos com medo de se contaminar, de contaminar a família, de estar doente e poder morrer. Imputamos a eles o heroísmo, mas será que era isso mesmo que deveria ser feito ou foi uma forma de deixá-los sem escolha de sentimentos outros que não teríamos como conduzir naquele momento?

Outro aspecto fundamental é o que se refere à família destes pacientes – a qual não podia acompanhar seu doente, vê-lo no dia a dia e não tinha como estar junto. Sabemos o quanto esta quebra de vínculo momentânea traz desespero ao familiar que fica do lado de fora da UTI ou, neste caso, do quarto do paciente. O perigo de contaminação precisava ser contido, a família precisava ser preservada. Com isso, ela pedia atenção e cuidado às vezes mais que o próprio paciente devido ao sentimento de culpa de não estar junto e da impotência trazida pela situação.

Esta angústia de separação entre o paciente e a família foi em parte amenizada pela televisita. Este formato de atendimento que a Psicologia lançou mão foi fundamental para refazer e promover minimamente o vínculo entre paciente e família. É interessante observar o uso da tecnologia ampliando contatos uma vez que foi possível, por meio de um dispositivo eletrônico, promover contato com a família, de ver seus pets de estimação e fazer despedidas. No caso de despedidas, além de doloridas, outra realidade se concretizou: não poder fazer o ritual de luto de seu ente querido, nem poder vê-lo pela última vez e dizer um adeus da forma como nossa cultura há tantos anos faz.

Em relação às mortes, sempre me vem à cabeça, se de fato, todas estas mortes deveriam ser assim. Explico: se não fosse a pandemia, tantas pessoas públicas que conhecíamos teriam morrido naquele momento? Tantos amigos e familiares teriam partido agora? Este é um dos principais ônus de uma pandemia. Que sensação estranha ter que vivenciar este contexto que saiu totalmente da programação de vida que o mundo tinha até março de 2020. Na verdade, isso faz parte da vida, encontrar o inesperado, aprender a lidar e a sobreviver a ele e às suas consequências. A pandemia trouxe muitas lições ao mundo para as pessoas como uma necessidade premente de parar a loucura do dia a dia e poder ressignificar suas vidas.

Deixei para falar por último, mas não por ser menos importante, sobre o Capítulo referente ao que se espera de nós, psicólogos. Não posso deixar de mencionar o quanto a Psicologia foi repentinamente valorizada e colocada em lugar de destaque. De várias formas diferentes, este capítulo discutiu porque éramos importantes e fundamentais. Precisou aparecer uma pandemia desta dimensão para de fato selar nossa contribuição ao cuidado emocional daquele que adoece, daquelas pessoas que, independentemente de uma doença, têm questões emocionais graves? Sim, era nosso o lugar ao lado do paciente e do médico quando a intubação era decidida; sim éramos nós que estávamos lá na ligação realizada para o paciente se despedir da família; sim éramos nós que estávamos nas visitas virtuais diárias entre paciente e família; sim éramos nós que estávamos lá na chamada de reconhecimento do corpo e acolhimento da família. Pergunto: quem cuidava de nós e nos acolhia? Tínhamos medo, incertezas, dúvidas e ansiedade.

Quando a pandemia se concretizou, fui passar para a minha equipe as orientações de como iríamos atuar. Precisei de pessoas que iriam ficar dedicadas para as áreas Covid do hospital. Vi o medo e o pavor estampado em suas faces, mas tive que me manter firme, pois tínhamos uma missão a cumprir. Penitenciei-me por não poder estar junto na linha de frente. Eles tinham que ser fortes o suficiente para vencer o medo e a dificuldade de trabalhar com uma vestimenta que os tolhia de movimentos e de contato mais próximo com o paciente. Para nós, psicólogos da linha de frente, era esperado o acolhimento e a continência de estar ali para o paciente, para a família e para nossos colegas de outras áreas.

As UTIs eram verdadeiros campos de batalha, de guerras travadas pela sobrevivência de todos os pacientes. Não havia lugar para esmorecer, sentir, sofrer e chorar. Nunca se viu em tão pouco tempo tanto aprendizado, tanta evolução, tanto conhecimento desenvolvido e adaptações necessárias no formato do saber-fazer da Psicologia como nestes últimos dois anos. Eu arrisco dizer que somos de fato privilegiados! Por tudo o que vivemos e aprendemos, por tudo o que pudemos atestar, o quanto fomos fortes e pudemos inovar enquanto seres humanos e profissionais, sem faltar com a nossa ética.

Enquanto psicólogos, estivemos ali para todos e estaremos ainda para aquilo que está por vir. A pandemia pode estar mais controlada, mas podem vir outras ondas e a devastação emocional que vem atrás dela ainda é incerta. Esta será a nossa demanda e o nosso desafio.

Este livro não poderia vir em melhor hora, pois, a partir dele, com a realidade vivida e traduzida pelos profissionais nas suas experiências, poderemos nos instrumentalizar para o que ainda está por vir.

Dra. Silvia Maria Cury Ismael
Psicóloga Hospitalar
Ex-presidente da Sociedade Brasileira
de Psicologia Hospitalar (SBPH)
Gerente de Saúde Mental do Hospital HCor – São Paulo

Introdução

Alfredo Simonetti
Aline Vaneli Pelizzoni

Se me falta o ar, o que me resta?[1] Assim começa esta história: um paciente na UTI, acordado, plenamente consciente, percebe que está piorando, sente o cansaço, fala com dificuldades, mas escuta. Ele escuta o médico dizer que a *saturação* de oxigênio no sangue está caindo e que se cair mais ainda ele vai ser intubado. Ele sabe que estória é esta de intubação, ele já tinha ouvido falar, até já viu acontecer, e teme, tem pavor de ser submetido a este tratamento, embora saiba que é a melhor chance para se recuperar, mas sabe também que é um mau sinal, pois significa que a doença está progredindo, e também está ciente de que esta pode ser uma viagem sem volta.

Esta é a cena da intubação que vai se desenhando. Estão presentes ali médicos preocupados, enfermeiras solícitas – e ameaçadoras ao mesmo tempo, munidas com toda a parafernália de equipamentos da UTI –, os fisioterapeutas, e também o psicólogo, que é nosso foco. Este livro é sobre o psicólogo na cena da intubação. Em um livro que se tornou um clássico da Psicologia Hospitalar brasileira, Maria Lívia Tourinho Moretto[2] perguntou: "O que pode o psicanalista no

[1] Parafraseando o belo título do livro de Luiz Schwarcz chamado **O ar que me falta**: História de uma curta infância e de uma longa depressão. Companhia das Letras, 2021.

[2] MORETTO, M. L. T. **O que pode um analista no hospital?** Editora: Artesã. Edição: 2019.

hospital?". Aqui, parafraseando sua questão, perguntamos: "O que pode o psicólogo na cena da intubação?".

Para responder a esta pergunta, entrevistamos mais de cem pacientes que viveram esta história, conversamos com dezenas de psicólogos de várias partes do Brasil para saber o que eles estavam fazendo na intubação e no desmame, e também, perguntamos a alguns médicos, enfermeiras e fisioterapeutas o que esperavam da Psicologia Hospitalar nas situações da ventilação mecânica, além de pesquisarmos a quase inexistente literatura sobre o assunto. O resultado deste esforço de pesquisa, realizado no meio da ventania da pandemia da Covid-19, é o que você vai ler nas páginas a seguir. O nosso objetivo é que este livro auxilie os psicólogos a ajudarem os pacientes a atravessar a experiência da intubação.

Neste livro, o termo "intubação" é usado para se referir ao que se passa antes, durante e depois desta intervenção médica. Nós dividimos a intubação ou a Intubação Orotraqueal [IOT] em cinco momentos: pré-intubação, intubação, paciente-intubado, desmame e pós-intubação. Cada um destes momentos acarreta problemas psicológicos predominantes e pede intervenções psicológicas específicas.

Na pré-intubação destaca-se a ansiedade antecipatória, a preocupação com a possível intubação; já no momento em que a intubação é indicada, a tensão sobe e o medo de morrer e a ansiedade agitada dominam a cena. Durante o tempo em que o paciente permanece intubado, a sua atividade psíquica é dominada por sonhos confusos, pesadelos e por vivências que ainda não conhecemos direito. Quando o paciente melhora e chega a hora do desmame, seguido da extubação, surgem a desorientação, a confusão mental *(delirium)* e novamente a ansiedade agitada. No pós-intubação os aspectos psicológicos mais relevantes são a angústia de ter visto a morte de perto, as memórias ilusórias, os déficits cognitivos, a ansiedade pós-traumática, a qual pode tornar-se depressão, e o medo de piorar novamente, mas também a alegria de estar vencendo a doença.

O trabalho da Psicologia Hospitalar é desenvolver uma conceituação teórica mínima sobre cada um destes momentos e propor estratégias e técnicas de intervenção psicológica. Este livro é um esforço neste sentido.

Na pré-intubação trabalhamos com o acolhimento, a escuta continente, a validação das emoções, e a orientação; no momento da intubação acrescentamos a isto as técnicas de diluição da ansiedade e de manejo da agitação; durante o tempo em que o paciente fica intubado, dedicamo-nos ao atendimento familiar e a cuidar da privacidade psicológica e social do paciente; no desmame, trabalhamos principalmente com as técnicas de orientação que funcionam bem para a confusão mental (*delirium*); já no pós-extubação voltamos à estratégia do acolhimento, da escuta e da validação das vivências, acrescentando as técnicas catárticas (*debrifing*) e o encaminhamento para a reabilitação neuropsicológica nos casos indicados.

Vamos descrever em detalhes estas técnicas nos Capítulos 6 *Intervenções psicológicas na intubação* e Capítulo 7 *Intervenções psicológicas no desmame.* Aqui, estamos apenas apontando a direção geral do trabalho da Psicologia hospitalar na intubação, resumida na tabela a seguir.

Fases da intubação	**Aspectos psicológicos**	**Estratégias & Técnicas**
Pré-intubação	Ansiedade antecipatória, preocupação, isolamento.	Acolhimento, escuta, validação e orientação.
Intubação	Medo da morte, ansiedade agitada.	Acolhimento, escuta, validação, orientação, manejo da agitação e diluição da ansiedade.
Paciente-intubado	A inconsciência e seus mistérios.	Atendimento familiar e cuidados com privacidade.
Desmame	Desorientação, confusão mental (*delirium*), agitação.	Orientação e diluição da ansiedade agitada.
Pós-extubação	Memórias ilusórias, déficits cognitivos, ansiedade pós-trauma e depressão, alegria de vencer a doença.	Acolhimento, escuta, validação, catarse e encaminhamentos.

A intubação, até recentemente um momento médico, está se tornando também um momento psicológico. Esta mudança se deve ao seguinte fato: antes, os pacientes que seriam intubados estavam inconscientes devido a uma parada cardíaca ou a um acidente ou estavam com o nível de consciência rebaixado por causa de um quadro terminal ou mesmo por uma anestesia pré-operatória, mas atualmente, devido às características clínicas da Covid-19, estão sendo submetidos à intubação pessoas acordadas, conscientes e contactuantes como se diz na linguagem médica e, como sabemos, com a consciência vem o sofrimento e a angústia, e onde há sofrimento psíquico e angústia, aí estamos nós, os psicólogos com a nossa pequena grande mágica, a terapia pela palavra. Atualmente, os pacientes participam da decisão sobre a intubação, eles falam ou balbuciam conforme o cansaço, recusam-se a ser intubados, ficam ansiosos, agitam-se, colocando a dimensão psicológica quase em primeiro plano, abaixo apenas da questão respiratória propriamente dita. Pela primeira vez na história da Psicologia hospitalar assistimos a isto: médicos, enfermeiras e fisioterapeutas, todos paramentados e parados ao lado do carrinho de intubação esperando o psicólogo "terminar de conversar" com o paciente que vai ser intubado. Isto significa uma valorização da Psicologia Hospitalar?

Na China, nos hospitais dedicados ao tratamento da Covid-19, psiquiatras e psicólogos são desencorajados a frequentarem as UTIs por serem considerados profissionais não essenciais[3]. Por outro lado, no Brasil e na Europa, a situação é bem diferente. Os psicólogos com os quais conversamos para a escrita deste livro, trabalhando em hospitais públicos e privados no Brasil, na Espanha e na Itália sentem uma valorização da Psicologia Hospitalar nestes tempos da pandemia da Covid-19. Eles relatam que a Psicologia tem sido bastante solicitada para cuidar da ansiedade e do *delirium* dos pacientes no processo de desmame ventilatório, e que só não é solicitada para o momento da intubação porque a equipe não sabe direito o que a Psicologia poderia fazer nesta hora. Convenhamos que nem mesmo nós, os psicólogos hospitalares, sabemos muito bem o que podemos fazer na cena da intubação, e estamos descobrindo isso agora.

Podemos dizer, então, que o desmame já é um momento psicológico, e a intubação será, seguindo o dito lacaniano de que a oferta

[3] PAIANO, M., et al. Saúde mental dos profissionais de saúde na China durante a pandemia do novo corona vírus. **Revista Brasileira de enfermagem.** São Paulo, 2020. Disponível em: <https://www.scielo.br/j/reben>.

cria a demanda, uma forma de sinalizar para a equipe, de maneira formal ou informal, a existência de cuidados psicológicos adequados ao instante da intubação.

O objetivo deste livro é descrever o que se passa, do ponto de vista psicológico, com a pessoa submetida à intubação, e apresentar algumas estratégias para a intervenção psicológica nesta situação, mas incluímos, também, um capítulo sobre questões técnicas, o Capítulo 3 denominado *Intubação e ventilação mecânica: aspectos técnicos*, escrito por um médico intensivista com vasta experiência na IOT, e também, bastante familiarizado com o trabalho em conjunto com psicólogos. Nós entendemos ser importante para o psicólogo saber o que é a ventilação mecânica, como ela é feita, quando está indicada e quando não deve ser feita, quais os equipamentos utilizados, quais são as possíveis complicações e também quais são os efeitos colaterais e sequelas mais frequentes. Para auxiliar a compreensão da intubação enquanto procedimento médico, incluímos um glossário ao final do livro, com os principais termos médicos relacionados ao procedimento da intubação.

Quase metade dos pacientes submetidos ao procedimento não se lembra da intubação, mas todos eles sabem por ouvir contar o que se passou durante a intubação e se lembram bem dos angustiantes momentos do desmame ventilatório por meio do qual, finalmente, deixaram para trás o respirador.

Não lembrar não é a mesma coisa de não ter vivido. A intubação é vivida e sofrida, e deixa suas marcas mesmo naqueles que não se recordam dela. Também não nos lembramos dos primeiros anos de nossas vidas, do tempo em que éramos bebê, e nem por isso estas vivências deixaram de ser as mais estruturantes no nosso psiquismo. Afinal, na Psicologia cuidamos tanto de vivências quanto das lembranças, queremos cuidar do que se passa no momento da intubação, do que o paciente está sentindo naquela hora independentemente se ele vai se lembrar ou não do que está experienciando, e também, é claro, queremos cuidar do que vem depois.

Aqueles que se lembram da intubação lembram, principalmente, da aflição de não conseguir respirar direito, do medo de morrer e da preocupação com a família. Estes são os temas que mais aparecem nos relatos dos pacientes que entrevistamos. No Capítulo 9 *Complicações psicológicas Pós-UTI-Covid: a clínica do depois,* apresentamos um estudo detalhado das sequelas cognitivas e afetivas deixadas pela passagem pela UTI.

A aflição por não conseguir respirar é uma reação instintiva no ser humano, aliás, vale lembrar que a origem da palavra angústia está ligada diretamente à respiração. Angústia, etimologicamente falando, significa caminho estreito, apertado, exatamente o que sentimos ao estarmos angustiados, um aperto no peito que não deixa o ar passar direito. Gaiarsa[4] explicando porque "a respiração é sempre urgentemente necessária", diz que:

> [...] a respiração é uma função biológica sempre urgentemente necessária, e só ela é assim. Já após alguns segundos começamos a sentir sua falta, que é sempre muito aflitiva e insuportável. Em relação às demais funções (comer, dormir, fazer sexo), podemos passar várias horas sem realizá-las e sem sentir a menor ansiedade ou desconforto, muito menos a sensação de morte iminente que se liga à asfixia.

Outra característica notável da respiração é que ela é uma função corporal de duplo comando, regulada ao mesmo tempo pelo sistema nervoso voluntário, por meio das fibras musculares estriadas, e pelo sistema nervoso autônomo, mediante as fibras musculares lisas. Ela funciona tanto pela vontade da pessoa quanto pelo automatismo do corpo e, por isso, não é possível suicidar-se simplesmente segurando a respiração. Alguns adolescentes que tentam esta técnica descobrem rapidamente que chega a um ponto em que o corpo respira sozinho.

Na IOT, esses dois comandos são colocados fora de serviço e a respiração passa a ser comandada pela máquina, ou seja, pelo respirador. O mestre indiano Osho chama esta característica fisiológica de ponte entre a consciência e a transcendência e aponta que todas as técnicas de meditação e relaxamento, orientais e ocidentais, incluem uma fase de "observação da respiração". De fato, a simples observação da respiração é uma das técnicas mais eficientes de controle da ansiedade. O problema para nós que buscamos maneiras de lidar com a ansiedade na IOT é que é a respiração justamente que está adoecida, comprometida.

[4] GAIARSA, J. A. **Respiração, angústia e renascimento**. São Paulo: Ágora, 2010.

Ela não pode curar a si mesma. A técnica da observação pode até ter alguma utilidade, mas conselhos do tipo "quando ansioso respire ampla, profunda e pausadamente" simplesmente não faz sentido na situação estudada, por isso temos que buscar alternativas, como o uso da palavra, por exemplo. Mas lembre-se de que a palavra também está comprometida, afinal, a palavra é respiração modulada.

Existem dois sistemas de controle da respiração: o que governa a respiração para atender às necessidades de oxigênio e o que a organiza para que possamos falar. Então, temos que ir além ou aquém da palavra e trabalharmos com a presença, os gestos, a leitura labial, os olhares, e outras técnicas de comunicação não verbal que a Psicologia já vem desenvolvendo há anos no trabalho em UTI e com pacientes terminais.

O medo de morrer é o sentimento dominante nos relatos dos pacientes que passaram pela intubação. Aos olhos deles, a notícia de que serão intubados chega como a crônica de uma morte anunciada. O medo do procedimento em si é secundário, o que os apavora é a ideia de não voltar, de não sair da intubação, e apavorados, tocando o braço do médico pedem: "Dr., não me deixe morrer", pedem uma garantia que infelizmente ninguém pode dar, mas pedem assim mesmo. Vejamos um caso contado por um intensivista.

> Um paciente que eu intubei pegou na minha mão, olhou nos meus olhos e disse, tudo bem, já que não tem jeito vai a intubação mesmo, mas doutor eu tenho uma filha de dois anos, por favor não me deixe morrer, me traga de volta para ela. (G., médico, 33 anos, atua na Covid há 1 ano e meio).

No Capítulo 4, *A clínica entre vários: o que esperam de nós?*, discutiremos as expectativas dos médicos, das enfermeiras e dos fisioterapeutas sobre o trabalho da Psicologia Hospitalar. E nós, da Psicologia Hospitalar, como respondemos à demanda por garantias? Com reasseguramento, dizendo que vai dar tudo certo, ou com a verdade nua e crua, deixando em aberto todas as possibilidades? Embora responder e dizer não sejam a nossa grande estratégia, já que fundamentalmente escutamos, chega uma hora, geralmente horas bem difíceis como a da intubação, que não basta fazer silêncio e escutar, cabe dizer algo. Mas o quê?

Seguimos no Capítulo 5, *A angústia de quem intuba,* discorrendo sobre a ansiedade de quem intuba, partindo da fala dos próprios médicos. Para isso, conversamos sobre a experiência da intubação com 15 médicos cuja atuação em UTI-Covid se deu desde o início da pandemia. No Capítulo 6, *Intervenções psicológicas na intubação,* apresentaremos e discutiremos uma série de intervenções psicológicas na intubação, mas já podemos adiantar que o que nos guia nesta hora é o nível de angústia do paciente, esta é a nossa bússola. Pacientes com angústia muito intensa, beirando a desestruturação psíquica, merecem uma verdade – compassiva ou dita mais claramente, uma verdade seletiva –; já pacientes com menor nível de angústia suportam e aproveitam uma conversa mais franca. E outra ideia que nos orienta nesta agitada hora da intubação é a noção de que a intervenção psicológica visa a ajudar o paciente a atravessar o momento, e não a reestruturar a personalidade ou a "trabalhar" qualquer outro conflito psíquico que possa existir. Psicologia Hospitalar não é a mesma coisa que Psicoterapia.

O medo de morrer que o paciente sente na hora da IOT, visto de fora pelos olhos dos médicos, das enfermeiras, dos fisioterapeutas e dos psicólogos, aparece como ansiedade, e a ansiedade surge no cenário da UTI como um fator problemático, um elemento desarrumante. O paciente fica inquieto, agita-se física e psiquicamente, justo na hora em que a equipe precisa que ele fique mais calmo para que o delicado procedimento médico da intubação possa ser feito o mais rapidamente possível. Esta é a grande demanda da equipe em relação à Psicologia hospitalar: lidar com a ansiedade do paciente, fazer com que ele se acalme para não dificultar ainda mais a IOT. Mas o que é exatamente esta tão falada ansiedade?

A ansiedade ou angústia, que neste livro são vistas como palavras sinônimas é a emoção que sentimos diante do perigo, é uma preparação para a luta e para a fuga. A própria palavra emoção já indica que é algo que tem a ver com ação, com agitação. É bom lembrarmos disso para que possamos validar e aceitar um mínimo de ansiedade e agitação no paciente. É claro que a UTI não é local adequado para agitação, mas vai fazer bem ao paciente se ele puder expressar um pouco a sua ansiedade em vez de simplesmente suprimi-la.

A demanda da equipe é pela "contenção" da ansiedade, mas a estratégia da Psicologia é trabalhar pela via da "diluição". Problema se resolve, angústia se dissolve. Mas se dissolve no quê? Em pílulas e palavras, especialmente a palavra dita pelo paciente e sustentada pela escuta do psicólogo. Este é o dispositivo no qual a palavra assume potência máxima para diminuir ansiedade ou para realizar qualquer outro trabalho psíquico. Nos casos em que o paciente tem a falta da palavra por dificuldades fisiológicas, entra em cena a palavra do psicólogo, que manejada com ciência e arte, por meio de sua função informativa ou sua função emotiva pode, às vezes, minimizar a ansiedade. Quando a ansiedade é excessiva, a equipe pode optar de pronto pela sedação, mas na maioria dos casos, como vimos em nossa pesquisa com psicólogos e médicos, isto não tem sido necessário, pois a Psicologia Hospitalar tem conseguido inventar mecanismos para a diluição da ansiedade.

A intubação de pacientes conscientes não é uma exclusividade da Covid-19. Também encontramos esta situação no tratamento da fibrose cística, dos queimados graves e também na endoscopia, embora esta última, diferente das duas primeiras, não esteja tão associada ao agravamento da doença ou a um prognóstico ruim. A endoscopia é um procedimento eletivo e associa-se ao tratamento e à sobrevivência, já a IOT na fibrose cística e na Covid é quase uma sentença de morte.

Dizem que duas coisas não podem ser olhadas de frente: nem o sol e nem a morte. Pois bem, a IOT obriga o paciente, consciente e contactuante, a considerar a possibilidade da morte de frente, assim, ele é convidado a tomar a decisão da intubação ou, no mínimo, a participar dela.

Os pacientes com fibrose cística, com ventilação não invasiva, máscaras e cateteres nasais, contam-nos de uma *sensação de controle* que eles experimentam ao ficarem olhando para o monitor que mostra a frequência cardíaca e a oxigenação do sangue. Esta capacidade de controlar estes parâmetros fisiológicos, explorada por uma técnica psicológica chamada *biofeedback*, aponta para a importância de ser sujeito. Qualquer paciente internado em um hospital "deixa de ser sujeito das ações e passa a ser objeto das atenções"[5], por isso, uma parte do trabalho da Psicologia Hospitalar é resgatar este papel de sujeito para um paciente, mesmo que seja minimamente.

Os pacientes em tratamento de queimaduras graves submetidos à intubação consciente falam de um medo da intubação relacionado

[5] ANGERAMI, V. A. **E a psicologia entrou no hospital**. Belo Horizonte: Editora Artesã, 2017.

ao calibre do tubo, à dor na garganta, e à sensação de vômito[6], relatos que não encontramos nos pacientes que foram intubados por causa da Covid-19, os quais apresentam mais um medo de morrer do que medo da intubação.

A intubação além de ser um tema médico e um tema psicológico, passou a ser também um tema cotidiano, aliás, no dizer da psicóloga hospitalar Rita Calegari: "a UTI entrou na sala de visita das pessoas", e como era de se esperar, está presente nas redes sociais, nas plataformas digitais e nos *sites* de notícias, em forma de relatos emocionados de pacientes e familiares que trazem contribuições sobre as ações acolhedoras que tiveram impactos significativos, como a escuta, o acolhimento de medos e da ansiedade, sobre o suporte religioso como a realização de oração, e também sobre o apoio em questões objetivas, como auxílio do profissional de psicologia no envio de mensagens, realização de chamadas de vídeo, escrita de cartas aos familiares, mediação nas informações médicas, etc.

Além do medo da morte, presente em quase todos os momentos relacionados a intubação, tratamos também, neste livro, da morte mesmo em sua crua realidade no Capítulo 8 denominado *O desfecho mais indesejado: a morte.*

No final do livro, no Capítulo 10 *Como eu faço na prática: casos clínicos* apresentamos uma coletânea de fragmentos clínicos, relatos de casos de intubação que foram atendidos por psicólogos e que contam nestes relatos tanto a evolução clínica e psicológica dos pacientes como as questões técnicas dos atendimentos sem deixar de fora as mobilizações emocionas provocadas pelos casos.

Este livro coloca em câmera lenta (para que possamos analisar, pensar, tentar compreender e planejar estratégias) acontecimentos que na realidade ocorreram de forma muita rápida. A vida é veloz, nós é que precisamos de um tempo para refletir sobre ela, e esperamos que a leitura deste livro seja um tempo para a reflexão sobre a nossa prática nos casos de intubação.

[6] [1] GUIMARÃES, M. A.; SILVA, F. B.; ARRAIS, A. A atuação do psicólogo junto a pacientes na unidade de tratamento de queimados. **Rev. Bras. Queimaduras**. v. 11, n. 3, p. 128-134, 2012.

CAPÍTULO 1

Vivências da intubação

Jaquilene Barreto
Pedro Henrique de Araújo
Lucas Jagnow Guerra
Alfredo Simonetti

"Às vezes só precisamos de alguém que nos ouça
que não nos julgue, que não nos subestime,
que não nos analise, apenas nos ouça"
CHARLES CHAPLIN

A UTI é um lugar de intensidades. Tudo é intenso na UTI: o tratamento, as intervenções, os riscos, os custos, a ansiedade e a esperança. Neste livro, estamos tratando de uma destas intensidades – a intubação. Queremos compreender o que se passa subjetivamente com a pessoa submetida a este procedimento.

> Minha última lembrança foi do tubo colocado na boca. Já vinha ansioso [...] permaneci muito ansioso até desmaiar. Quando estava intubado via lugares e situações diferentes, como sonhos, mas ao invés de acordar e perceber que estava sonhando, pulava de um sonho para outro. Foi uma experiência horrível, uma mistura de emoções que não consigo descrever. Senti medo de morrer. Tive medo de ser intubado novamente, as chances de morrer são maiores. (Y., masculino, 25 anos).

Outra paciente relata:

> Lembro de ver os médicos e enfermeiros se movimentando e se preparando para algum procedimento. Vi pela movimentação da equipe, que poderia ser algo relacionado a uma intubação. Então, perguntei se seria intubada e disse que estava com medo. O médico confirmou que ela precisaria ser intubada, e lhe questionou: "Por que tanto medo?" (sic). A paciente respondeu: "Porque todos os que a gente vê que intubam, morrem, mas seja o que Deus quiser" (sic). O médico então, lhe explicou o procedimento e o que seria feito. A paciente deu um beijo no rosário que segurava, e depois não lembra de mais nada. (T., feminino, 56 anos).

Os relatos que apresentamos aqui foram registrados durante o atendimento diário de pacientes gravemente enfermos que foram intubados na UTI-Covid de um hospital[1] universitário referência para Covid-19, e no acompanhamento ambulatorial destes pacientes três meses após a alta hospitalar. Conversamos sobre a experiência da intubação com uma centena de pacientes, para ser mais exato com 102 pacientes, e nessas conversas, na busca por uma mínima padronização metodológica para a nossa pesquisa, fizemos a todos eles as seguintes perguntas: "Você foi informado que seria intubado?"; "O que se lembra do momento da intubação?"; "Você teve medo de morrer?"; "O que poderia ser feito pela equipe no momento da intubação para acalmá-lo?". Vejamos o que eles nos contaram.

> Me lembro dos médicos e enfermeiros se movimentando e se preparando para algum procedimento. Então, perguntei diretamente à equipe se seria intubada e disse que estava com medo naquele momento porque muitos que foram intubados morrem... [...] (T., feminino, 56 anos).

Por outro lado, alguns pacientes relataram não ter se sentido ameaçado diante desse cenário e do momento da intubação: "fiquei tranquilo, não fiquei ansioso, já que era a única forma de salvar a minha

[1] Hospital Universitário do Oeste do Paraná – HUOP/ Universidade Estadual do Oeste do Paraná – Unioeste.

vida". (G., masculino, 53 anos). Outro relatou: [...] "não fiquei nervoso, não sabia o que era intubação" (J., masculino., 70 anos).

A lembrança

Chama atenção a constatação de que quase metade dos pacientes não tem lembrança da intubação.

> [...] fui de ambulância vindo para o hospital, mas acho que perdi a memória. Minha última lembrança é de luzes fortes e coloridas. Sentia ansiedade, medo de morrer. Sabia que seria intubada. A minha memória só retorna ao acordar da sedação no hospital. (N., feminino, 50 anos).

E o que isto significa? A pessoa não se lembra porque o rebaixamento do nível de consciência provocado pela sedação dificultou a fixação das informações ou não se lembra porque o sujeito recalcou um momento angustiante para não sofrer? Os estudos com pacientes internados em UTI demonstram de longa data que este tipo de amnésia é mais fisiológica do que psicológica[2-3]. Corroborando esta visão, notamos que os pacientes esquecem tanto o momento da intubação quanto a hora da videochamada para a família – 32% dos pacientes não se lembraram desse evento – ou seja, esquecem algo angustiante e também esquecem algo supostamente positivo.

É importante ressaltar esta questão porque o nosso treinamento como psicólogos nos leva a procurar recalques e outros processos psicológicos defensivos em quase tudo, mas aqui nada aponta para isto. A memória é a capacidade que temos de armazenar, formar, manter e evocar informações, e nos pacientes internados em UTI estas três fases da memória estão comprometidas seja pela condição clínica do paciente, seja pelo uso de medicamentos como os sedativos.

[2] CAPUZZO, M., et al. **Analgesia, sedation, and memory of intensive care.** J. Crit Care, 16, 83-89. 2001.

[3] IZQUIERDO, I. **A arte de esquecer**: Cérebro, Memória e Esquecimento. 3 ed. vol. 3. Rio de Janeiro, 2004.

Mas "não se lembrar, não é a mesma coisa de não ter vivido." As marcas de experiências vividas e não recordadas chamadas de "memórias amnésicas"[4] podem estar inscritas em outros tipos de registro, podem se manifestar no corpo sob a forma de somatizações ou podem surgir nas complicações psicológicas do pós-UTI. Voltaremos a este tema no Capítulo que trata sobre a clínica do depois.

A esse respeito, paciente de 55 anos, internada durante 31 dias na UTI, relata: "Se eu não tivesse visto minha foto intubada eu nem acreditaria, será que fiquei tão mal assim? (M. feminino, 55 anos).

Outra paciente nos relata:

> Eu não lembro de nada. Lembro de eu estar na sala, pedi pra chamar a doutora, e falei pra ela que se ela quisesse, se fosse caso de intubar, que eu aceitava, e daí eu não lembro mais de nada. Não sei se me intubaram acordada, se eu estava dormindo. Mas quando eu saí do hospital eu fui pra minha casa, eu fiquei muito mal. Eu tinha medo de dormir na minha casa. Eu tinha medo da minha casa. Eu nem consegui dormir aquela noite [...] (J.B., feminino, 37 anos).

O medo de morrer

Aquelas pessoas que se recordam da intubação descrevem o momento do procedimento como um evento estressante, marcado pelo medo de morrer, de não voltar da sedação, de não rever mais a família, de deixar tudo para trás. O medo também está ligado a uma percepção de gravidade, ao limite do seu corpo, e talvez, da própria percepção intuitiva da proximidade da morte.

> Lembro do início do procedimento de intubação; que o médico falou que ia intubar, disse que havia risco; fiquei preocupado e com medo. Conta que o médico pediu se queria fazer uma ligação para família e que ligou para a filha, disse para filha

[4] LEVINE, Peter A. Imobilizado pelo medo: aprendendo com os animais. In: **Uma voz sem palavras**: como o corpo libera o trauma e restaura o bem-estar. São Paulo: Summus, 2012. Cap. 4, p. 48-76.

> cuidar da família se caso ele morresse – [...] Isso me deixou muito angustiado, e foi o momento mais difícil da vida até esse momento. (C., masculino, 50 anos).
>
> Eu tinha medo de morrer sem ar, mas, eu não sei... se eu não fosse intubada. [...] eu acho que eu poderia ter morrido. Eu acho. Eu fiquei com medo de morrer, pelo meu filho. (J.B., feminino, 37 anos).

Os pacientes não falaram do medo do procedimento da intubação como quem tem medo de uma injeção. O medo de que falam é o medo de morrer, que se torna presente com o ato da intubação, conforme descrito nos relatos a seguir.

> Senti muita ansiedade, medo de morrer. Sabia que seria intubada. [...] Ouvi falar que intubação era sinônimo de morte. Senti alívio ao acordar e perceber que estava viva. (N., feminino, 39 anos).
>
> [...] Não queria ser intubado, senti muito medo [...] De 10 pacientes intubados, 8 não voltam, morrem. (P., masculino, 62 anos).
>
> O médico falou que eu ia ser intubado, chorei um pouco, entreguei nas mãos de Deus, falei pra ele: Dr. de 10 pacientes que é intubado só 1 volta. Ele falou para eu respirar fundo, daí fui intubado (J., masculino, 54 anos).
>
> [...] Porque todos os que a gente vê que intubam, morrem, mas seja o que Deus quiser [...] (T., feminino, 56 anos).

A crescente divulgação na mídia a respeito dos procedimentos relacionados à Covid-19, e em específico sobre a internação em UTI e a intubação, dão origem ao discurso que correlaciona diretamente a morte à intubação, como resultado único deste procedimento. Como apresentado anteriormente, observa-se menor angústia nos pacientes que não apresentavam conhecimento a respeito do procedimento, contudo, não podemos generalizar os pontos positivos deste não saber.

O medo da intubação, ou propriamente dito, o medo da morte, neste caso se baseia em um dado real e fundamentado, com ampla divulgação pelas mídias. O índice mundial de pessoas que sobrevivem à Covid-19, relacionado aos pacientes que foram submetidos ao procedimento de intubação, diminuiu consideravelmente. Compreender o contexto em que o paciente está inserido, como este se relaciona com a morte e de qual lugar se origina seu medo, é fundamental para a devida escuta e o acolhimento deste paciente. Aqui se trata de uma angústia real diante de um real insuportável – a morte.

Os pacientes que responderam "sim" à pergunta "Você teve medo de morrer?" explicitaram o sentimento por meio do medo de perder a família, do medo em relação à intubação e à sua correlação com o alto índice de óbitos e com experiências pessoais de mortes por Covid-19 na família e com pessoas próximas. Embora os pacientes tenham se referido ao medo da morte no momento da intubação não se mostraram propensos a falar muito sobre isso, a fazer associações e outros comentários.

Um medo muito citado e pouco elaborado, como entender isso? Será que isso aconteceu por ser uma questão cultural? Na sociedade ocidental, não há o hábito de se falar sobre a morte e o morrer. A partir do século XIX, a morte é vista como um tabu, sendo este um tema não discutido ou sequer mencionado em conversas, recebendo uma intensa interdição e fazendo com que os rituais e as temáticas que permeiam este momento sejam veladas.

Ou talvez não falar da morte tenha acontecido por uma razão psicológica, os pacientes estariam se defendendo da angústia de falar sobre a proximidade da morte. Outro fator possível de ser apontado como responsável por esta dificuldade de elaboração do medo da morte, apresentado pelos pacientes, durante a entrevista é o vínculo terapêutico.

As circunstâncias nas quais as entrevistas foram realizadas não possibilitaram a formação de um vínculo prévio com o paciente, haja vista que o psicólogo que realizou a entrevista não foi necessariamente o psicólogo que acompanhou o paciente em sua internação na UTI. Assim, pode-se supor que, por vezes, o vínculo neste momento único de entrevista não se fez suficiente para permitir que o paciente explorasse a fundo a temática da morte.

A nossa expectativa era de que os pacientes aproveitariam a entrevista para falar sobre a vivência mais intensa que passaram na intubação, o medo de morrer, mas não foi assim que se deu e, mais uma vez, temos que nos recordar que a nossa famosa "escuta" deve sempre ser apenas uma oferta e nunca uma imposição sob pena de deixar de ser terapêutica e virar iatrogênica, como aconteceu com os veteranos de guerra americanos que pioravam do TEPT ao serem obrigados a recordar os eventos traumáticos (*debrifing*). Aqueles que falaram por querer melhoraram ao longo dos anos, mas os que foram incentivados a falar pioraram subsequentemente. Nas nossas entrevistas, os pacientes que falaram um pouco mais sobre o medo de morrer mencionaram dois aspectos que fortaleceram no enfrentamento deste medo: o suporte familiar e a fé. Os pacientes ao relatarem o medo de morrer, lembravam-se da família.

> Só tenho eles. Não posso morrer ainda. Tá muito cedo. (J., masculino, 50 anos).
>
> [...] Eu fiquei com medo de morrer, pelo meu filho. (J. B., feminino, 37 anos).
>
> [...] Eu senti muito medo de morrer, de não voltar para casa, para minha família. (L, 62 anos).

Pontuando-se, assim, a evidência da significação dessas vivências por meio de conteúdos que se entrelaçam de certa forma com o que existe de mais subjetivo do sujeito, dando origem aos mais diversos relatos de experiências com esse momento e também as mais diferentes formas de lidar com esse processo. Sobre lidar com o momento, percebeu-se que alguns pacientes apresentaram maior aceitação frente à ideia de morte.

> Assim que saiu o resultado positivo para Covid, eu já estava preparado. Sou pastor. Por causa da espiritualidade, eu estava preparado até para a morte. Deixei na vontade de Deus. Fiquei tranquilo. (L., masculino, 61 anos).

Podemos teorizar que os pacientes que conseguiram lidar melhor com esse momento seriam aqueles que têm em sua vivência algo que os implique a refletir a respeito da morte e do morrer. Sendo assim, dos pacientes que referem maior tranquilidade durante esse momento de angústia, dois fatores se sobressaem aos demais, sendo a espiritualidade um deste como já citado anteriormente e explicitado na frase anterior, e além desse, a idade avançada. O segundo fator possivelmente ocorre, pois ao contrário dos casos dos idosos ao qual a finitude já se apresentou de maneira biológica, em casos de jovens a morte se apresenta culturalmente como abrupta e inesperada.

Junto com o medo da morte vem o pedido de reasseguramento – garantia de que não morrerá – solicitado ao médico, à enfermagem, ao psicólogo e a quem mais estiver ali presente. Este é um grande desafio no momento da intubação – Como responder a este pedido? A equipe, incluindo nela o psicólogo, já está bem treinada em explicar como é o procedimento, mas não é isso que interessa ao paciente, ele quer ouvir que não vai morrer.

> Um paciente que eu intubei pegou na minha mão, olhou nos meus olhos e disse, tudo bem, já que não tem jeito vai a intubação mesmo, mas doutor eu tenho uma filha de dois anos, por favor não me deixe morrer, me traga de volta para ela. (G., médico, 32 anos).
>
> [...] A gente só sabia o que a gente via na televisão. Fulano morreu. Estava intubado e morreu. Só que eu perguntei pra doutora se eu tinha chance de morrer. Ela me disse que não tinha como saber. (J.B., feminino, 37 anos).

Observamos que o momento da intubação para muitos pacientes remeteu ao medo da morte, levando-nos a pensar que o temor não é do procedimento em si. Trata-se do medo de morrer, de não voltar mais, de deixar a família – trata-se do fim.

A notícia

Existe o jeito certo de dar más notícias?

> Lembro que a equipe me falou que seria intubada, que seria inserido um "tubinho" (sic) pela garganta, para que eu respirasse melhor [...] Coisa mais triste aquilo (se referindo à intubação) (sic). Teve um momento, em que achei que tinham várias pessoas em cima de mim, "fazendo peso", como se estivessem em cima de mim, e depois percebi que era o momento em que estavam colocando o tubo em minha garganta. (J., feminino, 57 anos).
>
> [...] Lembro da intubação, O Dr. mediu minha pressão, e explicou pra mim que ia ter que fazer um procedimento em mim, e até me mostrou uma senhora que tava assim na frente... Daí eu olhei e falei: Pode fazer. Ela tava intubada, Aí ele falou:

> Mas só que daí pra isso eu vou ter que sedar você, L. Tem problema?, e eu falei Não Dr. pode fazer. [...] Do jeito que ele (médico) falou não foi apavorante, foi um jeito tranquilo mesmo. Até de ele me mostrar a mulher. Acho que foi bem profissional [...] Eu fiquei bem confiante, bem tranquilo. (L., masculino, 34 anos).

Devemos ou não informar o paciente a respeito do procedimento de intubação? E se sim, quanto informar? É importante frisar que no hospital onde foi realizada a pesquisa, o protocolo de orientações ao paciente prevê que o médico informe sobre a necessidade dos procedimentos, principalmente, ao se tratar de procedimentos invasivos, sendo repassadas as informações diretamente ao paciente, e quando este não se encontra em condições clínicas adequadas para recebê-las, as informações são transmitidas aos familiares. Portanto, compreende-se que todos os pacientes aqui entrevistados, intubados neste hospital, foram informados do procedimento, no entanto, poucos tinham recordação desse momento, como dito anteriormente.

Para responder a essas questões, podemos buscar a resposta em situação semelhante presente na técnica de comunicação de más notícias. Comunicar uma má notícia pode ser um grande desafio, e a maneira de transmitir a informação pode trazer muita angústia ao paciente. Por outro lado, uma comunicação adequada interfere positivamente no bem-estar do paciente, favorece a sua adequação psicológica e a autorregulação, trazendo alívio às tensões. É amplamente aceita nesta área a noção de entregar ao sujeito o que a sua psique é capaz de suportar de informações no momento, ou seja, comunica-se ao paciente a respeito do procedimento sempre em relação à quantidade de informação que este deseja saber, assim, impossibilitando que o repasse de informações se torne algo ansiogênico.

Para que seja possível o atendimento, é necessário que o profissional esteja disponível para o paciente neste momento, ou seja, ofertando essencialmente uma escuta atenta às demandas e a calma necessária para atendê-las. Além disso, faz-se necessário oferecer um ambiente seguro que seja perceptível aos olhos do paciente. Não existem fórmulas exatas para informar sobre a necessidade de intubação ao paciente que não lhes traga reações emocionais adversas.

No entanto, é importante atentar-se para as reações emocionais e para as formas de enfrentamento dessa vivência, identificando se o paciente está em sofrimento emocional ou se imerso em uma crise. Estes são indicadores necessários para identificar as reservas emocionais do paciente e o quanto ele pode tolerar, para decidir o quanto e como comunicar.

Um dos entrevistados nos relata uma situação na qual estas medidas não foram realizadas, conta que o médico, ao lhe informar que seria intubado, "não foi delicado". Segundo o paciente (I., masculino, 59 anos), o profissional, apressadamente, olhando para outras coisas e sem lhe direcionar o olhar, comunicou que iria fazer a intubação e que "veria se o procedimento daria certo para lhe ajudar". Este é um bom exemplo de uma comunicação ansiogênica.

Saber ouvir é uma das ferramentas indispensáveis para fazer uma boa comunicação. Ouvir com disponibilidade, com atitude compassiva, conseguir se conectar com o paciente a partir da identificação de suas demandas, oferecer ao paciente aquilo que ele necessita no momento da intubação pode ser um facilitador para que o mesmo consiga fazer essa travessia de maneira menos sofrida. Podemos testemunhar situações em que, apesar da compreensão da difícil realidade, o cuidado compassivo se sobrepôs ao sofrimento vivido neste momento:

> Paciente J.B., 37 anos, grávida de 27 semanas, há 9 dias com sintomas, evolui com piora dos sintomas respiratórios, queda da saturação e piora dos exames, é internada com indicação de intubação nas próximas horas, acionado o psicólogo do setor. Atendo a paciente à beira leito, paciente mostra-se receptiva à abordagem. Durante o atendimento, a paciente estava em máscara de reservatório de O_2 em cerca de 4 L/min. J.B. estava nervosa e relata que é muito ansiosa e eventualmente apresenta crises de ansiedade intensas; nega uso de psicotrópicos; nega acompanhamento psicoterapêutico e psiquiátrico. Informo sobre a rotina da unidade, intervenho na questão da ansiedade com orientações sobre o manejo das crises – ensino técnica de respiração, coloco-me à disposição, mantenho presença constante. Saio do plantão, paciente se mantém desconfortável, converso com a médica de plantão que informa que possivelmente paciente será intubada nas próximas horas. O Serviço de Psicologia foi solicitado a comparecer na UTI-Covid no período da tarde, paciente será intubada. Ao me aproximar do leito, a paciente

já está em processo de IOT, estando a equipe de profissionais devidamente posicionada, realizando os procedimentos necessários para a intubação. Embora o quarto estivesse com inúmeros profissionais, percebo uma organização e preocupação com o bem-estar da paciente, pelas falas e olhares acolhedores que alguns profissionais mais próximos lhe transmitiam. A paciente estava acordada, fazendo uso de VNI. A médica se encontrava posicionada de modo que era possível que ela e a paciente realizassem contato visual. Importante mencionar que nos minutos prévios a IOT, a médica demonstrou estar calma e segura, conversando de maneira acolhedora com a paciente. J.B, acena positivamente com a cabeça e também verbaliza algumas palavras ao que lhe era perguntado. Em poucos minutos, a intubação foi realizada, sem intercorrências. A equipe seguiu realizando os cuidados necessários de maneira organizada, falando com a paciente de forma acolhedora. Durante o contato da equipe com a paciente, informações sobre seu bebê, que estava sendo monitorado constantemente pela equipe da obstetrícia, foram sendo transmitida a esta. Ao findar a IOT e a equipe ter se retirado, me aproximo da paciente já sedada, apresentando-me e comunico que estaremos lhe acompanhando, prestando os devidos cuidados para ela e para M., seu bebê, durante a intubação. Do mesmo modo, estaremos em contato com sua família para transmitir-lhes informações sobre ela e o bebê. Chama a atenção, durante o que foi observado, a atitude acolhedora percebida pela equipe, que já tinha um vínculo prévio com a paciente. A médica relatou que, ao ser informada da necessidade de IOT, a paciente quis realizar videochamada com seus familiares. Estava preocupada quanto ao procedimento e com seu bebê. A médica, assim como outros profissionais da equipe, foram respondendo às dúvidas e demandas que a paciente apresentava. Durante o procedimento, enquanto a paciente estava acordada, foi possível perceber nela uma postura calma, de entrega, embora, como a médica já havia informado, J.B. estava bastante ansiosa e com medo.

Durante seu período de intubação, J.B. recebeu videochamadas dos familiares, ação que se seguiu após sua extubação até a alta hospitalar. As últimas semanas do seu período gestacional foram vividas ao lado dos seus familiares, no seu lar. Após algumas semanas, a paciente retorna para o mesmo hospital em que foi intubada, mas na referida ocasião, para o nascimento do seu filho – M. veio ao mundo saudável e já vitorioso.

Para o leitor que ficou instigado com a história dessa mãe e desse bebê, convidamos a seguir na leitura deste livro e apreciar o *Caso 2 – Lutando por dois*, presente no Capítulo 10. Nele, compartilhamos o acompanhamento psicológico junto a J.B. durante seu período de intubação.

O momento

A intensidade da experiência no momento da intubação é perceptível tanto pelas expressões corporais – olhar assustado, tensão muscular, atenção constante – quanto pelas expressões emocionais – sentimentos inomináveis, medo, angústia, recusa.

Cada paciente se expressa como pode, com aquilo que tem, cada um do seu modo. Quando o aparelho psíquico é inundado por um excesso de energia, as defesas próprias de cada sujeito são acionadas, principalmente, aquelas mais primitivas, pois se trata de acionar o modo sobrevivência. Temos visto pacientes, diante dessa vivência, resistirem ao procedimento de intubação, mesmo frente à indicação médica baseada em evidências clínicas, mesmo diante do extremo desconforto respiratório experimentado pelo paciente.

O momento da intubação se configura como uma crise real, aqui um dos maiores temores do paciente, após a confirmação do diagnóstico de Covid, torna-se real e a maioria dos pacientes apresenta-se ansioso. As reações emocionais frente a um evento ameaçador não se configuram apenas como um conflito interno, com componentes subjetivos, mas se caracterizam como uma desorganização interna frente a uma ameaça externa, e aqui a ameaça se materializa no momento do comunicado da intubação e no medo da morte. O sentimento é que a vida está no limite.

A ansiedade do momento da intubação apresenta-se por sinais corporais e se torna perceptível pelas expressões manifestadas – o paciente fica hipervigilante, inquieto, agitado ou inibido, taquicardíco, apresenta vasoconstrição e musculatura tensa. Mas também há outras reações mais sutis que são visíveis, como a diminuição da atenção, a alteração da percepção frente ao ambiente e à sua condição clínica, sentimentos de apreensão e medo. Cabe a nós reconhecer os sinais de sofrimento emocional e da crise psíquica – quando o paciente é tomado pelas reações emocionais e, neste caso, reagindo com excessos, de forma inapropriada/incongruente/irracional, apresentando-se sem controle.

Na crise, supõe-se que o sentimento seja de aprisionamento, impotência, colapso emocional. A esse quadro, nomeamos de ansiedade do prisioneiro[5], em que a única saída é aceitar a travessia – a intubação. Ao ser internado, o paciente vive a ansiedade do fugitivo, será que vai ser intubado? Será que vai conseguir escapar da intubação? Mas quando o médico lhe dá a notícia de que a saturação caiu muito, que a quantidade de oxigênio ofertada já está no limite, que houve piora dos exames e que ele vai ser intubado, ele deixa de ser um fugitivo para ser capturado. Agora, ele é um prisioneiro e sua angústia deve ser similar à angústia do condenado diante do pelotão de fuzilamento, só que aqui, além de tudo, estão pedindo que ele concorde, que ele aceite a intubação.

A experiência traumática inunda o aparelho psíquico com uma variedade de emoções, sendo o medo a mais nomeada pelos pacientes. Nesta sobrecarga energética, o paciente perde a conexão com a palavra como recurso de elaboração, sendo esta uma das dificuldades para o psicólogo intervir na pré-intubação. Aqui, o paciente se encontra tomado pelo sistema de alarme e mediante ao transbordar de emoções, tornando a sobrevivência algo de urgência. E, diante da urgência, da quebra da previsibilidade, da ameaça à integridade física e psíquica, deparamo-nos com pacientes que respondem com mecanismos de luta e fuga e outros permanecem em estado de congelamento e, ambas as reações, interferem na capacidade cognitiva e mental para apreender e significar a experiência por meio da palavra, conforme os relatos a seguir:

> Não sabia que ia ser intubada. Lembro das vozes ao meu redor e da enfermeira tentando colocar o tubo, e que lutei contra, pois era extremamente desconfortável, não queria ser intubada. (E., feminino, 49 anos).

[5] SIMONETTI. **Curso à distância** – Terapia de Crise & estresse pós-traumático, 2020.

> Lembro do médico dizendo que eu seria intubada, estava em uma cadeira de rodas, fiquei sem reação (...) Filha relata que a mãe disse que não queria ser intubada, que iria morrer – paciente diz não se lembrar disso. (M., feminino, 55 anos).

> Não lembro da intubação, mas a minha família contou que conversei por videochamada antes do procedimento, mas não me lembro, acho que estava fora do ar. (N., feminino, 61 anos).

Ao estarmos diante de uma ameaça, neste caso a intubação foi percebida para alguns como um evento ameaçador, de forma automática são acionadas respostas fisiológicas, e cada sujeito tem um modo particular de enfrentamento. Ao acionar o modo sobrevivência, as respostas mais primitivas são esperadas, pois não há tempo para planejamento, não há estratégias. Desse modo, não há respostas pensadas e eficientes diante de uma situação ameaçadora da vida. Há resposta de sobrevivência – lutar/fugir/congelar. Este é um ponto importante para compreender como cada organismo responde a situações de extrema vulnerabilidade e aos sinais de estresse que o paciente comunica, mesmo não conseguindo se expressar em palavras.

Para pensarmos em uma intervenção na crise, recorremos ao conceito de alarme, baseado na teoria do trauma. Assim, quando estamos diante de um estímulo ameaçador, reagimos de acordo com a percepção de ameaça e com a capacidade de enfrentamento. Para isso, precisamos compreender o quanto esse paciente está sobrecarregado emocionalmente e a sua capacidade para processar e autorregular os níveis/intensidade de excitação física e emocional. Ilustraremos o momento da crise com um caso clínico:

> Paciente A.A.F., 58 anos, admitido com 75% do pulmão acometido, 5 dias após solicitado atendimento psicológico pré-intubação. No atendimento fala do seu receio de ser intubado. Não quero nem pensar em ser intubado. Não quero ser intubado, tenho muito medo se isso acontecer tenho medo de não voltar. Um amigo foi intubado, e não aguentou [...]. Neste momento, o paciente se encontrava lúcido, em máscara de reservatório, saturação oscilante – 75% a 92%, em contato diário com familiares, via telefone particular. Conversava com a esposa e filhas sobre os negócios, a política local, repassava recomendações,

> parecia que a vida retornaria ao seu normal. Tinha perspectiva de melhora, mas também a ameaça constante da piora. Apresentava sinais de ansiedade – olhar amedrontado, atento às conversas da equipe/ao ambiente, expressão corporal tensa, não queria falar sobre a possibilidade do procedimento – receio de ser intubado e medo da morte. Sabia da sua condição clínica, estava em sofrimento emocional. Seis dias depois deste encontro, o paciente evolui com piora do quadro respiratório (em máscara de reservatório com 15l de oxigênio, saturando 75-90%, hipossaturação persistente. Logo cedo foi comunicado da possibilidade de ser intubado. Paciente chora, diz não querer ser intubado, se mantém durante longo período do dia resistindo/recusando o procedimento, permanece inquieto, faz pouco contato, responde só o que lhe é perguntado, com expressão assustada/amedrontada – a crise se instala. Conversa no período da manhã por telefone com a esposa, a conversa tinha um tom diferente. Residente com olhos marejados no final do contato com o paciente diz: Nos encontraremos em alguns dias, sai um pouco de cena, chora, se recompõe e volta à cena para comunicar aos familiares da piora e provável intubação. Oferecido ao paciente fazer uma videochamada antes de ser intubado, preferiu não falar com os familiares (filhas e esposa). Paciente com 15 litros de oxigênio, com esforço respiratório intenso foi intubado depois de muito resistir ao procedimento. Doze dias depois, o paciente evolui com choque séptico refratário, não respondendo às drogas vasoativas (DVA), faz uma parada cardiorrespiratória e vai à óbito.

Este caso clínico ilustra as reações emocionais do paciente – na admissão e até o momento de ser informado sobre a intubação apresentava reações emocionais esperadas frente ao sofrimento emocional vivido. Ao ser informado sobre a intubação, a ameaça se fez real, a intensidade da experiência se amplifica, levando a uma crise psíquica – medo intenso, sobrecarga emocional e física. Aqui já não foi possível o acesso à palavra, restou ao psicólogo apenas a presença disponível e o acolhimento da família e equipe.

Todos os atores se mostravam mobilizados física e emocionalmente, todos afetados por este momento. O impacto sobre a equipe é visível – por não ter a família por perto, sente-se mais responsável pelo paciente, e o óbito nestas condições passa a gerar uma sobrecarga a mais, principalmente quando o paciente resiste ao procedimento. Sobre o estresse de quem intuba, trataremos mais adiante neste livro.

O momento da intubação se configurou, por muitas vezes, como um evento em que as palavras não tinham sentido, na ocasião, a conexão entre paciente e psicólogo não se deu pela palavra. Aqui faltam palavras, não só pela dificuldade da comunicação verbal, pelo desconforto respiratório, uso de máscara, uso de EPIs, mas também, e principalmente, pela impossibilidade de nomear os sentimentos, de falar sobre emoções que são indizíveis, pelo cuidado de não deixar o paciente ainda mais vulnerável. O que fazer diante desse cenário, já que nos privamos do uso do nosso recurso de trabalho mais valioso – a palavra.

Resta-nos, então, acessar a nossa criatividade e encontrar maneiras de se conectar com o paciente, por meio de recursos outros, de novos saberes. Neste ponto, cabe destacar que todo o arcabouço teórico e todas as técnicas construídas a partir das diferentes abordagens subsidiam o raciocínio clínico e interventivo, mas também apontam para a necessidade de pensar novas maneiras de atuação, dada a especificidade da intervenção na intubação.

O trabalho pela palavra é sempre isto que nos resta, e quando não resta, ainda temos o gesto, sim, a palavra e o gesto são nossos arsenais terapêuticos. E de todos os gestos mais simples, a presença parece ser o mais eficiente nesta situação da intubação.

A simples presença, sem nenhuma tarefa médica para fazer, o psicólogo está ali de mãos abanando, sem segurar equipamentos ou medicamentos, disponível para segurar a mão do paciente se for o caso. Por incrível que pareça, tem sido esta simples presença o recurso técnico mais utilizado pelos psicólogos e também o mais valorizado pela equipe e pelos pacientes. O que significa estar presente, permanecer ao lado do paciente? Nada para muitos, pois não é raro o imaginário popular falar do psicólogo como alguém que nada faz – só conversa, pois bem, é exatamente isto, somos mesmo os terapeutas do nada, em vários e vários sentidos. Ao se ver diante de seu nada mais apavorante – a morte –, estamos ali ao lado do paciente, e isto é muito bom.

Vejamos como a simples presença se faz importante:

> Sou chamada para atender a paciente C, 63 anos, internada previamente na enfermaria Covid, evolui com piora do quadro respiratório, após dois dias de internação é transferida para UTI-Covid. No mesmo dia, a equipe médica solicita a presença da psicóloga, paciente com desconforto respiratório importante, em máscara de reservatório a 10 litros, saturando abaixo de 80%. Após resultado de exames, equipe decide pela intubação. Me aproximo para atender a paciente no leito, a mesma encontra-se consciente, responsiva, mantém-se alerta, atenta ao ambiente. Me apresento, e digo a paciente que a equipe solicitou atendimento psicológico. Já com as informações da equipe médica, pergunto a ela se foi informada que iria ser intubada, a mesma responde que sim, que não queria ser intubada, mas que a filha concordou. Já com dificuldades em se comunicar verbalmente, com a voz entrecortada, diz que falou com a filha, e que hoje era o aniversário de sua neta. Pergunto a ela como poderia ajudá-la nesse momento, e ela com olhar de esperança, e ao mesmo tempo, de agonia, pede que eu faça uma oração junto com ela. Rezamos a oração do Pai Nosso, enquanto a equipe preparava os equipamentos, medicações, e tudo que era exigido nesse momento. Após a oração, e quando constatado que não há mais a ser dito, permaneci ao seu lado, até o momento em que foi sedada. (J., psicóloga, 48 anos, atua em hospital há 20 anos).

Assim, diante da vivência de intubação, onde o momento aponta para um ir além das palavras, da informação, das orientações, aprendemos que a simples presença é tão valiosa quanto a mais sábia das interpretações. Quando a palavra não está acessível, é hora de trocá-la por um olhar compreensivo, uma atitude compassiva, uma presença atenta e disponível. Neste momento de vulnerabilidade, pequenos gestos por parte do psicólogo, como validar emoções, sintonizar e focar no paciente, oferecer um ambiente com atmosfera segura, um tom de voz que acalma e, sobretudo, estar presente de forma disponível, para conter os excessos, oferecer a calma e a tranquilidade necessárias são ferramentas imprescindíveis neste momento.

Precisamos aprender a cuidar com a nossa presença. E é a partir desse cuidado que conseguimos nos conectar com o paciente e transformar aquele momento de extrema agonia, em um momento suportável. Essas são ações de grandeza ímpar, ações que confortam, ações que acalmam.

A videochamada

Por meio da técnica da videochamada realizada pelo médico em conjunto com os demais profissionais, visando a comunicação do paciente com a família, os familiares se tornam parte da cena e do contexto da intubação, "adentrando" no hospital e na UTI. Este momento é de suma importância para os pacientes, segundo o relato dos mesmos, pois possibilita a partilha da angústia e o apoio de pessoas conhecidas.

> [...] Só que quando eu pedi pra ser intubada, eu fiz uma videochamada pro meu filho. Daí eu expliquei pra ele, falei que eu ia dormir, que era pra ele ficar fazendo oração por mim, e que eu ia voltar. Só isso. (J.B., feminino, 37 anos).

Um dos pacientes entrevistado conta que o médico perguntou a ele se gostaria de fazer uma ligação para a família e relata que ligou para a filha. Nesse momento do relato, o paciente se emociona e chora; explica então que disse para filha cuidar da família caso ele morresse e afirmou que isso o deixou muito angustiado, que este foi o momento mais difícil de sua vida. Outra possibilidade desse momento, como pontuado pelo relato é o de permitir essas despedidas, uma questão de tamanha complexidade que será detalhada com maior amplitude em outro capítulo deste livro.

> Nós somos criaturas. Ele é criador. Ele sabe o que faz. (S., masculino, 57 anos).
>
> Mãe vou ser intubado – mãe chora compulsivamente – fica tranquila, eu vou ficar bem, cuida da F (sobrinha do paciente), fala que a amo, e que estou bem. (R., masculino, 29 anos).
>
> Lembro que falei com minha filha, era aniversário da minha neta. (C., 63 anos).

Estas são falas de pacientes no momento da intubação. Durante a entrevista com o paciente S. foi mencionado por ele que havia vivido intensas experiências religiosas durante o período que permaneceu intubado, contudo, por essas serem íntimas, o paciente não desejou relatar a respeito. Vivências religiosas e espirituais foram comuns nos relatos dos pacientes que atravessaram esse momento de angústia da intubação e do internamento. A fé da família foi também expressa nas videochamadas no momento da intubação.

O momento da videochamada, embora usada pela equipe como um recurso para informar aos familiares sobre o procedimento, assume um tom de despedida. Não raro, presenciamos cenas e conversas, embora breves, mas muito comoventes. Embora não seja verbalizado, a videochamada tem sido para todos um momento de despedida, um momento de um até breve ou de um adeus.

A recusa

Diante da informação de que precisam ser intubados, alguns pacientes reagem com uma recusa explícita, como este paciente de 62 anos que disse: "Não quero nem pensar em ser intubado. [...] Não quero ser intubado, tenho muito medo se isso acontecer, não vou sobreviver. Um amigo foi intubado, e não aguentou. [...]".

Neste momento ele se encontrava lúcido, em ventilação não invasiva, com máscara de reservatório em contato direto, via telefone, com familiares. Três dias depois, o paciente evolui com piora do quadro respiratório e, ao não suportar mais o desconforto respiratório, ele concordou com o procedimento e foi finalmente intubado. Alguns dias depois, o paciente evolui para o óbito.

Na prática, o que observamos é que quase todos os pacientes que recusam a intubação acabam com o passar das horas concordando com o procedimento, seja pela piora do quadro respiratório, seja porque a única opção é mesmo a intubação. Mas como podemos entender a recusa como vivência psicológica? É um ato consciente e refletido, uma verdadeira escolha, ou um ato impulsivo, quase um reflexo, algo parecido com aquele encolher de braço quase instintivo que fazemos quando a enfermeira se aproxima com a agulha para a coleta de sangue de um exame que autorizamos?

Seja qual for a resposta a esta pergunta, a "recusa" precisa ser acolhida pelo psicólogo. É importante lembrar que a função da Psicologia Hospitalar é cuidar do sujeito, e não só do corpo, tarefa dupla e difícil, sem dúvida.

O psicólogo, mergulhado no dia a dia da UTI, cuja função é salvar a vida do paciente a qualquer custo, corre o risco de ser engolido pelo *"furor sanandi"* da medicina cientifica, esquecendo-se de que nosso trabalho não se esgota na operacionalidade clínica, mas estende-se também a uma dimensão ética. Haveremos de amadurecer as considerações sobre esta questão, pois a intubação na Covid não é igual à intubação no caso dos pacientes em cuidados paliativos, é bem diferente, tem de fato indicação terapêutica, não é tratamento fútil.

A reintubação

Ainda que simbolize uma melhora, a extubação de um paciente não é garantia de um bom prognóstico, e alguns deles precisam ser reintubados. De acordo com estudos[6-7], de 15% a 19% dos pacientes de terapia intensiva que passaram pelo procedimento precisam ser intubados novamente. O processo de interrupção da ventilação mecânica é iniciado quando o paciente melhora da causa que o levou à necessidade da ventilação.

> Eles desintubaram pensando que meu pulmão aguentaria sem precisar de ventilação mecânica, só que não tava conseguindo respirar sem o tubo, meu pulmão não tava reagindo como o esperado, por isso eles tiveram que me intubar de novo às pressas. Acho que foi umas três vezes. (M., masculino, 16 anos).

A intubação é um momento de muita dúvida, insegurança, angústia e medo. Seria a reintubação uma experiência diferente? O fato

[6] ESTEBAN A, et al. A comparison of four methods of weaning patients from mechanical ventilation. Spanish Lung Failure Collaborative Group. **N Engl J Med.**, 332(6):345-50, 1995.

[7] ELY E. W, et al. Effect on the duration of mechanical ventilation of identifying patients capable of breathing spontaneously. **N Engl J Med.**, 335(25):1864-9, 1996.

de já ter passado pelo procedimento uma vez o torna mais ou menos aversivo? Embora o procedimento seja o mesmo, nenhuma situação é experienciada e assimilada da mesma forma, por mais semelhante que seja. Dos 102 pacientes que entrevistamos apenas oito deles haviam sido reintubados, e nenhum deles se lembra do momento da reintubação.

> Eu não vi a segunda intubação, eu acho que tava muito sedado ainda. É uma coisa difícil, mas você fica sedado, você não vê. Difícil seria se ficasse acordado. Se eu tivesse acordado poderia ter sido pior. (I., masculino, 56 anos).

A primeira explicação para essa amnésia total quanto ao momento de reintubação é que os pacientes não estavam de fato conscientes no momento do procedimento. A maioria deles, seis pacientes, para ser exato, dos que foram reintubados por falência de extubação, ou seja, uma tentativa de extubação malsucedida, não tinham recordações desse momento. As tentativas de extubação geralmente são feitas em pouco tempo após a retirada da sedação. O desmame da sedação é feito de forma lenta e gradual, e mesmo ao seu fim, ainda requer um tempo para que o paciente acorde completamente. Nessa situação, é possível que a falência de extubação e a consequente reintubação aconteceram em um momento em que o paciente ainda não estava completamente acordado.

Mesmo nos casos em que um paciente estava despertando o suficiente para registrar memórias, ele foi rapidamente sedado para que se desse a reintubação, sedação esta que causa amnésia retrógrada, como é observado na maioria dos pacientes de UTI, que pouco ou nada se lembram dos acontecimentos de vários dias após o desmame de sedação e da extubação, ou quando lembram, tem apenas memórias de sonhos e ilusões.

> [...] Foi uma experiência bem traumática, eu não consigo lembrar com precisão porque a gente fica muito confuso, especialmente eu que fiquei um período muito longo desacordado. (G., masculino, 62 anos).

Outra explicação poderia ser encontrada na intensidade do trauma da reintubação. Sabemos que situações muito traumáticas, por vezes, são apagadas da memória daqueles que as vivenciaram e, conforme os relatos colhidos com os mais de 100 pacientes entrevistados, a experiência de intubação é vivida com muito sofrimento psicológico, angústia intensa, medo e contato com a morte.

Analisando as avaliações dos pacientes que foram reintubados, identificamos que apenas três desses pacientes apresentaram sintomas de Transtorno de Estresse Pós-Traumático (TEPT), conforme avaliação realizada com protocolo do ambulatório e escala padronizada, o que indica que talvez, por mais difícil que seja a experiência, uma amnésia traumática não seja a melhor explicação para essa lacuna de memória, e entende-se que talvez a experiência de reintubação não possa ser considerada uma retraumatização, uma vez que o paciente provavelmente passa por esse momento sem estar plenamente consciente desse evento.

> Eu acredito que não ter lembranças pode ser até mesmo uma defesa do meu corpo, pra me poupar daquele ambiente, daquele flagelo terrível que eu passei. (G., masculino, 62 anos).

Alguns psicólogos com quem conversamos chamam a atenção para um possível risco aumentado para desenvolver TEPT em pacientes que foram reintubados. Esta preocupação está baseada na literatura sobre TEPT que aponta a retraumatização como indicador de pior evolução, ou seja, ser assaltado várias vezes, pode aumentar o risco para desenvolver TEPT.

Como vimos, os pacientes por nós entrevistados não confirmam esta previsão, pois o fato de ter sido reintubado não aumentou o risco para o desenvolvimento de sintomas de TEPT, aliás, a própria experiência de intubação em si não esteve associada ao desenvolvimento de TEPT. Traz sofrimento psíquico sim, mas não estresse pós-traumático.

> A experiência intubação em si não é traumática, a gente só fica assim receoso de ser acometido de alguma coisa grave e não saber quem é que vai tratar da gente. A gente se sente vulnerável. Eu me sentia melhor em saber que estava em boas mãos. Isso me deixou muito tranquilo. (G., masculino, 62 anos).

Já está bem descrito na literatura que a reintubação está associada a efeitos adversos e a muitas complicações clínicas, incluindo o aumento da mortalidade. No entanto, ainda não sabemos quais as implicações psicológicas desse evento. A verdade é que a extrema carência de referencial teórico sobre esse assunto e a diminuta quantidade de casos de reintubação, e mesmo entre esses, a total ausência de memórias reais desse evento, tornam quase impossível se chegar a qualquer conclusão acurada sobre o impacto da reintubação no psiquismo dos pacientes. É claro que a falta de memória sobre um acontecimento não o torna menos angustiante no exato momento em que é vivenciado e, por essa razão, é importante que continuemos buscando compreender o que se passa subjetivamente e quais as marcas deixadas pela reintubação.

Vivências ilusórias

E o que acontece durante o período em que o paciente permanece sedado e intubado? Não sabemos ao certo, mas a julgar pelo que nos contam os pacientes depois que saem da sedação, muitas coisas acontecem, a vida segue, repleta de vivências que eles chamam de "delírios" ou experiências diferentes e as descrevem como vivências assustadoras e caóticas, resultando em sentimentos de extrema vulnerabilidade e sofrimento psíquico, caracterizado por medo, insegurança, angústia e percepção de um ambiente hostil.

Em termos psicopatológicos, não é adequado falar em delírio. O paciente pode falar o que ele quiser, o que não é correto é o psicólogo se referir a estas vivências como delírio, o termo técnico mais adequado é "memória ilusória", "*delirium*" ou "pesadelos", termos que usamos neste livro como sinônimos.

Foram relatadas inúmeras memórias ilusórias, caracterizadas por experiências de conteúdo assustador ou psicóticas, como imagens de seres inomináveis, provocando sofrimento psíquico intenso durante sua permanência na UTI e agitação psicomotora, particularmente no momento de retirada da sedação e retorno à consciência. Essas experiências foram descritas como ameaçadoras e geradoras de percepções irreais, predispondo aos pacientes a relembrança contínua dessas memórias de forma vívida, duradoura e descrita com detalhes. A seguinte vinheta traz o sofrimento vivido por um paciente na UTI:

> [...] O Dr. veio falar pra mim que ia ter que fazer um procedimento em mim, e até me mostrou uma senhora que tava assim na frente. Daí eu olhei e falei: Pode fazer. Ela tava intubada, mas eu achei que ela tava com uma "mascarazinha", alguma coisinha, eu não sabia que intubaram ela. Aí ele falou: Mas só que daí pra isso eu vou ter que sedar você. Tem problema?, e eu falei, Não Dr. pode fazer. Aí, eu apaguei. Só que eu apaguei, e comecei com, não sei se por causa da anestesia, um sonho muito real, sabe, uma coisa muito real com uma pessoa que, parecia, tipo um inimigo, uma pessoa querendo me matar a todo o momento, e eu queria mostrar para os médicos e eles não viam. Eu fazia sinal assim (nesse momento, apontou com os olhos para a esquerda). Tinha aquele cano que eu mordia, que entrava na minha garganta, que fazia aquele barulhão no meu peito, esse cano vinha da boca daquela pessoa que jogava pra dentro de mim aquele negócio, e eu não conseguia falar. Essa pessoa estava sentada na minha maca. E aí eu enxergava a minha mãe, numa porta lá, e ela (a pessoa) dizia: Se ela chegar perto de você, vou te matar. E fiquei nessa batalha, assim, o tempo todo. Daí por último parece que eu acordei numa tribulação de uns bichos, uns bois correndo atrás de mim. E aí eu encontrei meu primo, e ele falou assim, pra mim subir em cima, tipo de uma carroça e ele falou assim: Ó L., deita aqui que eu vou te cobrir, e amanhã você vai acordar bom. Deita aí L., dorme aqui, Jogou um panão branco, e ele me cobriu, e aí eu fechei o olho, e quando eu abri o olho, tava na UTI... Eu vivia uma batalha diária. (L. masculino, 34 anos).

O medo da morte e a luta pela sobrevivência permeada por sentimentos de angústia, ansiedade e agitação foram as reações emocionais mais descritas nos relatos dos pacientes. Pacientes lembraram em detalhes o sofrimento vivido diante das experiências aterrorizantes que ameaçavam a sua existência e que estavam fortemente relacionados à sua sobrevivência. Outros tentavam escapar dessa situação e lembraram seus esforços para fugir e pedir ajuda, enquanto outros descreveram memórias de estar preso, sendo ameaçados por pessoas querendo matá-los. Todas as experiências foram descritas como angustiantes e que contribuíram para a perda de controle, agitação e intenso sofrimento psíquico.

> Tinha pessoas que queriam me matar, dando remédio errado. Ao lado da minha cama aparecia um gato e um cachorro, e quando eles vinham pra terminar comigo, o gato se transformava em uma pessoa – parecido com o meu filho – e daí eles falavam, agora não vai dar tem gente lá. Por várias vezes tentaram me matar. Teve uma noite que eles falaram de hoje não passa, por sorte tinha uma enfermeira que gostava de mim, e ela falou: não vou fazer isso! Ela se recusou a me matar. (V., masculino, 46 anos).

Outros pacientes descreveram suas memórias como sonhos ruins que, muitas vezes, consistiam em temas como morte, escapar daquele lugar, viam partes de corpos, pessoas querendo fazer mal, personagens surrealistas ou experiências assustadoras, como participando de experimentos e abdução. Para a grande maioria dos pacientes, essas memórias pareciam reais, sendo que alguns tinham dúvidas no retorno ambulatorial, se de fato, algumas daquelas experiências não tinham ocorrido.

> A lembrança mais forte é que vi a morte do meu lado. Era tipo o personagem Dementador do Harry Potter, eles podem consumir a alma de uma pessoa, deixando suas vítimas em um permanente estado vegetativo. Esse Dementador veio me buscar, era a morte que ía me levar e estava na parede ao meu lado. Fechei os olhos e não olhei mais. Fiquei uns dias sem olhar para a parede. (L., masculino, 36 anos).

Outro paciente relata:

> De onde eu estava na cama eu avistava todo mundo andando, só que eu via só a cabeça. As pessoas não tinham o corpo, e eu pensava, isso não é verdade, como pode as pessoas terem só cabeça. Vi também por várias vezes um painel grande cheio de flores, que ficava girando, era muito ruim, parecia que eu estava morrendo, eu sentia muito medo de não voltar para casa e lembro que eu chorava muito. Nos últimos dias já não aguentava mais, achava que ia enlouquecer, a impressão que eu tinha é que minha vida estava se misturando com aquele lugar, parece que eu estava deixando de ser eu mesma, como se tivesse outra vida. (S., feminino, 62 anos).

O tema de uma luta, de uma batalha, tão presente na linguagem popular quando se refere a doenças ("ele está lutando contra um câncer") também aparece nas memórias ilusórias.

> Eu vivi uma batalha espiritual. De onde eu estava enxergava minha mãe, mas tinha um velho que dizia se ela entrar ela morre. Era uma coisa muito ruim, via pessoas querendo me matar... Tinha um senhor que não falava, mordia os dentes assim, o senhor que eu via, só que quando eu mordia o meu cano, aí ele ficava sem ar. Só que eu não aguentava mais, eu não tava aguentando mais mesmo, eu pensava, vou morder esse cano nem que eu morra junto com esse 'véio aí'... Esse senhor era outro paciente, mas não era uma pessoa normal, era tipo um bicho. (L., masculino, 39 anos).

As memórias de ilusão foram descritas como fonte de desconforto e estiveram também relacionadas com fragmentos de situações vividas na UTI, como uso de medicação, não poder falar, não poder se mexer. Sentimento de impotência, insegurança e perda de controle também estiveram presentes nos relatos dos pacientes e tais experiências foram experimentadas de forma muito real, gerando ansiedade, aflições e até mesmo levando o paciente a exibir alterações comportamentais, a exemplo de agitação psicomotora, levantar-se do leito, desconectar os tubos – é neste contexto que emerge o sofrimento:

> Em meus pesadelos era como se estivesse em uma guerra. Eu tive muitas experiências ruins. Tinha um homem que queria me entregar para o governo porque eu estava contaminado e teria que ser exterminado. Via sempre uma mulher com um saco, tipo de lixo, pegajoso, e queria me colocar lá dentro, mas eu sabia que se eu entrasse ali não conseguiria mais sair. Depois eles jogavam no mar. Tive outro pesadelo que me reunia com os amigos para contar sobre a hora da morte de cada um, e ficava pensando como a gente sabia o dia que ia morrer, isso me deixava muito angustiado. Outro sonho que tive era como se estivesse numa gincana, e eu era um destaque, só que eu tentava pedir ajuda, mas não conseguia mexer as mãos e não conseguia falar, apareceu um grupo de enfermeiros e eles achavam que eu era um indigente, eu tinha curativo e eu tentava falar para eles que aquela cirurgia tinha sido uma brincadeira, não era para ter sido

> feita. Vi pessoas recrutando outras para serem abduzidas e isso me causava muita angústia, flagelo, aflições. Todos os pesadelos era como se eu tivesse em uma guerra, lutando para sobreviver, senti muito medo de morrer por conta dessas vivências ... (...) A minha impressão hoje é que envelheci uns 10 anos em um curto espaço de tempo. (C., masculino, 62 anos).

Outros nos contaram sobre suas lembranças agradáveis:

> Em alguns momentos estava num lugar bonito/ maravilhoso, acho que parecia o céu, era bem cuidado, em outros momentos via bichos (dragões) que voavam no teto, e as vezes eles viam pra cima de mim, mas quando eu passava a mão eles desapareciam, era como nos filmes. Todos os dias vinha um ganso que ficou muito meu amigo. (o paciente conta que voltou no hospital há alguns dias atrás para tentar encontrar o ganso, queria revê-lo, me pergunta se tem ganso aqui no hospital) Teve dias que as enfermeiras queriam bater nele e amarraram ele. [...] Tive também muitos sonhos com pessoas da família (mãe) que já morreram. (P., masculino, 61 anos).

Os pacientes informaram que após a alta hospitalar não tiveram experiências semelhantes àquelas vividas na UTI, mas sentiam a necessidade de compartilhar essa experiência com vista à compreensão das vivências desse período. É importante considerar as implicações que este contexto, e especialmente essa vivência de intubação, que coloca o paciente diante de sua finitude, irá provocar em relação às demandas emocionais subsequentes a sua internação. Por se tratar de uma vivência traumática, como relatada por muitos pacientes, essa experiência pode interferir no seu estado emocional, não só em longo prazo, mas também durante a sua recuperação. E, portanto, acompanhar essa evolução emocional do paciente nos parece importante.

Desse modo, uma recomendação importante é que sobreviventes de UTI, acompanhados em ambulatório, possam relatar suas memórias, preencher as lacunas desse período e, diante dessa demanda, serem assistidos de acordo com as implicações emocionais que essas experiências possam provocar em um período subsequente.

Destacamos, portanto, a necessidade de estratégias para promover o cuidado e o bem-estar emocional necessários tanto no momento da internação quanto após a alta hospitalar. No final do livro, apresentamos alguns casos clínicos de pacientes que julgamos interessantes para o psicólogo no sentido de se familiarizar com a vivência dos sobreviventes, este é um aprendizado necessário – é assim que aprendemos e não apenas por aquisição de informação.

O lado de lá da intubação: as famílias

Quantas palavras foram ditas diante da câmera? Quantas vezes as palavras pareciam não ser suficientes para expressar o sentimento diante de alguém querido intubado? Quanta espera? Quanto silêncio? Quantas orações? Quanta angústia pela espera do novo dia?

O quanto esse momento da intubação impactou os familiares? Instigados por essa pergunta, resolvemos, pois, escutar as próprias famílias. Apreender todo esse processo a partir da fala daqueles que acompanharam cada momento desse processo pelo lado de fora. Entramos em contato com alguns familiares, que aceitaram relembrar os dias que tiveram seus filhos, pais e cônjuges intubados na UTI-Covid, compartilhando o modo singular como viveram essa experiência.

Perguntamos aos familiares: "Como você soube que o seu familiar seria intubado?"; "Como foi sua reação emocional?"; "O que sentiu/pensou?"; "E, o que fez nesse momento?". A partir dessas perguntas, traçamos algumas reflexões, as quais seguem. R., mãe de um paciente, compartilhou sua apreensão diante da intubação do filho e de como sua fé auxiliou no enfrentamento da situação:

> [...] foi um dos piores momentos da minha vida, foi quando eu soube que meu filho estava intubado e que meu filho ficou internado. E, até hoje, ainda eu fico emocionada em falar [...] E eu estava assim, muito abalada, mas eu, em momento nenhum assim, na minha vida, em momento nenhum eu pensei que meu filho ia... que eu ia perder meu filho. Aí o momento foi... é oração [...] comecei orar e mesmo chorando os quarenta dias e orei, e pedi muito a Deus pelo meu filho, e foi muito sofrido pra mim, não tem explicação. Só Deus mesmo pra ver o que eu passei. (R., mãe de paciente).

A., esposo da paciente J., que estava grávida quando foi intubada, também compartilhou a experiência que viveu durante a intubação de sua esposa:

> Eu "tava" internado no dia. [...] E o dia que ela foi intubada, ela me falou que ela ia pedir pra ser intubada, que ela "tava" sofrendo demais. Ela até me ligou em chamada de vídeo, né, eu vi ela e falou que preferia ser intubada. Aí eu, na hora eu fiquei assim, pasmo, né? Não sabia o que falar pra ela. Eu só dei força pra ela, se fosse melhor pra ela, que ela ia sair dessa. Isso eu falei pra ela. Que eu conhecia a esposa que eu tinha, né, e que ela ia sair dessa e ia sair bem, ela e o M., que é o bebê, né? [...] Eu orava muito, falava muito com Deus pra tirar logo ela de lá, e passava dias, passava noites, a angústia vinha, né? Vinha aflição, vinha tristeza (A., esposo de paciente).

A intubação se apresentou para cada envolvido na cena de uma forma diferente. Ao entrevistarmos cada um dos personagens envolvidos nesse processo – paciente-familiar-profissional –, percebemos que suas angústias e seus medos também são diferentes. Percebemos como os relatos acima anteriores retratam a importância da fé e de uma crença religiosa para os familiares de pacientes, servindo de alicerce emocional não só durante o processo de intubação, mas na internação hospitalar como um todo. Além disso, a maioria dos familiares relatou a crença que mantiveram na recuperação dos seus entes, mantendo o pensamento de que não iriam morrer durante a intubação.

Por sua vez, os pacientes, ao serem comunicados da necessidade de intubação, apresentaram em sua experiência o medo de morrer, como já descrito em Capítulos anteriores, e identificado aqui em seus relatos:

> Então, perguntou diretamente a equipe se ela seria intubada e disse que estava com medo. O médico confirmou que ela precisaria ser intubada e lhe questionou: Por que tanto medo? (sic). A paciente respondeu: Porque todos os que a gente vê que intubam, morrem, mas seja o que Deus quiser. (T., feminino, 56 anos).
>
> Tinha medo de morrer, essa doença uma hora você "tá" bem outra você pode morrer. (J.B., feminino, 37 anos).
>
> Além disso, muitos pacientes parecem que têm a impressão de que o que leva o paciente a óbito é ser intubado e, por isso,

> muitas vezes o paciente recusa, então a impressão que o paciente tem, que às vezes até a família tem, é que a intubação vai ser o motivo da morte da pessoa e não o Covid em si. Isso por conta de toda a repercussão e de tudo o que tem se falado da pandemia, então, por isso, de tanto medo de morrer na intubação. (G., médico, 33 anos).

Percebe-se que, na experiência de cada sujeito, há um significado diferente atribuído à intubação e ao morrer, na sua grande maioria. Familiares, afirmando que não pensaram na possibilidade de seus entes morrerem; ao passo que os próprios pacientes trazem em seus relatos o medo que sentiram de morrer enquanto estavam intubados.

Ao longo deste Capítulo, pudemos perceber que os médicos, os profissionais que estão à frente da intubação, no lidar com a morte de pacientes constantemente, compreenderam como uma possibilidade durante a intubação – uma intercorrência. Além disso, quando o paciente e seu familiar escutam do médico que há a necessidade de intubar, apresentam reações emocionais produzidas a partir da informação recebida. Suas reações emocionais podem ser refletidas no médico e produzir nesse, algum impacto, trazendo-lhe sofrimento:

> Então a gente vê muita coisa naquele momento, e a gente fica bem abalado assim, porque é uma decisão nossa, a gente que está causando aquilo, a gente que está causando aquela despedida, mas é algo que tem que se fazer [...]. (E.C., médica, 29 anos).

Como, enquanto profissional, acolher tanta dor e sofrimento? Falamos aqui da dor do outro, mas também da sua própria. Como manejar, no comunicado com a família, a angústia que vem junto com suas falas, suas perguntas, seu choro? Como equilibrar o lidar com a incerteza de que a travessia da intubação terá para aquele paciente e os pedidos (muitas vezes de segurança e certeza) que a família faz? É possível fazer isso? Até que ponto? O que fica, no profissional, após cada videochamada que realiza comunicando uma intubação?

Para cada situação, talvez tenhamos uma resposta diferente, no entanto, o que salta à nossa percepção, é que, de alguma forma, em alguma medida, há algo sendo produzido subjetivamente nos profissionais. Há um impacto, há sofrimento!

CAPÍTULO 2

O cenário da intubação

Raquel Guzella de Camargo

"Foi o tempo que dedicaste a tua rosa
que fez tua rosa tão importante".
(ANTOINE DE SAINT-EXUPÉRY)

A cena de um ato!

O cenário onde será realizada uma intervenção é alvo da atenção do psicólogo. Este profissional tem o olhar treinado para observar cada aspecto do ambiente. Desde sua formação, espera-se que já lhe tenha sido apresentada a técnica da observação. Não é de estranhar, pois, que esteja atento a todos os detalhes da cena. O psicólogo reconhece que as particularidades que compõem o espaço representam potências e podem refletir nos comportamentos, sentimentos e pensamentos manifestos ou latentes dos indivíduos.

Dessa forma, tudo chama a atenção: desde como os móveis estão dispostos no local; se há ou não ruídos no ambiente e qual a intensidade desses; quais pessoas estão presentes na cena e como elas se encontram; de que forma essas pessoas se movimentam e interagem entre si. Esses são apenas alguns exemplos dos componentes da cena que podem estar mais ou menos evidentes aos olhos do profissional e que merecem sua atenção, tendo em vista integrarem o todo que envolve o momento da ação.

O cenário no ambiente hospitalar

O cenário de um ambiente hospitalar traz uma gama de detalhes e especificidades que lhes são próprios. Comumente, é conhecido como um local pouco agradável, distante de tudo o que é familiar, seguro e acolhedor, embora os esforços da equipe de saúde para que pacientes e familiares se sintam confortáveis em sua permanência no ambiente, enquanto sua necessidade clínica exigir.

Notoriamente, a pandemia da Covid-19 trouxe um novo cenário. Um contexto atípico. Novos aparatos surgiram em cena. Os corredores e as salas dos hospitais foram tomados por protocolos de distanciamento físico, higienização das mãos, uso de máscaras, *faces shields*, toucas, luvas, aventais sobre uniformes privativos. Passados alguns meses desde que tudo começou, percebe-se uma familiaridade com os novos hábitos, objetos e vestimentas. Pode-se afirmar que já fazem parte do dia a dia, embora o estranhamento (e pavor) que provocaram quando foram inseridos na cotidianidade.

Além do aspecto objetivo e concreto que os protocolos de segurança da Covid-19 têm, os quais envolvem o seu uso propriamente dito, a sua materialidade, as novas exigências de segurança têm uma esfera subjetiva, um significado pessoal e social, que acaba por se entrelaçar.

Em um nível pessoal, tais protocolos de segurança acabam por adquirir um sentido na vida de cada pessoa, refletindo e gerando nela emoções, pensamentos e ações. Subjetivamente, cada indivíduo poderá refletir e atribuir um significado próprio para a necessidade dos equipamentos de proteção individual, e esse movimento irá provocar sentimentos e comportamentos relacionados ao uso dos mesmos.

Para compreender melhor esse significado, basta um movimento de retorno há alguns meses atrás, em que o uso dos novos aparatos de segurança foi inserido na vida das pessoas inesperadamente, gerando espanto e temor. Atualmente, embora a situação possa ter adquirido um caráter mais familiar, continua a ter um significado subjetivo para cada pessoa, que pode continuar a ser espanto e temor, mas que também pode ser o sentir-se segura, protegida, habituada, dentre as tantas formas de sentido que os equipamentos de proteção individual possam ter adquirido para cada uma.

Entrelaçado a isso, há o significado social do uso desses equipamentos. Socialmente, eles estão presentes para protegerem, evitarem contaminações, diminuírem adoecimentos e a proliferação de um vírus que tem dizimado milhares de vidas. O seu uso está para além de uma proteção individual, pois representa um ato de consciência social e cuidado coletivo. Por meio desse ato, o mundo todo se uniu para cuidar tanto de si, quanto das pessoas que fazem parte de sua convivência familiar e social e até de quem não faz parte do seu convívio, mas que acaba por se esbarrar nas ruas, nos supermercados, nas farmácias. Representa, de fato, um ato de consciência coletiva.

Retornando para o contexto da cena hospitalar e levando em consideração as reflexões expostas até aqui, é possível apreender que as novas paramentações trouxeram consigo outra configuração no olhar, um novo formato para as relações. Novos corpos passaram a se apresentar diante dos pacientes. Corpos esses, localizados agora atrás de aventais, luvas, toucas – pode-se dizer que ocultos, camuflados. Corpos que contêm rostos, que antes carregavam expressões faciais manifestas, inteiras, e que agora, apresentam-se ao mundo escondidos por trás de máscaras.

É possível afirmar que o que se vê são partes, metades. Tenta-se imaginar como se completa aquele pedaço de rosto que aparece entre a touca e a máscara. Tenta-se imaginar que textura terão aquelas mãos que, por meio de um par luvas de látex, buscam trazer conforto, segurança e alívio, sejam eles físicos, psicológicos, sociais ou espirituais.

O próprio ato de captar uma mensagem dita por outra pessoa também passou a contar com um esforço a mais, afinal, muitas vezes a fala do interlocutor acontece junto com os inumeráveis ruídos do hospital. São os aparelhos que estão apitando em seus ritmos próprios como que em uma orquestra a ensaiar sem maestro. São inúmeros profissionais que mantêm um coletivo de conversas entre si sobre os procedimentos a serem realizados no local. São diversas movimentações de corpos, cores e sons, acontecendo simultaneamente no entorno e refletindo naquela cena específica da qual o paciente faz parte.

Além desses, há outro aspecto que tem provocado inquietações com a chegada da pandemia: a respiração, ou melhor, respirações. Sim, porque são plurais, coletivas, e que em diferentes tons e intensidades têm se entrelaçado no ambiente hospitalar: as dos pacientes, as dos profissionais, e até mesmo as dos familiares.

A função respiratória é importante nesse cenário – e nesse livro –, por trazer consigo, no momento do adoecimento por Covid-19, além dos próprios desconfortos e comprometimentos respiratórios característicos da doença, também, em nível subjetivo, tensões, pressões, medos, ansiedades, expectativas, saudades. Sim, saudades! De tudo o que ficou lá fora e de tudo o que está ali dentro.

A cena da intubação

No momento da intubação, os compostos desse cenário são elementos relevantes. Cada material e cada equipamento presente no local tem uma função específica, necessária para efetivar a ação. Havendo tempo hábil para organizar o cenário, os materiais e equipamentos podem estar estrategicamente posicionados para facilitar o seu uso. Todavia, nas emergências que caracterizam muitas das situações hospitalares, para salvar uma vida, é preciso correr contra o tempo e acelerar os passos, movimentando-se rápida e agilmente em um ambiente em que os equipamentos talvez não estejam estrategicamente posicionados.

O paciente que se encontra à espera da intubação pode receber todas essas informações com certo pavor. Cabe lembrar que o paciente com Covid-19 a ser intubado muito possivelmente já tenha trilhado um percurso de cuidados desde o seu diagnóstico, podendo ter passado por outras unidades de atendimento em saúde até chegar ao hospital. Essa informação é válida para o psicólogo e para os demais profissionais da equipe, pois esse paciente (e sua família) pode ter acumulado uma série de fatores ansiogênicos ao longo dessa trajetória. A própria doença, por si só, tem sido propulsora de inúmeras manifestações psicológicas, haja vista a rapidez com que pode se agravar, sua difícil recuperação e o alto grau de mortalidade que a acompanha. Assim, é esperado que o paciente apresente sofrimento emocional no contexto hospitalar e diante da possibilidade de intubação.

O cenário da intubação também conta com os personagens, que desempenham importantes papéis nesse contexto. São médicos, fisioterapeutas, enfermeiros e técnicos em enfermagem, profissionais ensinados e ensaiados para estar ali, perceber e responder ao que o paciente precisa de forma ágil e eficiente. São equipes já integradas ao contexto da intubação construídas como referência para fazer a técnica necessária nesse momento.

Entretanto, no contexto inédito que a pandemia da Covid-19 apresentou para o ambiente hospitalar, está sendo possível a integração de um novo ator nessa cena: o profissional da Psicologia.

Esse personagem já se encontra presente e atuante no contexto hospitalar a algum tempo, tendo construído e consolidado uma vasta possibilidade de ações e intervenções. Agora, frente a frente com as demandas e com a nova realidade trazida pela pandemia e pelo adoecimento por Covid-19, o psicólogo é convidado a pensar e a repensar sua atuação, voltando o olhar para essa nova situação e para as peculiaridades que ela envolve. O desenrolar desse livro teve como mola propulsora essa inquietação: a assistência psicológica e a intubação.

No contexto da intubação, cada um dos personagens presentes no local traz consigo uma gama de reações comportamentais e emocionais, podendo estar em diferentes graus e intensidades, concentrados, atentos, amedrontados, agitados, ansiosos, calmos, emocionados, falantes, emudecidos. Trata-se de profissionais prestes a utilizar seus conhecimentos teóricos e técnicos em prol daquele que mais lhes interessam, daquele que dá sentido ao seu fazer: o paciente, o protagonista de toda essa composição.

Quem é, então, esse protagonista?

De onde vem? Que histórias ele traz? O que pensa sobre estar hospitalizado? O que pensa e/ou sabe sobre a intubação? O que quer saber? Como sente tudo isso? Como ele percebe todas essas informações? Como responde a esses estímulos? Que fantasias ele tem a respeito da própria intubação? O que compreende de tudo o que está sendo dito? Que recursos de enfrentamento ele dispõe? É alguém que já traz algum conhecimento prévio sobre a intubação? O que significa a intubação para aquele paciente? Esse paciente sente medo da intubação? Esse paciente sente medo de algo mais, inclusive, da sua própria morte?

As respostas para tais questões poderão fazer a diferença no momento da intervenção, tendo em vista possibilitarem uma aproximação ao olhar do próprio paciente diante de toda a situação. O paciente que, posicionado no leito de alguma instituição de saúde – seja um hospital geral, hospital de campanha, Unidades de Pronto Atendimento, em um local mais privativo ou dividindo o espaço com outras pessoas –, está prestes a participar de um ato que gera expectativas, fantasias e uma gama de reações emocionais que se somam aos sintomas físicos já presentes e exacerbados.

Que ponto de vista tem, então, o paciente sobre o cenário em que se encontra? À sua frente, uma parede. Se deitado, seus olhos encontram o teto, a luz forte de uma lâmpada. Posicionado no seu leito, pode estar visualizando um conjunto conexo e desconexo de equipamentos, os quais para ele fazem ou não sentido. Equipamentos que podem estar ali para um procedimento a ser realizado com ele próprio ou que estão ali para o cuidado de outros pacientes, ou ainda, que simplesmente são componentes do cenário e não serão utilizados naquele momento específico. Entretanto, justamente por estarem ali, sob seu campo de visão, podem lhe afetar, inquietar, produzir pensamentos, sentimentos, emoções.

Imagine uma pessoa, distante de seus familiares, com diagnóstico positivo para Covid-19, acomodada em um hospital ou em outra instituição de saúde. Ela pode estar com a consciência preservada ou apresentando alteração na atenção. Talvez esteja conversando com a equipe que a acompanha ou enviando mensagens de texto e/ou áudio para sua família, apresentando, em diferentes intensidades, dificuldades para respirar, mesmo com algum suporte ventilatório. De repente, ela percebe a aproximação de alguns profissionais que lhe comunicam sobre sua necessidade de ser intubada.

Lembre-se de que essa pessoa estava há poucos minutos conversando, mandando recados. Quiçá, em sua mensagem de texto, estivesse o pedido para o jantar que fariam juntos em família mais tarde, pois o paciente foi apenas fazer uma consulta na Unidade de Pronto Atendimento apresentando alguns sintomas gripais e falta de ar. Ou quem sabe o paciente, já internado no ambiente hospitalar, estivesse parabenizando o pai pela compra da tão sonhada casa na praia. Na mensagem recebida pelo pai, estava o convite para ir conhecer o local após a alta. A vida e a rotina, dentro do possível, estavam sendo seguidas, quando, de repente, surge a notícia da intubação.

Acrescente à cena um ambiente caótico, pessoas apressadas, preocupadas, agitadas, movidas pela ânsia de realizar com sucesso os procedimentos técnicos necessários naquele momento para a possível e desejada recuperação do paciente. Adicione ainda equipamentos hospitalares próprios para o procedimento: carrinho para intubação, máquina com suporte ventilatório, tubos, medicamentos, sondas, um número variado de profissionais. Não um, nem dois. Geralmente, vários. Todas essas informações acontecendo ao mesmo tempo e com pressa, rapidez, objetividade. Afinal, a luta é por uma vida.

É nesse cenário, observando todos esses detalhes, que o paciente acompanha os preparativos para a intubação. A sua intubação! Seus olhos poderão seguir os profissionais em cada movimento que eles fizerem. Ele visualizará e interpretará se estão calmos, atentos, seguros, confiantes. Apreenderá o vínculo que ele próprio tem com aqueles profissionais, se são pessoas conhecidas, talvez algum rosto familiar, ou quem sabe, alguém que acabou de conhecer. Poderá se questionar e questionar os médicos sobre quanto tempo precisará ficar intubado. Poderá indagar sobre o que acontecerá enquanto ele precisar permanecer naquela situação e se sairá vivo. Como ficará sua família. Quem cuidará dela.

Dependendo do nível de consciência que apresentar, o paciente poderá perceber a realidade tal como ela se apresenta ou a assimilará de maneira distorcida. Nessas situações, a presença de outros personagens, que embora irreais e ilusórios, compõem o cenário do paciente, conforme ilustra o relato da paciente L., 62 anos:

> De onde eu estava na cama eu avistava todo mundo andando, só que eu via só a cabeça. As pessoas não tinham o corpo, e eu pensava, isso não é verdade, como pode as pessoas terem só cabeça. Vi também por várias vezes um painel grande cheio de flores, que ficava girando, era muito ruim, parecia que eu estava morrendo, eu sentia muito medo de não voltar para casa e lembro que eu chorava muito na UTI.

Os familiares: a distância física e o "estar presente"

Além dos personagens já apresentados, outros podem aparecer na cena da intubação: trata-se dos familiares. Embora a pandemia tenha trazido muitas mudanças com relação à presença da família no ambiente hospitalar, especialmente no que tange à restrição de visitas, visto ser essa uma estratégia para conter a transmissão do Coronavírus, novas possibilidades foram inseridas no contexto para possibilitar o contato dos pacientes com seus familiares, como as videochamadas.

Elas chegaram aos poucos e foram sendo cada vez mais integradas na rotina hospitalar, fazendo parte, efetivamente, das ações diárias em inúmeras instituições hospitalares. São ligações telefônicas que, por meio de vídeos, possibilitam a aproximação entre os familiares. Podem ocorrer chamadas com dois personagens – o paciente e um familiar – ou podem estar presentes mais de duas pessoas, caracterizando as videochamadas em grupo. Várias pessoas, nessas situações, participam da visita virtual, dentre elas familiares e amigos.

E esta vem sendo a forma como esses personagens, geralmente os familiares, entram em cena no momento da pré-intubação: por meio das videochamadas. Os pacientes, ao serem informados da necessidade da intubação, podem manifestar o desejo de realizar uma ligação por vídeo para alguém de sua escolha. Alguém importante, que naquele momento tão decisivo, faça-se presente de alguma forma, que esteja junto. E não para por aí. Se preferirem, ligações de áudio podem ser feitas, mensagens escritas ou alguma outra forma de comunicação que seja possível e viável no momento para aproximar, ser ponte, ser apoio e escuta entre quem está prestes a ser intubado e quem está ao lado de fora, ansioso e na espera por notícias.

Quem está inserido em um ambiente hospitalar, reconhece o quanto a família é importante, o quanto ser rede de apoio, nesse momento, faz a diferença na vivência da internação. A família é uma extensão do paciente. A família se materializa simbolicamente por meio dos relatos que o paciente traz e, mesmo sem conhecer, é possível que os profissionais de saúde visualizem aqueles pais, aqueles filhos, aquela esposa, aquele esposo. É possível, ainda, no discurso daquele paciente, compreender a importância que cada uma daquelas pessoas tem na sua vida. São laços de afeto, conexões familiares que ultrapassam as paredes do hospital, percorrem os corredores, encontram e se aconchegam ali, junto ao paciente, esteja esse em um leito de UTI, no pronto socorro, na enfermaria, em uma ambulância ou em um hospital de campanha.

É no aconchego dos seus familiares, mesmo que distantes geograficamente, que os pacientes podem encontrar algum nível de tranquilidade enquanto recebem a notícia da intubação. E é a essa proximidade que muitos pacientes recorrem nesse momento. Aos psicólogos, cabe possibilitar esse encontro, utilizando, para isso, todos os recursos possíveis e disponíveis, aliando a perspicácia clínica, a agilidade e o raciocínio que caracterizam o manejo da assistência psicológica no contexto hospitalar, junto com o seu desejo de ajudar. Desejo esse que o movimenta, que o faz agir, que o leva a, de fato, estar com o paciente na travessia na intubação.

Por meio dessa agudeza no olhar e no fazer, é possível compreender o papel que a família tem diante da intubação, seja no momento que a antecede, que a sucede ou durante o estar intubado.

Como já dito, nos instantes pré-intubação, os pacientes podem apresentar o desejo de conversar com seus familiares. A própria família, se houver tempo hábil para isso, pode querer esse contato com o familiar que está prestes a ser intubado. Ligações por áudio ou chamadas de vídeo podem ser realizadas, mensagens instantâneas podem ser enviadas, cartas podem ser escritas, mensagens que carregam histórias, laços, papéis que aquelas pessoas ocupam e representam na vida um do outro.

Comumente, o momento da intubação é acompanhado por temor, pavor, medo. Podem se fazer presentes, inclusive, sentimentos relacionados à finitude da vida, à morte propriamente dita. Acerca disso, este livro irá discorrer mais adiante em um capítulo específico sobre a morte, no entanto, o que é possível adiantar é que o medo de morrer pode estar presente de maneira explícita na fala e na vivência do paciente ou implicitamente acompanhar sua experiência e travessia.

A fala de T., uma paciente de 56 anos, revela a sua percepção do ambiente nos minutos que antecederam a intubação, juntamente com o medo manifestado naquele momento:

> Lembra de ver os médicos e enfermeiros se movimentando e se preparando para algum procedimento. A própria paciente, pela movimentação da equipe, percebeu que poderia ser algo relacionado a uma intubação. Então, perguntou diretamente à equipe se ela seria intubada e disse que estava com medo. O médico confirmou que ela precisaria ser intubada, e lhe questionou: Por que tanto medo? (sic). A paciente respondeu: Porque todos os que a gente vê que intubam, morrem, mas seja o que Deus quiser (sic). O médico, então, explicou-lhe o procedimento e o que seria feito. A paciente deu um beijo no rosário que segurava, e depois não lembra de mais nada.

O procedimento entra em cena na busca de uma melhora clínica para o paciente. Contudo, a resposta que o corpo terá ao tratamento é incerta. Por quanto tempo será necessário deixar aquela pessoa intubada, também não se consegue afirmar com exatidão. Corre-se, junto com o tempo, para que o sucesso do procedimento seja alcançado. Realizam--se todas as técnicas necessárias. Mantém-se o controle da intubação por meio das medicações, dos aparelhos e da sedação. Entretanto, os esforços da equipe de saúde para garantir a recuperação do paciente vão depender da resposta que o organismo do paciente dará.

Diante dessas incertezas, reafirma-se: o momento da intubação é acompanhado de temor, pavor e medo. Sentimentos relacionados, inclusive, à própria morte. Por tal razão, quando a família entra em cena nos momentos que antecedem a intubação, despedidas e um "até logo" aparecem tanto no discurso verbal como no não verbal.

Embora o intervalo de tempo da pré-intubação possa ser curto, a contar de quando a equipe comunica o paciente da necessidade de realizar o procedimento, e levando em consideração o significado que o estar intubado pode adquirir, sendo esse muito relacionado à morte, juntamente com as manifestações emocionais que é possível suscitar, o paciente pode, em um movimento de assumir uma postura ativa, querer realizar algumas ações concretas, organizativas, tanto interna quanto externamente.

Assim sendo, nesses momentos de pré-intubação têm sido comum que os pacientes confidenciem para a família, nas videochamadas, segredos pessoais e informações íntimas. Que manifestem desejos e vontades relacionadas a questões concretas de sua vida, como o que fazer com os documentos do escritório, que destino dar para as fichas dos seus clientes, como gostaria de fazer a divisão de seus bens materiais e de seus objetos de valor afetivo. Nesses momentos, falas, silêncios, olhares aparecem em cena carregados de conteúdos íntimos, subjetivos, conectando pacientes e familiares no intervalo de tempo tão singular que precede o estar intubado.

Diante das incertezas e dos receios que a intubação traz, os familiares podem inclusive, apresentar questionamentos sobre o procedimento médico que será realizado. Por meio de perguntas diretas dirigidas aos médicos, aos enfermeiros e até mesmo aos psicólogos, buscam garantias de que tudo ficará bem, de que o paciente irá se recuperar e sair vivo.

Esse sentimento pode se manter ao longo da intubação e os questionamentos sobre a recuperação do paciente acompanhar os dias que seguem o período intubado. É importante que a equipe de saúde esteja alinhada, para que as dúvidas dos familiares sejam acolhidas e sanadas adequadamente por um profissional capacitado para isso. Nesse caso, o psicólogo pode servir como ponte, facilitador, de modo a mediar as comunicações que se fizerem necessárias entre os familiares e os demais profissionais da equipe, além de facilitar a compreensão e assimilação das informações transmitidas para a família.

Ao longo do período da intubação, a família continua a se fazer presente pelas visitas virtuais, por áudios enviados, por mensagens escritas que podem ser lidas aos pacientes por alguém da equipe, e até mesmo por permanecer em silêncio. São inúmeros os recursos que podem aproximar os familiares e possibilitar sua comunicação e o estar junto com o paciente que se encontra sedado. Ao psicólogo cabe perceber as possibilidades e os desejos da família e favorecer sua expressão e ação, o que fará sentido para ela naquele momento, ao se encontrar diante do familiar intubado.

Um contato prévio com o paciente na pré-intubação poderá oferecer conteúdos importantes para uso ao longo do período sedado. Conhecer seus gostos, preferências, sua história, quem aquela pessoa é. Possibilitar que essas informações, de alguma forma, estejam presentes naquele cenário, acompanhando o paciente ao longo dos dias, tornará a experiência da intubação mais humanizada.

Dentre as ações possíveis, equipes de profissionais têm aderido aos *prontuários afetivos*, uma importante ação que reúne informações que caracterizam quem aquele paciente é, possibilitando personalizar o cenário de acordo com a identidade do sujeito. Dessa forma, constroem-se pontes que permitem conhecer o paciente para além dos aparelhos, fios e tubos conectados ao seu corpo. É possível à equipe conhecer a pessoa, o sujeito de ação e interação.

O *setting* terapêutico na cena da intubação

Na Psicologia, o espaço em que acontece a ação interventiva é conhecido como *setting terapêutico* e envolve tanto o ambiente físico quanto as relações que se desenvolvem em um tempo e em um espaço. Ele apresenta um caráter dinâmico e relacional, com impactos que ultrapassam o espaço físico da cena, influenciando na conduta técnica, ética e no encontro que acontece entre o profissional e o paciente.

Pelo caráter dinâmico e relacional que apresenta, no *setting* se enrolam e desenrolam histórias, subjetividades, identidades de diferentes sujeitos. Encaixam-se técnicas, teorias, acordos verbais e não verbais. Alianças são formadas, entrelaçadas juntamente com os aspectos objetivos do ambiente. Sua estrutura física, propriamente dita, entrelaça-se com os aspectos subjetivos dos sujeitos envolvidos.

Diferentemente do contexto clínico, que possibilita um controle e uma organização maior do espaço, tempo e privacidade, no ambiente hospitalar, o *setting* adquire um caráter mais flexível. Na companhia do paciente e do psicólogo estarão presentes outros profissionais que, em uma espécie de figura-fundo, irão compor a cena durante a intervenção. Constantemente, o psicólogo poderá ser interrompido durante o seu atendimento para a realização de procedimentos como o uso de medicamentos, a aplicação de injeções, a limpeza e assepsia hospitalar. Todas essas variáveis atravessam o trabalho do psicólogo no hospital e precisam ser acolhidas e integradas na sua intervenção.

Em se tratando do cenário da intubação, o *setting* da ação psicológica contará com um número ainda maior de variáveis, como já visto. Os aspectos que envolvem o *setting* poderão estar mais intensos, haja vista o caráter de urgência da situação. Por tal razão, o próprio desenvolvimento do *rapport* inicial, por meio do qual o psicólogo irá estabelecer um vínculo com o paciente, precisará estar em harmonia com os aspectos da situação.

Possivelmente, o profissional contará com poucos minutos ou horas para fazer a sua intervenção, tendo em vista a rapidez com que evolui um paciente em sofrimento respiratório com necessidade de intubação. A depender da rotina da instituição e da condição clínica do paciente, será possível ao psicólogo estabelecer com ele um contato prévio em um intervalo de tempo maior e com uma programação interventiva que contemple mais ações possíveis. Contudo, em outras situações, a urgência da situação clínica caracterizará também a ação do psicólogo e, nesses casos, será preciso agir em ritmo acelerado também, muitas vezes, estabelecendo o *rapport*, conhecendo o paciente, avaliando suas demandas e fazendo a intervenção em um espaço de tempo reduzido e urgente.

Nesse intervalo de tempo, o psicólogo poderá servir como porta voz, mediando contatos, transmitindo recados, servindo de ponte, possibilitando que o paciente se expresse, manifeste seus desejos antes da intubação, facilitando a concretização do que for factível, tornando possível ao paciente encontrar um espaço de acolhimento, de fala, de escuta, de estar em silêncio junto com outra pessoa, se assim o desejar. Ao psicólogo, esse movimento é possível ao trabalhar com a presença.

Durante o intervalo de tempo em que o paciente encontra-se sedado, há também um cenário se desenvolvendo. Um cenário que continua a ser dinâmico, relacional e que produz movimentos, sentimentos e emoções. Nesse momento, o paciente encontra-se inconsciente. A experiência que ele vive durante esse período é algo ainda incerto, misterioso.

Nesse momento, os cuidados com a recuperação clínica e fisiológica do paciente são urgentes. No entanto, nessa cena, há de ter um espaço também para o cuidado com a privacidade psicológica e social do paciente. Esforços devem ser dirigidos para que o paciente continue tendo aquele ambiente característico e humanizado com a sua identidade. Dessa forma, na medida do possível, a Psicologia Hospitalar torna aquele paciente um sujeito de fato daquele espaço.

O calendário avança e o cenário se movimenta junto com o passar dos dias, até o tão esperado momento da extubação. Os personagens encontram-se agitados, ansiosos e uma movimentação é percebida no local.

Os profissionais se organizam para fazer o procedimento, organizam os materiais necessários, preparam o ambiente para que tudo ocorra dentro do controle. Organizam-se, inclusive, a si mesmos. Aproximam-se do paciente e realizam novamente um comunicado. Só que agora, o conteúdo é diferente. Não se trata mais da intubação, mas sim, da extubação. A sua extubação!

A vivência da extubação tem sido marcada por pacientes agitados, ansiosos, com confusão mental e desorientação. Os pacientes, conscientes, retornam de um período em que estiveram sedados e, nesse processo, ainda estão com alguns efeitos da sedação no corpo. O tubo orotraqueal ainda se encontra inserido em sua estrutura respiratória, o que provavelmente lhe gera desconforto físico.

Instruções são dirigidas por profissionais ao paciente, o qual pode ou não reconhecer. Posicionam-se ao lado do paciente e organizam-se para realizar o ato da extubação. Um ambiente organizado, com profissionais também organizados, constituirá em elementos que poderão transmitir segurança e confiança ao paciente.

Talvez o paciente tenha sido intubado no mesmo local em que será extubado, quem sabe até pela mesma equipe. No entanto, muitos pacientes já chegam ao hospital intubados, tendo o procedimento já sido realizado em algum outro local, como as Unidades de Pronto Atendimento, por exemplo. Então, ao despertar, o paciente visualiza um local diferente, com pessoas diferentes. O cenário é outro. Desconhecido. Estranho.

Levando tais aspectos em consideração, oferecer dados da realidade ao paciente antes da extubação, orientando-o em tempo e espaço representa uma importante estratégia nesse momento. Ao saber onde está, com quem está, o que está acontecendo, é possível ao paciente organizar-se interna e externamente, dentro do que lhe é possível naquele momento.

Além disso, é importante tornar aquele ambiente familiar ao paciente, de forma que seja possível favorecer o sentir-se seguro mesmo que minimamente. Um cenário de extubação que seja significativo para o paciente pode conter imagens familiares e estimadas para o mesmo, posicionadas estrategicamente de modo que o sujeito consiga visualizá-las, ações concretas que tragam a identidade daquele paciente para o espaço em que ele ocupa. Assim, ao despertar, torna-se possível ao sujeito estabelecer uma conexão com aquele local, de maneira gradativa, significativa e segura.

Considerações finais

Pensar em cada um dos aspectos do cenário apresentado até aqui sensibiliza para a importância que tem a percepção do paciente sobre esse espaço. Ao perceber o cenário como um ambiente de segurança, o indivíduo poderá sentir-se seguro também.

Um ambiente de segurança será possível quando houver considerável organização no local, seja por meio da disposição dos materiais e dos equipamentos, e também, quando o movimento da equipe for capaz de transmitir certa tranquilidade em relação ao procedimento, desde o seu planejamento até a sua realização e finalização.

A segurança no cenário vai ser favorecida na medida em que os profissionais se organizarem previamente para o procedimento que irão realizar. Pensando na intubação, esta, muitas vezes, ocorre de forma emergente, nem sempre sendo possível organizar o ambiente da forma ideal. Contudo, mesmo nessas situações, pode haver espaço para certo nível de organização do profissional, tanto interna quanto externamente: os materiais estando preparados, as medicações necessárias a postos e as possíveis intercorrências decorrentes do procedimento, antecipadamente pensadas, assim como as suas respectivas soluções.

Por meio de tais medidas, torna-se possível ao profissional autorregular-se, tranquilizar-se e concentrar-se para o procedimento. Ao passo que faz isso, o profissional pode acabar transmitindo certa segurança tanto para o paciente quanto para a equipe que atua em conjunto e faz parte da cena, como que em uma ressonância.

Há que se considerar também que o espaço visual apresentado ao paciente lhe trará mais ou menos angústia. Um ambiente organizado tranquiliza, traz harmonia e segurança. Quando o campo de visão do paciente está desorganizado, reflexos poderão ser produzidos em tal escala que ele não conseguirá nem se concentrar na presença dos profissionais. Afinal, um ambiente desorganizado é potencializador de angústia e ansiedade.

Diante disso, podem-se destacar três aspectos importantes no cenário da intubação, que interatuam entre si, ressoando um no outro. São eles:

- **Presença**: pelo estar presente para o paciente, ao seu lado, em uma atitude disponível.
- **Segurança**: proporcionada por meio de uma atitude confiante, por uma organização interna, autorregulada, e também, por meio de um ambiente organizado para o procedimento clínico.
- **Relação**: previamente construída e fortalecida ao longo do tratamento daquele paciente.

No momento da intubação, as relações desenvolvidas são fundamentais e sustentam a segurança do paciente durante o procedimento. A relação estabelecida com o médico e com os demais membros da equipe é uma delas. Outra é a relação construída com o psicólogo.

Ao ser indagado sobre sua experiência durante a intubação de pacientes com Covid-19, um médico, que há um ano e meio atua na área mencionada, ilustrou, de forma precisa, uma das cenas no momento da intubação, sendo possível perceber o quanto a relação médico-paciente pode se constituir como esse suporte para o enfrentamento da situação:

> Nesse momento eu continuo, eu falo assim: "A partir de agora a gente vai preparar o material pra fazer o procedimento. Tudo o que eu fizer eu vou estar te explicando, e a gente vai conversando, fica tranquilo. Qualquer dúvida você pode perguntar e tudo o que eu fizer eu vou te explicando". Aí, esse é o momento em que a gente termina de preparar as coisas, de uma forma geral. Quando está tudo pronto eu vou para atrás da cabeceira do paciente, eu fico em cima dele, na parte de trás. Fico até mais próximo dele ainda. Então é um momento que eu me aproximo do paciente, coloco a mão na cabeça. Geralmente eu pego um coxim de toalhas pra colocar ali, pra aliviar. Então eu tiro o travesseiro, falo com ele, peço pra ele erguer a cabeça pra eu poder pôr um outro travesseiro. E nesse momento eu falo: "Agora a gente vai começar o sedativo, então a gente vai iniciar os medicamentos e a gente vai conversando. Primeiro o medicamento vai te fazer sentir uma sensação de bem-estar, de leveza. Logo depois vem uma sensação de sono, e a gente vai conversando, e tu vai dormir". (A. J., médico, 30 anos).

Sobre a relação e a presença do psicólogo durante a intubação, uma das coisas que o identifica e o diferencia dos demais profissionais é que, enquanto os colegas da equipe estarão portando materiais como injeções, medicamentos, sondas, tubo orotraqueal, o psicólogo terá no máximo, um celular ou um tablet. Pode-se depreender, com isso, que seja o único profissional a não ter nada para fazer na cena, e é bom que seja assim! Que o paciente se dê conta de que o psicólogo está lá para ele, e não para o tubo, para o respirador, para ajeitar a cama. O psicólogo entra na cena com a sua presença.

O caso clínico a seguir ilustra a importância que o "estar com" o paciente adquire no momento da intubação:

> Pergunto a ela, como poderia ajudá-la nesse momento, e ela com olhar de esperança, e ao mesmo tempo, de agonia, pede que eu faça uma oração junto com ela. Rezamos a oração do Pai Nosso, enquanto a equipe preparava os equipamentos, medicações, e tudo que era exigido nesse momento. Após a oração, e quando constatado que não há mais a ser dito, permaneci ao seu lado, até o momento em que foi sedada (relato de uma psicóloga ao acompanhar uma paciente de 63 anos, na pré intubação).

O que é possível concluir quando se pensa no cenário da intubação? Que na sua dinamicidade, objetividade e urgência, há um caráter subjetivo que atravessa todos os momentos. Que o "estar junto" faz muita diferença. Que o tempo dedicado a alguém é um tempo a mais, um tempo ganho. O que se quer dizer com isso é que o tempo dedicado ao paciente, através da *presença,* da *segurança* e da *relação,* pode deixar marcas, fazer a diferença naquele momento.

O tempo que o psicólogo dedica ao paciente possibilitará que o processo de intubação tenha mais qualidade e conforto emocional. A este profissional, é possível estar na cena através de sua presença disponível, de sua escuta, do seu acolhimento. Produzindo um movimento de "estar com", de "estar presente", servindo de sustentação emocional e acompanhando o paciente no processo da intubação. Dedicando-se nessa travessia junto com o paciente.

CAPÍTULO 3

Intubação e ventilação mecânica: aspectos técnicos

Gabriel Afonso Dutra Kreling
Jaquilene Barreto

Intubação

A intubação orotraqueal [IOT], ou simplesmente *Intubação,* é um procedimento no qual o médico introduz na boca do paciente um tubo que vai até a traqueia garantindo, assim, uma via aberta até o pulmão. Este tubo é ligado a um respirador, manual ou mecânico, que empurra o ar até os pulmões. Geralmente, ela é feita com o paciente em decúbito dorsal, ou seja, deitado de barriga para cima, e em estado de inconsciência ou no mínimo sedado, pois é um procedimento altamente desconfortável, doloroso e aversivo para ser realizado com o paciente acordado.

Trata-se de um procedimento médico de alta complexidade e de alto risco, podendo causar muitas complicações, inclusive, levar o paciente à morte. A complicação mais frequente é a colocação do tubo no esôfago, mandando ar para o estômago, em vez de ser colocado na traqueia, para enviar o ar para os pulmões. Por tudo isso, a IOT se configura como um momento de tensão e deve ser planejada e estruturada da melhor forma possível. Contudo, ocasionalmente, este evento acontece em situações de emergência, sem a possibilidade de preparo prévio do cenário, do paciente e da equipe.

A intubação do paciente com a Covid-19 tem algumas especificidades. A primeira é a condição clínica do paciente que apresenta

Síndrome Respiratória Aguda Grave (SRAG), hipoxemia silenciosa (quando, apesar de baixos níveis de oxigênio no sangue, o paciente está oligossintomático, isto é, não sente o desconforto respiratório proporcional à gravidade da insuficiência respiratória), dessaturação (queda dos níveis de oxigênio no sangue), desconforto respiratório, e baixa reserva da função pulmonar, ou seja, o pulmão já está funcionando no limite.

Na maioria das vezes, o paciente está alerta, sem rebaixamento do nível de consciência, e participa ativamente do processo de intubação. Exatamente por isso ele experimenta sensações emocionais intensas, como medo, ansiedade, desespero e, por vezes, recusa o procedimento, ou seja, o paciente se encontra sobrecarregado tanto do ponto de vista físico quanto emocional. E desse modo, a equipe de saúde precisa manejar e ter outras habilidades além das técnicas para cuidar desses vários aspectos que se apresentam o que torna o evento mais estressante, tanto para o paciente quanto para a equipe.

A segunda especificidade é que o uso de equipamentos de proteção individual pode dificultar tecnicamente o procedimento de intubação. O uso de óculos e protetores faciais pode dificultar a visualização das vias aéreas (cavidade nasal, laringe e faringe).

A terceira particularidade é que a IOT é um dos momentos de maior risco de contaminação da equipe, uma vez que é potencialmente um procedimento que gera aerossol.

A quarta especificidade é a comunicação do procedimento ao paciente e aos seus familiares, pois a intubação é, muitas vezes, associada à falência terapêutica ou ao simbolismo da gravidade da doença e à possibilidade de morte.

Por se tratar de uma intubação com estas especificidades, a segurança que a equipe e especialmente o médico transmitem ao paciente pode fazer toda a diferença. Um aspecto importante a ser considerado é o modo como a comunicação é realizada, tanto entre os membros da equipe quanto entre equipe e paciente.

Na medida em que se estabelece um bom vínculo com o paciente, é possível ganhar a confiança do mesmo, facilitando, assim, o processo de intubação. Sabe-se que durante o procedimento, a colaboração do paciente é de extrema importância, tanto em relação à técnica em si quanto em relação às respostas emocionais do paciente e da equipe.

A decisão de realizar a IOT é uma notícia difícil a ser dada, principalmente após as repercussões causadas pela pandemia e a disseminação das informações sobre a intubação e a VM, sendo estes procedimentos associados aos piores desfechos. Por isso, cabe ao profissional de saúde, neste caso o médico, comunicar a decisão de maneira segura, empática e de forma simples, tanto para o paciente e familiar de referência quanto para a equipe.

As indicações de IOT, ou seja, as situações nas quais ela se torna uma necessidade clínica são três: a obstrução das vias aéreas, como nos casos de edema de glote por anafilaxia, queimadura, trauma facial, trauma cervical, corpo estranho na garganta, tumores ou abscessos cervicais com efeito de massa sobre a traqueia; a falência respiratória, que detalhamos na tabela a seguir; e quando o médico prevê que a doença vai acabar levando à falência respiratória ou à incapacidade de manter a patência das vias aéreas.

Tabela 1 – Indicações clínicas de IOT por falência respiratória

Indicações de IOT	
Imediatas	Parada cardiorrespiratória
	Rebaixamento do nível de consciência com impossibilidade de proteção de via aérea
	Insuficiência respiratória com instabilidade hemodinâmica
Falência ventilatória	Redução do drive respiratório
	Anormalidades mecânicas/traumáticas do tórax
	Doença neuromuscular com redução da capacidade vital
Falência respiratória	Hipoxemia refratária e contraindicação à VNI
	Resposta inadequada à VNI
	Excesso de trabalho respiratório com fadiga respiratória

A intubação em sequência rápida – "os 7 P's"

Para ilustrar o processo de IOT, descreveremos os 7 passos que, de maneira geral, são seguidos durante o procedimento.

Para uma melhor memorização, estes passos são chamados de "os 7 P's". Na UTI e no Pronto-Socorro, a forma mais utilizada para a realização da IOT é a sequência rápida de intubação que consiste na utilização de sedativos de início de ação rápida associado a um bloqueador neuromuscular para a realização da laringoscopia e, posteriormente, alocação da cânula orotraqueal.

Preparação

Neste momento, é feito o preparo de todos os materiais necessários para a intubação (medicamentos, cânulas orotraqueais, laringoscópio, dispositivo bolsa-válvula-máscara – o ambu – aspirador, etc.), o correto posicionamento do paciente e são estabelecidos os planos em caso de insucesso, os quais são discutidos entre a equipe.

No caso do paciente Covid, a equipe é reduzida pelo risco de contaminação. De maneira geral, participam deste momento o médico, o fisioterapeuta, o enfermeiro e o técnico de enfermagem.[1]

Além do preparo, a equipe avalia os preditores de via aérea difícil, isto é, características do paciente que denotam maior risco de dificuldade de intubação (dificuldade de visualizar as cordas vocais durante a laringoscopia). São exemplos de preditores de via aérea difíceis: paciente obeso, abertura oral pequena, retrognatia, restrição da mobilidade cervical.

Antecipar o risco de via aérea difícil tem como objetivo otimizar todas as medidas para facilitar e evitar potenciais complicações.

Pré-oxigenação

Nesta fase, aumenta-se o aporte de oxigênio, com a finalidade de aumentar a reserva de gás nos pulmões para o momento em que o

[1] **Nota do Organizador**: Cabe aqui a pergunta que fizemos na introdução do livro: "O que pode o psicólogo fazer na cena da intubação?".

paciente estiver sendo submetido à laringoscopia. Podem ser utilizados o cateter nasal, as máscaras, a VNI ou o ambu.

Pré-tratamento

O próximo passo é a administração de medicações para reduzir os efeitos adversos da laringoscopia (hipertensão, taquicardia, broncoespasmo). As principais medicações utilizadas são o fentanil e a lidocaína. Este não é um passo obrigatório a ser realizado em todos os pacientes.

Paralisia com indução

Administram-se as medicações utilizadas para a sedação e para o bloqueio neuromuscular, com o objetivo de causar um coma induzido e um relaxamento muscular para facilitar a visualização das cordas vocais por meio da laringoscopia. As principais medicações hipnótico-sedativas utilizadas são: midazolam, propofol, quetamina e etomidato. Já os bloqueadores neuromusculares mais utilizados são succinilcolina e rocurônio.

Posicionamento do paciente

O paciente já deve ser parcialmente posicionado de forma correta na fase de preparação. Neste momento, finaliza-se a otimização do posicionamento, principalmente por meio da hiperextensão cervical.

Posicionamento da cânula

Neste momento, o médico procederá com a laringoscopia, isto é, por meio do laringoscópio, tentará localizar as cordas vocais do paciente. Assim que as visualizar, solicitará a cânula orotraqueal e a colocará entre as cordas vocais.

De maneira geral, este é o momento mais tenso do procedimento, pois o paciente pode ficar hipotenso ou dessaturar, além de, em casos de via aérea difícil, o profissional não conseguir visualizar as cordas vocais e/ou não conseguir intubar.

Pós-intubação

Após a intubação, é checado se a cânula orotraqueal foi posicionada adequadamente, geralmente utilizando um capnógrafo e a ausculta pulmonar. Além disso, conecta-se a cânula ao circuito do ventilador mecânico, inicia-se a sedação de manutenção e reavaliam-se os sinais vitais.

Ventilação Mecânica

Ventilação é um termo médico para a entrada e saída de ar dos pulmões de forma natural. Ventilação Mecânica (VM) é um termo usado para a adoção de um suporte ventilatório para o paciente que já não respira por si só.

A VM pode ser invasiva ou não invasiva. Nas duas formas há uma força empurrando o ar para dentro do pulmão, a diferença é que na VMI (Ventilação Mecânica Invasiva) é necessária uma prótese, um tubo, nas vias aéreas do paciente, e na VNI (Ventilação Não Invasiva) utiliza-se uma máscara ou cateter nasal como interface entre o paciente e o respirador.

São muitos os instrumentos e dispositivos que auxiliam no aporte de oxigênio suplementar, ou seja, na ventilação mecânica. O mais famoso é o ventilador, mas existem muitos outros: o cateter nasal de oxigênio, o cateter nasal de alto fluxo, as máscaras de oxigênio (máscaras de nebulização, máscara de Venturi, máscara não reinalantes totalface, fullface e helmet). Cada um desses instrumentos oferta uma quantidade diferente de oxigênio e varia também quanto ao tipo de interface entre o paciente e o ventilador. A escolha vai depender do conforto do paciente, da disponibilidade e da indicação clínica, lembrando que a VNI pode, além de fornecer oxigênio, contribuir para a eliminação do dióxido de carbono.

Assim, como a IOT, a VM não é isenta de riscos e complicações. Estas complicações estão associadas à própria ventilação, à sedação, e ao bloqueio neuromuscular. A ventilação mecânica pode causar danos ao tecido pulmonar, seja por aumento das pressões (barotrauma), por aumento dos volumes de gases (volutrauma), pelo fechamento cíclico dos alvéolos (atelectrauma) e por um processo inflamatório associado à ventilação (biotrauma). As lesões ao tecido pulmonar podem levar desde a inflamação tecidual até o pneumotórax. Pode ainda causar danos ao diafragma, seja por desuso, estiramento ou sobrecarga.

Outra complicação relacionada à ventilação mecânica é a pneumonia associada à ventilação (PAV). As complicações relacionadas à sedação e ao bloqueio neuromuscular são: sarcopenia, neuropatia do doente crítico, *delirium* e úlcera por pressão. Muitas dessas complicações podem ser evitadas por meio de treinamento e da atuação de uma equipe interdisciplinar capacitada no cuidado do paciente crítico.

A história da VM remota a epidemia de uma doença que levava à morte por meio da insuficiência respiratória: a poliomielite. No fim do século XIX e no início do século XX, as primeiras soluções foram os respiradores mecânicos que criavam pressão negativa, os chamados pulmões de aço, os quais envolviam todo o corpo dos pacientes. A técnica não foi amplamente difundida pelas dificuldades técnicas que a envolviam. Na década de 50, do século XX, com a epidemia de poliomielite em Copenhagen, na Dinamarca, onde a mortalidade da doença era maior que 80% nos pacientes com insuficiência respiratória, o anestesiologista Bjorn Ibsen propôs que os pacientes fossem traqueostomizados e que a ventilação positiva fosse instituída. Para isso, Ibsen precisou da ajuda de alunos dos cursos de saúde e de professores aposentados para se revezarem para ofertarem a ventilação manual. Com essa inovação, a mortalidade reduziu de 87% para menos de 15%. A partir de então, a VM evoluiu para os ventiladores mecânicos microprocessados que conhecemos atualmente.

Para possibilitar os objetivos do suporte ventilatório, principalmente na fase inicial, é necessário manter o paciente sedado e, em alguns casos, sob efeito de bloqueadores neuromusculares. De maneira geral, utiliza-se um analgésico de manutenção (na maioria das vezes usa-se o fentanil, um analgésico opioide de alta potência, em infusão contínua), um sedativo/hipnótico de manutenção (na maioria das vezes usa-se o propofol, o midazolam, a quetamina ou a combinação de mais de um desses).

Os analgésicos têm como objetivo o controle da dor aos diversos estímulos álgicos do paciente intubado (a própria cânula orotraqueal, o imobilismo, etc.). Os sedativos têm como objetivo também a redução da consciência para possibilitar a melhor interação pulmão-ventilador. Os bloqueadores neuromusculares (cisatracúrio, atracúrio, rocurônio, pancurônio) são substâncias que causam relaxamento muscular, necessários em alguns casos, para otimizar a interação pulmão-ventilador. Utilizados principalmente nos casos de SARA moderada à grave ou em casos de assincronias ventilador-paciente, refratárias.

Posição prona

Uma estratégia utilizada nos casos de hipoxemia refratária é a posição prona, isto é, o paciente é colocado em decúbito ventral (de barriga para baixo). O objetivo desta manobra é de homogeneizar a perfusão e a ventilação pulmonar, melhorando as trocas gasosas. Os pacientes ficam no mínimo 16 horas nessa posição e podem necessitar mais de uma vez desta manobra. É importante frisar que esta manobra deve ser realizada por uma equipe treinada, pois pode gerar complicações como extubação acidental, retirada acidental de catéteres e drenos, lesão dos profissionais.

Em longo prazo, esta posição pode causar lesões por pressão no paciente que devem ser evitadas por meio do uso de proteções e da mudança de decúbito periódica.

Desmame da ventilação mecânica

O desmame da VM é o processo de retirada do suporte ventilatório. Estima-se que dure de 40 a 60% do tempo total da VM. Para iniciar o desmame, deve-se avaliar se o desencadeante da insuficiência respiratória foi total ou parcialmente resolvido. Associa-se a isso uma combinação de critérios objetivos e subjetivos, levando em conta a evolução do paciente.

Utilizam-se como critérios: o estado neurológico (o nível de consciência, o grau de interação do paciente, o drive respiratório, o nível de agitação, a presença de tosse efetiva, a capacidade de proteger as vias aéreas), as trocas gasosas, os parâmetros ventilatórios (geralmente com parâmetros ventilatórios mínimos), o estado hemodinâmico (choque resolvido ou em melhora, ausência de arritmias graves), e o estado metabólico (equilíbrio acidobásico e hidroeletrolítico compensados). O paciente não precisa cumprir todos os critérios, porém a equipe deve saber que ao não cumprir um dos pontos citados, o paciente tem maior risco de fracasso do desmame.

Após avaliar os critérios, a equipe, geralmente o profissional de fisioterapia, faz o teste de respiração espontânea (TRE), submetendo o paciente a parâmetros ventilatórios mínimos ou à respiração espontânea em tubo T por um determinado tempo, avaliando a resposta e a tolerância do paciente. Essa resposta/tolerância é avaliada por meio de critérios clínicos como a manutenção da saturação de oxigênio, da frequência respiratória, da pressão arterial, do nível de consciência e de sinais de trabalho respiratório.

Caso o paciente tolere o teste de respiração, ele está, então, apto a ser extubado. Caso não tolere o teste de respiração espontânea, seja por incapacidade de manter os sinais vitais dentro da normalidade, seja por apresentar sinais de desconforto respiratório, considera-se uma falha no TRE. Neste momento, deve-se tentar identificar o motivo da falha, tentar reverter o motivo e submeter o paciente a novo teste depois de 24 horas ou após, caso o motivo não tenha sido revertido.

A extubação é o processo de retirada da cânula orotraqueal. Geralmente, este procedimento é realizado pela equipe da fisioterapia após o sucesso do TRE em decisão compartilhada com a equipe médica. Após este procedimento, o paciente pode necessitar de VNI ou de outros suportes de oxigênio (máscara de oxigênio, cânula nasal de oxigênio).

A falência de extubação é o desenvolvimento de insuficiência respiratória em até 48 horas após a extubação com necessidade de nova IOT, geralmente, preenchendo algum dos critérios de indicação, conforme citado no início do Capítulo. Isso pode ocorrer em até 15% dos pacientes, mesmo após passar no TRE. As causas de falência de extubação são inúmeras, dentre elas: edema de glote, edema pulmonar, fraqueza muscular, novo processo infeccioso. A falência de extubação está associada ao maior risco de pneumonia associada à ventilação e maior risco de óbito. Por isso, o processo de desmame de ventilação deve ser realizado de maneira protocolar.

Falamos em extubação acidental quando há um deslocamento da cânula orotraqueal para fora da via aérea de maneira não intencional. Este é considerado um evento adverso e deve ser evitado, uma vez que pode desencadear graves consequências: dessaturação, parada respiratória, parada cardiorrespiratória e óbito. Por isso, no processo de desmame de ventilação, muitas vezes, necessita-se da contenção mecânica do paciente para evitar que, em momentos de variabilidade de consciência ou de agitação, o paciente cause a própria extubação. Outras medidas devem ser realizadas para evitar tal evento adverso. Poucos pacientes, logo após a extubação acidental, não precisam ser novamente intubados.

Traqueostomia

Não existe uma indicação absoluta de traqueostomia no desmame da VM. De maneira geral, é indicada aos pacientes dependentes da VM após 21 dias, a pacientes com necessidade de altas doses de sedativos para tolerar o desconforto do tubo orotraqueal e a pacientes com lesões neurológicas graves.

A traqueostomia pode trazer maior conforto ao paciente com desmame difícil, pois, desta forma, ele necessita de menos sedativos, facilita a aspiração de secreções, reduz a resistência das vias aéreas, possibilita a mobilidade do paciente, a fala e a alimentação por via oral.

Considerações Finais

Conhecer a técnica envolvida na intubação orotraqueal e na ventilação mecânica é o primeiro passo para poder auxiliar os pacientes e os profissionais com as ferramentas adaptativas emocionais neste cenário desafiador.

Sempre que possível, todos os passos devem ser pensados e planejados de maneira interdisciplinar, porém, algumas vezes, a urgência pode exigir dos profissionais ações rápidas e, nem sempre, todos os pontos serão seguidos.

CAPÍTULO 4

A clínica entre vários: o que esperam de nós?

Jefferson Clayton da Silva Oliveira
Sara Caldart Lupatini
Alfredo Simonetti

> *Se eu conversasse com Deus / Iria lhe perguntar: Por que é que sofremos tanto / Quando se chega pra cá? Perguntaria também / Como é que ele é feito / Que não dorme, que não come / E assim vive satisfeito. / Por que é que ele não fez / A gente do mesmo jeito? / Por que existem uns felizes / E outros que sofrem tanto? Nascemos do mesmo jeito, / Vivemos no mesmo canto. Quem foi temperar o choro / E acabou salgando o pranto?*
>
> LEANDRO GOMES DE BARROS

Enquanto a Psicologia Clínica acontece na privacidade do consultório por meio da relação terapeuta-paciente, a Psicologia Hospitalar se dá na cena quase pública do hospital por uma rede de relações estabelecida entre o paciente, o médico, a enfermeira, o fisioterapeuta, o psicólogo, a instituição, o plano de saúde e a família, dentre outros e, por isso, diz-se que a Psicologia Hospitalar é uma clínica entre vários[1]. O mundo pandêmico nos limitou de diferentes formas, mas em

[1] SIMONETTI, A. **A Cena hospitalar**: psicologia médica e psicanálise. Belo Horizonte: Artesã, 2018.

contrapartida oportunizou que cada campo de saber fosse até o seu limite na busca por respostas aos problemas novos que se impunham e continuam se impondo.

Vacinas passaram a ser pesquisadas e produzidas, o diagnóstico e as intervenções médicas tiveram que se aperfeiçoar, a enfermagem teve que se redefinir, reinventar-se, o conhecimento em fisioterapia respiratória foi requerido como em nenhum outro momento na história, e a Psicologia também passou por uma redefinição importante do seu papel, pois tem sido chamada a contribuir em situações clínicas novas como a intubação.

Neste Capítulo, destacamos a relação entre a equipe (médicos, enfermeiras, fisioterapeutas e técnicos) e a Psicologia. Queremos saber o que eles esperam de nós na situação de intubação. Será que a expectativa da equipe está alinhada com o nosso projeto de intervenção psicológica? Será que o trabalho que sabemos fazer e queremos oferecer é o que esperam de nós? Haverá uma sinergia de objetivos ou um desencontro?

Para responder a estas questões, entrevistamos médicos, enfermeiras, fisioterapeutas, técnicos de enfermagem e psicólogos, e a todos eles fizemos a seguinte pergunta: "Em sua opinião, qual é função do psicólogo na situação de intubação?". Conversamos com vinte e oito profissionais, quatro médicos, cinco enfermeiros, quatro técnicos de enfermagem, três fisioterapeutas e doze psicólogos.

Vejamos o que eles disseram, começando com este relato de uma técnica de enfermagem.

> "[...] eu acompanhei uma intubação de quanto eu tô aqui, de o paciente estar consciente e ir hipossaturando e hipossaturando, vai caindo e a gente vai observando e aí a doutora fala "ah, a gente vai ter que intubar"; dá aquela tensão pra nós; puts, o paciente está glasgow 15; ele tá entendendo o que tá acontecendo; e ele sabe o que vai acontecer porque eles têm uma visão do que é o tubo e eles têm medo; porque eles ficam muito inseguros; o que eu vi foi assim: a fisio conversou com ele muito, "segura na minha mão, a gente tá aqui, vai cuidar do senhor, vai por o senhor pra dormir, a gente vai recuperar esse pulmão"; foi passando segurança; a doutora que estava ligou pra família lá do quarto, falou com a família, deixou ele ver as filhas e conversar; então assim, eu achei que foi

intubação humanizada, vou usar essa palavra; aí ela falou, vamos preparar a sedação, passa tal e tal medicação e assim foi bem tranquilo; bem tranquilo; **você (o psicólogo) poderia fazer o que a doutora fez, que é segurar na mão dele, falar com a família nessa hora ali, explicar, eu acho bem interessante"**. (V., Técnica de enfermagem).

Para facilitar a compreensão do texto, optamos por preservar a função do entrevistado ao final de cada trecho citado. Serão identificados MED para médicos, ENF para enfermeiros, FIS para fisioterapeutas, PSI para psicólogos e TEC para técnicos em enfermagem. Não faremos distinção de gênero.

Analisando o conteúdo das entrevistas, podemos dizer que a equipe espera que o psicólogo faça várias coisas na situação de intubação: que ele informe, oriente, convença, tranquilize, faça as videochamadas e atenda à família. Além disso, supõe-se dos psicólogos uma habilidade específica, certo "jeitinho do psicólogo" para conversar com pacientes. Alguns profissionais, mencionaram uma função de capacitar a equipe para lidar com os aspectos emocionais da situação.

Informar e orientar

> [...] Compreender a importância do procedimento ser realizado no momento certo; esclarecer que não se trata de um "final de linha". Muitos nos dizem: sei que se me intubar, vou morrer [...] (MED).
>
> [...] Explicar o procedimento: que o estado respiratório piorou, mas essa IOT é uma medida para melhorar a parte pulmonar. Que irá dormir e não sentirá dor [...] (MED).
>
> [...] Então, nosso trabalho, eu chego próximo com o médico e eu faço. Me apresento e digo que, pergunto se o médico passou aqui ou se o colega já conversou com ele. E, aí, uns dizem "ah, eu já sei". Daí eu pergunto: "Você sabe como vai ser o procedimento?" Aí, quando eu percebo que é alguém que não tem muita leitura, aí eu digo que ele vai dormir, porque o pulmão dele precisa descansar e com isso os médicos vão trabalhar melhor. Quando é alguém que já tem mais consciência e fica

um pouco mais nervoso, às vezes, fala que não vai sair, aí eu vou explicar tudo o que é a intubação [...] (PSI).

> [...] Orientar o paciente [...] (ENF).

> [...] Para quem tem bom nível de consciência, necessita de preparo anterior [...] (ENF).

> [...] Protocolo: Na entrada do paciente no hospital receber um atendimento psicológico, com o objetivo de informar e esclarecer sobre a rotina da unidade e desmistificar mitos sobre estar na UTI e sobre o Covid, associados à morte [...] (FIS).

> [...] Mas nesse caso específico do paciente Covid, eu acredito que pode ajudar na orientação porque gera uma ansiedade muito grande no início e cada um entende de uma forma; eu acredito que falando com o paciente, explicando pra ele [...] (TEC).

É interessante notar o fato de que um profissional que não é da área médica e que não detém previamente o conhecimento técnico seja visto pela equipe como alguém que pode orientar e esclarecer sobre o que de fato será feito – o procedimento de intubação propriamente dito. Essa é uma tarefa absolutamente inédita na atuação do psicólogo. Cabe destacar, entretanto, que não se trata de orientação aprofundada, demasiadamente técnica, mas sim de modo genérico, possivelmente com linguagem acessível.

A citação a seguir elucida:

> [...] Explicar o procedimento: que o estado respiratório piorou, mas essa IOT é uma medida para melhorar a parte pulmonar. Que irá dormir e não sentirá dor [...] (MED).

Nessa questão, entra a habilidade de comunicação que o psicólogo, em tese, tem. É capaz de identificar, mediante a observação, as emoções presentes na cena e os comportamentos verbais e não verbais, tanto da equipe, quanto do paciente. E, a partir disso, fazer a intervenção necessária conforme a demanda que se apresenta. A citação a seguir corrobora esse entendimento:

> [...] Por que o psicólogo? Porque tem mais facilidade para isso [...] (FIS).

Aprofundando a discussão, a equipe sinaliza que também espera que o psicólogo seja capaz de desmistificar, esclarecer os possíveis mitos e crenças equivocadas do paciente e da família acerca do que se trata a intubação, isto é, de que ela é uma manobra importante para a manutenção da vida diante da situação clínica que se impõe. Em geral, nossa experiência tem revelado que as pessoas têm feito uma forte associação da intubação com a morte, como exemplificam os seguintes trechos:

> [...] A IOT está estigmatizada – pensam que é um atestado de que vai morrer, acreditam que é algo sem volta [...] (ENF).
>
> [...] tenho percebido que existe um mito de que quando o paciente é intubado não vai voltar mais, e que ele vai morrer, isso realmente é uma possibilidade, mas não necessariamente isso precisa acontecer. O que tenho percebido é isso dos pacientes quando vão ser intubado, eles acreditam que vão morrer, então, o papel que tenho exercido é de escutar o que eles têm a dizer, acolher isso, e explicar que neste momento a intubação é necessária para que o corpo tente reagir nesse descanso, mostrar que é uma possibilidade de tratamento para ele melhorar, claro que tem a possibilidade de não reagir, mas que também pode melhorar [...] (PSI).
>
> [...] Esclarecer que não se trata de um "final de linha". Muitos nos dizem: sei que se intubar, vou morrer [...] (MED).
>
> [...] Aquela ideia assim de achar que se tá indo pro tubo, já tá morrendo; a maioria que já passou pela gente acha que é o fim [...] (TEC).

Convencer

Médicos, enfermeiras e fisioterapeutas, treinados desde os primeiros dias de faculdade a salvar vidas, para fazer tudo o que for possível para salvar a vida do paciente, ficam desconcertados com a recusa do paciente do "tudo que pode ser feito" para salvar a sua vida e, nestas circunstâncias, chamam a Psicologia na expectativa de que o psicólogo convença o paciente a aceitar o procedimento em questão, seja uma cirurgia, uma quimioterapia, uma amputação ou uma intubação. Esta demanda sobre a Psicologia já é histórica na cena hospitalar, pois os profissionais de saúde acham que o psicólogo está no hospital para ajudar a medicina a fazer o que tem que ser feito para a cura do paciente. Esta é a nossa missão? E se não for, qual é?

A intervenção da Psicologia leva em conta a necessidade do tratamento, mas não se esgota nisto porque está comprometida também com a manutenção da posição de sujeito do paciente. Uma discussão mais conceitual sobre a função da Psicologia Hospitalar pode ser encontrada no livro *Manual de Psicologia Hospitalar*[2], aqui queremos chamar atenção para a expectativa da equipe como percebida pelos psicólogos.

> [...] antes nós só chegávamos a pedido dos médicos quando tínhamos que "convencer" o paciente. Daí fica muito em cima e perdemos a oportunidade de trabalhar de forma mais inclusiva [PSI]

Tranquilizar

As falas dos entrevistados indicam que eles esperam que o psicólogo seja capaz de tranquilizar o paciente e a sua família. Eles supõem que este saber psicológico acolherá o paciente e a sua família em seu sofrimento.

> [...] Aliviar angústias e mitos criados por eles mesmos ou pessoas desinformadas que criam medo [...] (MED).
>
> [...] Tranquilizar o paciente [...] (MED).
>
> [...] Orientação para acalmar o paciente [...] (FIS).
>
> [...] Quanto maior a ansiedade, mais instável, hipossaturando, mais a psicologia pode tranquilizar [...] (FIS).
>
> [...] Quando estiver certo a IOT, explicar e tranquilizar o paciente se houver tempo hábil. (FIS).
>
> [...] Orientar e tranquilizar [...] (ENF).
>
> [...] Criar um ambiente mais tranquilo, inclusive para a própria equipe [...] (ENF).
>
> [...] Percebe que o paciente chega com muito medo e isso causa ansiedade, ficando mais agitado, hipossaturando e com desconforto respiratório acentuado; O controle da ansiedade evita a IOT [...] (ENF).

[2] SIMONETTI, A. **Manual de Psicologia Hospitalar**: o Mapa da doença. Belo Horizonte: Artesã, 2018.

> [...] Paciente com Glasgow 15 => chega muito ansioso e com medo => aspectos psicológicos influenciam na IOT precoce [...] (ENF).
>
> [...] contribuir no acolhimento desse paciente, no sentido de ouvir o que ele tem a dizer [...] (PSI).
>
> [...] tentando acalmar ele; dizendo que é um procedimento necessário para melhoria da saúde dele, que vai ser um breve período; paciente não fica intubado pra sempre, né; que é só um procedimento [...] (TEC).

Com relação a essa discussão, cabe uma reflexão sobre qual é a gênese desse sofrimento, pois, se compararmos a intubação do paciente Covid-19 com a intubação de um paciente em uma UTI geral comum, em que pacientes vítimas de trauma ou cirurgias eletivas são atendidos, por exemplo, esse sofrimento não é observado, empiricamente. Entretanto, nas discussões realizadas durante a construção deste livro, chegamos ao entendimento de que este sofrimento é causado por conta do medo da morte enquanto possibilidade, e tanto o paciente quanto a família associam a intubação a essa possibilidade – causando sofrimento e crise psíquica.

Ainda dentro desse tema, observem a seguinte fala:

> [...] Paciente acordado está mais ansioso – **atrapalhando as condutas (grifo nosso)**, por exemplo: o paciente não consegue permanecer em VMI. Fica mais instável, com taquipneia [...] (FIS).

O caráter técnico, talvez necessariamente objetificante, denuncia que o paciente se torna um meio para a obtenção de um fim, que é o sucesso da intubação. Não há tempo para subjetividade ou essa tarefa ainda não tem um responsável? Evidente que é papel de todos os envolvidos, mas ocorre que ter um profissional disponível especificamente designado e capacitado tem o condão de tornar aquela assistência mais exitosa do ponto de vista emocional.

É o que diz o entrevistado no seguinte relato:

> [...] Os médicos tentam fazer isso, mas, por estarem envolvidos com a organização da equipe em si, para realização do procedimento, ter o psicólogo nesse momento ali do lado do paciente, faria bastante diferença [...] (MED).

Em contrapartida, o relato a seguir evidencia o lugar do paciente enquanto sujeito, de protagonista dessa cena, capaz de contribuir com a organização da própria experiência:

> [...] Papel da psicologia de acalmar e orientar o paciente para que ele esteja ativo nos próprios cuidados [...] (ENF).

Jeitinho do psicólogo

Seguindo na análise dos temas, os profissionais entrevistados apontam um diferencial do psicólogo na equipe multiprofissional. Ao que consta, além de suporem que o psicólogo sabe intervir, o profissional também tem habilidades especiais, alguns, inclusive, descrevem como um "jeitinho especial". Segue as falas que representam esse tema:

> [...] Os médicos tentam fazer isso, mas, por estarem envolvidos com a organização da equipe em si, pra realização do procedimento, ter o psicólogo nesse momento ali do lado do paciente, faria bastante diferença [...] (MED).
>
> [...] Equipe agitada na organização [...] (ENF).
>
> [...] Psicólogo importante, sensibilidade com o paciente [...] (ENF).
>
> [...] O trabalho do psicólogo pode oferecer aconchego e palavras de conforto [...] (ENF).
>
> [...] a gente já teve vários pacientes que chegaram e eles não quererem ser intubados e a gente tem que conversar e o psicólogo já tem um jeitinho pra fazer que o paciente entenda, coisa que nós não estudamos; então é um profissional indispensável pra melhorar essa visão do paciente quanto ao procedimento [...] (TEC).
>
> [...] Aquela ideia assim de achar que se tá indo pro tubo, já tá morrendo; a maioria que já passou pela gente acha que é o fim; então, tendo uma pessoa ali mais calma; porque na hora que se fala em intubação até a gente fica mal; então uma pessoa mais calma pode fazer a diferença [...] (TEC).

Podemos deduzir, então, que o fato de ser uma demanda nova nesse ambiente, ainda não há um destinatário, isto é, um profissional que esteja incumbido de resolvê-la ou encaminhá-la. Além de não haver o profissional designado para essa tarefa, não há espaço na rotina de cada um para absorver e, tampouco, a equipe também se vê com habilidades de solucioná-la. Nesta ocasião, a equipe vê na figura do psicólogo a possibilidade de alguém com saber mais orientado nas demandas emocionais para contribuir.

Essas falas são bem representativas de como as pessoas, em geral, veem a figura do psicólogo e o saber que ele representa. Aparentemente, a representação social da profissão é bastante positiva. Outro conceito que pode ser correlacionado é bastante conhecido pelos psicólogos: o suposto saber. Tal relação evidencia que não só os pacientes, mas a equipe também supõe que sabemos "o que fazer", como fazer, às vezes até mesmo de maneira súbita. Aos olhos e relatos deles parece que realmente sabemos. O que faz com que saibamos?

Há ainda nessas falas algo reconhecidamente da prática do psicólogo como a sensibilidade, a observação acurada, o tato no manejo de questões difíceis e o acolhimento que é quase inerente à Psicologia e à sua prática.

Em se tratando de abertura no campo de trabalho do profissional da Psicologia, conseguimos abrir espaço, desbravar e se fazer necessário onde, até algum tempo atrás, eram espaços impensados para nós.

Conduzir videochamadas

O outro tema a ser analisado ficou nacionalmente conhecido durante a pandemia. As **videochamadas** foram temas de diversas reportagens, porque, de fato, representaram também algo novo. Em meio à pandemia, os hospitais também tiveram que adotar rígidos protocolos de segurança, o que impedia as visitas presenciais aos hospitalizados. A tecnologia permitiu aproximar as pessoas em meio a um mundo de incertezas. Atrás dos *tablets* e dos *smartphones,* as equipes multiprofissionais repletas de novos EPIs, compostas por assistentes sociais, psicólogos, nutricionistas, fonoaudiólogos, enfermeiros e outros profissionais passaram a fazer ligações para os familiares dos pacientes acordados e os em ventilação mecânica. Segue uma fala representativa:

> [...] eu acho que o paciente, se ele tá consciente antes da intubação você pudesse ao menos fazer uma ligação pra família estar

> ciente do acontecido e pra ele ficar tranquilo porque às vezes pode ser uma despedida, que alguns não sabem se voltam; eu acho isso importante [...] (TEC).

Como tudo o que é novo causa certa estranheza, as videochamadas também provocaram debates em torno da bioética. Um paciente intubado pode ou não ser filmado? Nosso objetivo não é provocar este debate aqui, apenas citamos em razão de que as equipes multiprofissionais no Brasil e no mundo se ocuparam desses questionamentos. Aparentemente, as chamadas de vídeo vieram para ficar.

Atendimento familiar

A seguir, representamos as falas mais significativas desse tema:

> [...] Ajudar a comunicar-se com a família, antes do procedimento [...] (MED).
>
> [...] Ser ponte entre equipe médica, paciente e família – nos casos mais resistentes [...] (MED).
>
> [...] Orientar a família sobre a rotina da unidade, procedimentos, inclusive sobre condições de delirium/confusões que o paciente possa ter [...] (FIS).
>
> [...] Como tem sido feito: o médico faz o contato com a família e explica quais as opções de tratamento e oferece espaço para a família conversar com o paciente. O médico explica como é o procedimento de IOT [...] (ENF).
>
> [...] Atendimento às famílias [...] (ENF).
>
> [...] acho que seria bom essa parte a psicologia intervir; acho que isso ajuda a equipe também porque às vezes a família vem aí e a gente fica com cara de tacho [...] (TEC).

Aparentemente, as falas indicam que os profissionais esperam, no que tange ao atendimento à família, que o psicólogo desempenhe um papel que para nós é bem definido e já bem estudado e assentado na literatura. Um dos meios em que isso foi efetivado foi por meio das videochamadas citadas anteriormente.

A discussão do conteúdo de cada tema permitiu identificar que os profissionais esperam bastante de nós, psicólogos. O saber é forjado pelos imbricamentos, pelos pontos em desacordo que, paulatinamente, vão se ajustando – na medida em que não se foge a debates como estes. É preciso encarar com responsabilidade e comprometimento os limites do conhecimento e da profissão, pois os limites demarcam a área que cada disciplina precisa transpor para evoluir.

Ocorre que, na construção deste Capítulo, os autores em alguns momentos até se surpreenderam, pois parece que os *outros* sabem mais da nossa possibilidade de atuação que possamos imaginar – ao olho nu. E é interessante observar que eles sabem, a partir da necessidade conhecida, a partir do fazer, mas também pelo senso de humanidade, pela capacidade de entender a profundidade de cada momento.

A visão dos psicólogos

A discussão principal deste Capítulo até aqui foi conhecer e discutir acerca do que esperam de nós. Entretanto, também questionamos os colegas de profissão sobre suas práticas nos hospitais pelo Brasil no momento da intubação. Falaremos brevemente sobre as principais impressões sobre o que colhemos.

Com relação ao psicólogo ser chamado a atender o paciente na intubação, observamos algumas divergências nos relatos, que vão desde nunca ter sido chamado até ser chamado com frequência para atender ou acompanhar esses casos.

Podemos verificar as diferentes maneiras com que as equipes se organizam durante sua prática. Alguns profissionais descreveram que precisaram inicialmente realizar ações de sensibilização quanto à importância de suas práticas, como demonstra o trecho a seguir:

> [...] Nós já vínhamos há algum tempinho fazendo, quando dá. Primeiro foi um trabalho com a equipe, eles perceberem a importância que era chamar o psicólogo para uma intubação. E, aí, nós conseguimos, em quase sua maioria essa importância [...] (PSI).

Alguns dos profissionais descreveram que a maioria de seus atendimentos ocorria em situações em que os pacientes estavam resistentes ao procedimento:

> [...] Nós somos acionadas só se o paciente recusar o procedimento [...] (PSI).

Há ainda um trecho que chama a atenção, porque evidencia as barreiras presentes, mesmo com a indiscutível presença de demandas emocionais a serem cuidadas:

> [...] Nunca fomos chamados durante esse procedimento lá no hospital, o que me deixa um pouco inquieta. Mas tem coisas ainda mais sérias, do tipo, médico que sequer comunica ao paciente que ele será intubado. Apenas diz que dará um remédio para ajudá-lo a ficar melhor, seda e então faz o procedimento. Me incomoda muito esse silêncio em que deixam o paciente, mas também não sei ainda como seria uma boa abordagem durante o ato da intubação. Estou ainda ensaiando propor alguma coisa [...] (PSI).

Há também os profissionais que parecem mais familiarizados com o tema:

> [...] Já acompanhei, por exemplo, residente fazendo esse atendimento, e, assim, em geral, todas as situações de intubação é oferecido. O médico, quando prevê que isso vai acontecer, entra em contato com a psicologia [...] (PSI).
>
> [...] É minha rotina da UTI COVID-19 atender o paciente e a família antes da IOT, realizar ou não a visita virtual e dar um *feedback* para equipe [...] (PSI).
>
> [...] Aqui a prática das videochamadas na situação de intubação acontecem há aproximadamente 1 ano [...] (PSI).

No que se refere à questão das videochamadas, os entrevistados as citaram como uma ação possível do psicólogo, como as falas a seguir representam:

> [...] tenho feito videochamada com os familiares antes da intubação e tem surgido efeito, a família dá força, oram, rezam [...] (PSI).
>
> [...] Aqui, faço as videochamadas para o paciente falar com familiares quando é possível [...] (PSI).

> [...] Aqui a prática das videochamadas pré intubação acontece há aproximadamente 1 ano. Ligação para a família, realizada pelo médico que irá explicar a necessidade do procedimento e nos introduzir na conversa [...] (PSI).
>
> [...] paciente e oferece a possibilidade de fazer uma videochamada antes da intubação [...] (PSI).
>
> [...] então, eu pergunto se ele quer fazer uma videochamada [...] (PSI).
>
> [...] É minha rotina da UTI Covid-19 atender o paciente e a família antes da IOT, realizar ou não a visita virtual [...] (PSI).
>
> [...] Alguns médicos até procuram a psicologia nesse momento e pedem a videochamada [...] (PSI).

Sobre este tema, cabe aprofundar o diferencial de uma videochamada quando é um profissional da Psicologia que a executa. A cada ligação realizada, o psicólogo tem a oportunidade de fazer um atendimento ao paciente e à sua família. Nesse atendimento, podem ser levantados dados importantes sobre como esta família está interpretando o andamento do caso, se estão compreendendo as informações clínicas que são repassadas.

Na chamada de vídeo, que também pode ser denominada como visita virtual, é uma importante oportunidade para intervir previamente no sentido do que a equipe espera do psicólogo, ou seja, desmistificar possíveis compreensões equivocadas, mitos, crenças irreais, sobretudo que envolve a hospitalização do paciente Covid, dentro disso a intubação. Às vezes, também é necessário que seja explicado, esclarecido, o que é o tubo orotraqueal, o que são os fios de monitorização cardíaca, o que é a sonda nasoenteral e outros dispositivos básicos de manutenção da vida dentro de uma UTI. De posse de informações um pouco mais detalhadas, comunicados com linguagem acessível a este familiar que visita o paciente remotamente, acreditamos que, aquilo que a equipe denomina de "ansiedade", possa ser minimizado. As citações a seguir são exemplos de como a videochamada pode ser considerada intervenção do psicólogo:

> [...] Chamada de vídeo para a família para esclarecer quanto aos procedimentos e rotina da unidade [...] (ENF).

> [...] Videochamadas explicar condição de *delirium*, para que a família fique orientada sobre possíveis falas confusas e desconexas e não se assuste [...] (FIS).

Quando colocada em perspectiva, a visão do psicólogo sobre sua prática, no que tange ao conteúdo deste livro – a intubação –, percebemos ao longo do conteúdo que há certa percepção de limitação sobre o que pode ser feito nesse momento. Ao contrário do que se evidencia na fala dos outros profissionais, em geral, enfermeiros, médicos, fisioterapeutas e técnicos em enfermagem, apresentam uma visão muito otimista acerca do papel que o psicólogo pode desempenhar na intubação. Se nós correspondemos às expectativas e se essas práticas vão se sedimentar e serão apropriadas pela Psicologia, isso é outra história.

Ocorre que, por se tratar da natureza do nosso trabalho, algumas ações que foram observadas por quase todos os profissionais, curiosamente não foram faladas pelos psicólogos. Uma explicação possível é que orientar e esclarecer, ou talvez a tarefa do acolhimento, são atividades completamente da natureza da prática psicológica. O que não retira o caráter de ineditismo das nossas reflexões, mas nos faz pensar no aperfeiçoamento, visto que há novos atores, um novo contexto, uma nova demanda.

Considerações Finais

Apesar do caráter emergencial que o hospital, via de regra, já supõe, somado ao momento pandêmico, temos um cenário volátil, o qual se forma e se desmonta em pouco tempo. Acrescente-se a esse contexto questões emocionais que a pandemia fez aflorar com mais intensidade. Será que na junção desses elementos teríamos aporte suficiente para desenhar ações junto às equipes multiprofissionais? Realizar e praticar ações que reforcem e amparem as pessoas junto ao sofrimento, que parece parte deste momento?

A verdade é que, em meio à avalanche que a pandemia foi, a maioria das profissões não sabiam como reagir, havia poucas fontes de informação, justamente pela novidade da doença. As diversas áreas foram pegas de surpresa, e com a nossa não foi diferente, em meio ao momento em que todos se perguntavam quais ações precisavam desenvolver, nós fazíamos o mesmo. Talvez a nossa profissão esteja já um pouco mais acostumada a desconstruir suas verdades. A realidade é que, para nós, psicólogos, a verdade é relativa – e lidamos relativamente com o caráter provisório da realidade.

Mais do que isso, chegamos ao momento em que precisávamos descobrir o que e quais ações seriam pertinentes. Nosso termômetro é o paciente, em geral, perguntar para ele o que ele gostaria naquele momento, junto a isso nossas observações ao cenário, à equipe e a cada questão presente que não foi necessariamente dita.

Conforme vamos analisando e discutindo os dados, chegamos à compreensão de que a nossa **presença** é o que faz a diferença. Em meio à cena de uma intubação cada um tem uma função: ajustar equipamentos, pegar medicações, instruir o paciente e o restante da equipe. Nós "só" estamos lá. Nossa pergunta direcionada apenas ao paciente, a nossa falta de movimentos ou equipamentos nas mãos talvez nos denuncie, indique que estamos ali "apenas" para estar com ele, para ouvi-lo, ou ainda, para fazer algo que ele venha a nos dizer que o ajudará. Embora, neste Capítulo, estejamos falando sobre o que a equipe espera de nós, sabemos que a resposta mais ajustada é a que vem do paciente, por isso ela deve ser sempre presente.

Os ambientes hospitalares nunca perdem sua característica emergencial, mas talvez a Covid-19 tenha nos lembrado que ainda dá para ser surpreendido mesmo nos locais mais preparados – como se preparar para uma catástrofe tão grande? A resposta para perguntas parece sempre estar no percurso, entre algo que existe e aquilo que ainda está por ser feito, entre pessoas, entre saberes. As respostas para as nossas perguntas mais complexas não são únicas, objetivas. Elas estão entre nós. Então, sempre é muito saudável indagar "o que se espera de nós?".

CAPÍTULO 5

A angústia de quem intuba

Jaquilene Barreto
Jefferson Clayton da Silva Oliveira
Raquel Guzella de Camargo

> *"Haverá um ano em que haverá um mês em que haverá uma semana em que haverá um dia em que haverá uma hora em que haverá um minuto em que haverá um segundo e dentro do segundo haverá o não--tempo sagrado da morte transfigurada".*
>
> (Clarice Lispector)

Já falamos sobre o sofrimento de quem é intubado, aqui trataremos dos sentimentos daquele que está do outro lado do tubo: o médico. Mas médico se angustia? Eles não são criaturas técnicas e frias treinadas para o que der e vier na luta contra a doença?

De fato, os médicos não costumam falar de si mesmo, mas isso é mais por falta de costume do que por ausência de sentimento, na verdade o problema não é bem de costume, e sim resultado da pressão do discurso científico que em seu ideal de objetividade pretende expurgar qualquer sinal de subjetividade do campo médico. Há sim um sujeito dentro de cada profissional de saúde chamado médico, pelo menos é o que podemos concluir quando nos dispomos a ouvi-los.

> [...] eu sempre fico muito emotiva em situações de intubação porque você tem duas flechas, pode dar tudo certo e pode dar

> tudo errado. Já vi casos em que deu tudo errado, paciente voltou com sequelas ou até mesmo perdeu a vida. Então, assim eu fico bastante, no meu interior, muito emocionada, muito aflita, mas assim, sabendo que para aquele momento é necessário para o paciente, pra ele conseguir se recuperar e depois voltar como era antes. (I., médica).
>
> O que mais mexe comigo é intubar. Dentre parada, dentre o óbito em si, o que mais mexe comigo é intubar aquele paciente que tá consciente, que tá acordado, que tá conversando, e tem que colocar ele pra dormir. Isso é o que mais mexe comigo. [...] a gente não sabe se aquele é o último contato com aquele paciente, com o mundo exterior, com nós aqui. (E.C., médica, 29 anos).

O ato da intubação é um desses procedimentos que tem sido revestido por uma variedade de sentimentos por parte do médico. Por se tratar de uma intubação diferente daquela em que o médico estava habituado a fazer com o paciente com nível de consciência rebaixado, aqui o paciente está consciente, acordado e, por vezes, implorando para não ser intubado. Do outro lado, está a família, angustiada e em desespero, aguardando o telefone tocar para ouvir do médico que o seu ente querido teve melhoras, e quando isso não acontece, precisa ser acalmada para que possa transmitir a coragem e a esperança necessária no enfrentamento do procedimento. De fato, muitas são as exigências, as cobranças, a responsabilidade depositada nas mãos do médico. Todos esperam que o dever seja cumprido: o paciente, os familiares, e ele, o próprio médico – que na luta entre a vida e a morte, a vida seja vencedora.

Diante desse contexto, é possível o médico exercer o seu cuidado e, em especial, intubar o paciente sem perder a humanidade do vínculo e se manter saudável? Conversamos sobre a experiência da intubação com 15 médicos e, nessas conversas, buscamos uma mínima padronização metodológica para nossa investigação, por isso fizemos a todos eles as seguintes perguntas norteadoras: "Como tem sido a sua experiência na intubação com o paciente Covid?"; "O ato de intubar tem um impacto no seu estado emocional? "Como você lida com os sentimentos e as emoções desse momento?"; "Você compartilha esses sentimentos com os seus pares?"; "Há algum caso que te marcou?".

> Nesse momento (da intubação) eu acho que a maior dificuldade é a questão do medo, da insegurança, por ser uma situação muito grave em que necessita de atendimento imediato, de uma atitude certeira que a gente precisa acertar, precisa intubar de uma forma rápida para dar segurança para o paciente, para que ele não evolua com uma PCR, por exemplo, e acabe fazendo hipóxia e lesão cerebral. A cada tempo sem oxigênio, a cada segundo, minuto, ele acaba sofrendo algum dano, então aquele momento é de muita tensão, tensão da equipe, é difícil pra gente também lidar com a equipe, porque além de carregar o nosso sofrimento, a gente carrega toda angústia da equipe junto, às vezes uma equipe que não esteja tão preparada para lidar com situações como essa. Então é difícil mesmo, essa questão de adrenalina, aflição, medo, insegurança. (A.C., médica, 26 anos).

Do lugar que o médico ocupa no imaginário social, e aqui especificamente no cenário da intubação, surge um conjunto de expectativas, ansiedades, responsabilidades depositadas sobre o seu fazer. Todos os outros profissionais que acompanham o procedimento esperam que o médico realize o ato com maestria, que o procedimento seja um sucesso, sem intercorrências, é isso que todos esperam, e com essa expectativa, por vezes, o médico é revestido de um poder sobre a vida e a morte. Em se tratando do ato de intubar, sabe-se que grande parte do sucesso do procedimento depende da resposta clínica do paciente. Embora, parte do desfecho daquele momento advém também da precisão e perspicácia do médico.

> Em relação à experiência da intubação do paciente com Covid, do ponto de vista técnico, é uma intubação mais difícil porque o paciente, ele dessatura mais rápido e consequentemente exige de quem tá intubando mais habilidade, mais destreza. Tanto nos cuidados da própria intubação quanto nos cuidados pré-intubação, então o paciente tem o maior risco de ele evoluir com uma parada cardíaca e etc. Então, tecnicamente já traz um peso de uma responsabilidade maior. Além disso, a intubação no Covid tá muito associada com a morte, de fato tá né, assim, tecnicamente está na cabeça da população, intubar é sinônimo de que "perdeu". (G., médico, 33 anos).

> [...] No início quando chegava um paciente e a gente tinha que intubar, era o desespero, o paciente que já tá ruim e que a gente percebia que descompensava fácil; então, aumentava o risco do procedimento, a equipe já ficava mais estressada, então aumentava o nosso medo de cometer erro e, naturalmente, aumenta o risco de cometer erro. Todo mundo sempre quando ia intubar, era com muito medo, sempre mais alguém do lado, por mais que a gente fazia todos os protocolos... Era com medo, com mais equipamento por cima, pra gente se proteger, ficava mais difícil ali, a gente se mexer, se posicionar, fazer o posicionamento do tubo, né, até que começou a aparecer os outros materiais e aí que ajudou a gente bastante. Depois que apareceu esses materiais, ficou mais tranquilo [...]. (V., médico, 33 anos).

Fenomenologicamente, as angústias que fazem parte da própria constituição do **sujeito** emergem diante da imprevisibilidade e da quebra do mundo presumido. À medida que se experiencia, cotidianamente, conseguimos dar significado à existência. Muitas foram as angústias relatadas por médicos que estiveram na linha de frente e que acompanharam os primeiros pacientes internados na UTI Covid. Angústias de intensidades diferentes, mas sempre a angústia tomando o sujeito por sentimentos quase inexplicáveis pela palavra. Mesmo angústias tão intensas, com o passar do tempo, com as repetições acabam perdendo força.

> [...] Com o tempo foi passando meio que acabou virando uma rotina, não ficou tão assim (ah, vou ter que intubar); agora é (droga, vou ter que intubar porque alguém tá precisando), mas já não é mais aquele medo absurdo de a gente ficar com medo, se protege ainda só que, por incrível que pareça, parece que a gente começou a melhorar nisso, daí ficou um pouquinho menos difícil na parte técnica, só que a parte emocional, sempre é um desafio. [...]. (R., médico, 29 anos).

> [...] No momento em que o paciente chega ou no momento em que a gente vê que o paciente necessita da intubação, é algo que hoje acontece de forma meio automática, sabe? Óbvio que no início tinha um cuidado enorme, tínhamos bastante medo devido ao fato da gente poder se contaminar, de conseguir

> fazer a rotina certa, de não cometer erros ali num momento tão crítico. Então, era mais difícil devido a essa questão emocional junto desses medos de uma forma geral, e da responsabilidade de você estar fazendo um trabalho profissional que tu deve atenção e eficácia para o paciente no momento. [...] Eu estou desde o início da pandemia nessa função, na nossa UTI aqui do hospital, eu já estava desde a primeira semana de plantão. Uma coisa que eu tomo bastante cuidado, é porque como os pacientes geralmente estão bastante conscientes ou eles têm um certo grau de entendimento... um grau apurado de entendimento no momento que eles não têm necessariamente algo neurológico, eles estão vendo tudo o que acontece. [...]. (A. J., médico, 30 anos).

> [...] Do início eu não lembro, acho que a questão emocional, ela acaba sendo tão forte naquele início em que a gente tinha muito medo, que a gente acaba acho que esquecendo, não sei. Geralmente as partes emocionais fazem a gente lembrar mais, mas eu meio que apaguei, não sei se é porque a gente forma meio que um bloqueio na mente, ou se é porque era muita rotina de intubação naquele momento inicial. [...]. (A. J., médico, 30 anos).

O medo da contaminação

A chegada dos primeiros pacientes foi recebida com um misto de sentimentos que variava entre o medo e a euforia curiosa de ficar frente a frente com um paciente Covid, o qual, há pouco tempo, estava do outro lado do planeta.

No dia a dia, tivemos que compreender e aprender sobre a dimensão do que estávamos enfrentando. Foram necessárias horas de discussão de casos para traçar o melhor caminho na condução do tratamento dos pacientes. Surpreendemo-nos com a história clínica e com a gravidade de muitos, que mesmo com o pulmão "tomado", estavam lá conversando e participando de toda essa "odisseia". Gastamos muito tempo nos paramentando, trocando EPIs para circular de um local para outro, lavando as mãos, tomando banho após a saída da unidade. Tempo necessário, mas também cansativo. Não só do ponto de vista físico, mas também mental. Manter o foco da atenção a todo o momento e realizar procedimentos que te protejam da ameaça do medo da contaminação é também uma tarefa extenuante.

> [...] Outra dificuldade é saber que você durante a intubação pode pegar uma doença e que eventualmente essa doença que você acabou de intubar uma pessoa que pode morrer dessa doença você também pode morrer dessa doença, mesmo usando todos os EPI's. Então, essa carga, esse risco de contaminação durante a intubação sempre existem, talvez hoje menos do que no começo da pandemia, principalmente depois da vacinação, depois de confiar que os equipamentos de proteção individual de fato funcionam. (G., médico, 33 anos).
>
> Então, no início com a Covid, ninguém sabia absolutamente nada, não tinham a menor ideia, e a gente agia, naturalmente, com medo pelas nossas vidas. A gente sabia que transmitia pela respiração, e a gente vivia mais encapotado do que o habitual. (V., médico, 29 anos).

A difícil tarefa de intubar o paciente consciente

Como em outras ciências, a Medicina e os próprios médicos precisaram se reinventar. Situações que já faziam parte do cotidiano dos serviços de saúde, agora, apresentam-se com uma intensidade muito maior, aparecem em cena exigindo uma atuação diferente por parte dos profissionais.

Dentre as particularidades da intubação do paciente Covid, o nível de consciência do paciente tem sido citado como uma variável adicional ao estressante momento da intubação. Esse fator mobiliza muitos sentimentos na equipe, principalmente quando o paciente resiste e se recusa ao procedimento. Os médicos descreveram o ato de intubar o paciente Covid como um desafio que gera estresse, inseguranças, medo, cobranças internas, aflição.

> Uma particularidade da Covid é que o paciente que tá com insuficiência respiratória, com necessidade de intubação, de uma maneira geral, como outras e outras doenças, o paciente ele tá muito desconfortável do ponto de vista respiratório. Então, ou

ele não tem consciência pra entender a intubação e acaba não recusando ou não tendo ansiedade relacionada a isso, ou ele tá tão ansioso com a falta de ar, com a dispneia, que a intubação acaba sendo uma solução pra esse desconforto. Então, por isso, nas outras doenças não existe tanto essa ansiedade do paciente em ser intubado, existe de uma maneira geral, mas não tanto. E como na Covid o paciente fica extremamente consciente até o fim, e oligossintomático do ponto de vista de falta de ar, ele sente pouca falta de ar pelo tanto de oxigênio que ele precisa, isso é um grande desafio. (G., médico, 33 anos).

Sobre como é a intubação de um paciente Covid, a intubação orotraqueal é um procedimento que é comum em UTIs em sala de emergência, em pacientes graves, pacientes com insuficiência respiratória, pacientes que tem rebaixamento de nível de consciência, a gente precisa proteger via aérea, então acaba sendo um procedimento corriqueiro em UTI, sala de emergência, enfim. Mas a intubação com paciente Covid é algo interessante, porque o paciente com Covid tem uma resistência muito grande a baixas quantidades de oxigênio no sangue, então o paciente está lá saturando baixo, baixo... E o paciente Covid, com o máximo de oxigênio que a gente pode por em uma máscara, que é 15 litros, às vezes satura 84, 83, e está normal, não tem o rebaixamento do nível de consciência pela baixa quantidade de oxigênio no sangue, às vezes não tem esforço respiratório, não respira com dificuldade, e a gente tem que decidir intubar, porque a gente sabe que se ficar muito tempo com aquela baixa quantidade de oxigênio no sangue, ele vai rebaixar, ele vai ter uma parada respiratória, algo vai acontecer de errado, e a gente tem que intubar para evitar isso. (E. C., médica, 29 anos).

[...] Normalmente, na emergência é um paciente que já tá mais grave, tipo um acidentado que teve perda total de consciência e não sabe o que tá acontecendo, daí a gente consegue fazer o procedimento tranquilamente até, mas no Covid, acho que principalmente por causa da mídia das pessoas ficarem sabendo, começaram a entender o quê que é intubar, precisar de uma UTI, de ventilação mecânica, as pessoas começaram a ficar mais nervosas, a gente começou a ficar mais nervoso porque a gente sente uma cobrança a mais, da nossa parte também e de toda a família [...] (V.C., médica, 29 anos).

Casos difíceis

[...] Paciente que mais deu trabalho foi um paciente que a gente teve mais no começo da pandemia; uns seis meses de pandemia; era o seu A., paciente que chegou com uma tomografia horrorosa, chegou taquipneico e hipossaturando, aí a gente conversou e falou: seu A. a gente precisa intubar; ele falou pelo amor de Deus não intuba, vou fazer tudo que vocês pedirem; e a gente realmente tentou no começo não intubar, e acho que ele ficou alguns dias, se não me engano até uns 15 dias sem ser intubado; depois ele foi intubado, ele ficou bastante grave, tinha muita fibrose pulmonar e ele veio a falecer depois; ele dizia assim, se você me intubar eu vou morrer. E ele efetivamente veio a falecer. (ele se recusou até o último momento à intubação) [...] (C.H., médica).

[...] Teve a Dona JD, não sei se você vai se lembrar, tentei intubar uma vez não consegui, tentei outra não consegui, chamei outro médico, tentou novamente, foram 4, 5 vezes até conseguir; ela falava que ela não queria ser intubada; ela sabia que precisava, mas ela dizia "ai eu não quero"; os filhos conversaram e ela aceitou; quando eles não querem é mais difícil ainda; é horrível [...] (A. K., médica, 26 anos).

Nesse momento, pra mim, além da aflição, do medo de não conseguir intubar, o sentimento que predomina pra mim eu acho que é tentar dar conforto ao paciente, principalmente os pacientes acordados que estão entendendo o que está acontecendo, então, eu geralmente converso com eles, explico o que vai acontecer, geralmente eles choram bastante, eles têm medo, eles têm angústia, então eu deixo eles compartilharem esses sentimentos que eles estão sentindo, eu deixo eles conversarem, chorarem, eu dou esse tempo para que eles assimilem, tirem as dúvidas, conversem, perguntem sobre como vai ser o procedimento. (A. C., médica, 26 anos).

[...] quando vamos intubar um paciente, todos que já trabalharam aqui comigo, ninguém vai sozinho, dou um grito se precisar o outro vai me ajudar, sempre tem alguém junto porque a gente sabe que não é fácil. Nenhum paciente tem uma anatomia igual a do outro; então, sempre tem uma pessoa que pode ser mais difícil; talvez eu não consiga e acaba ficando mais nervoso, então é melhor você não fazer nervoso, passa para outra pessoa que está calma, porque custa muito caro uma pessoa não conseguir ser intubada de primeiro e sei lá fazer uma hipóxia, é uma vida [...] (A. K., médica, 26 anos).

Ansiedade de dar a notícia

A comunicação de uma má notícia é algo que mobiliza muito os profissionais, pois, a partir daquele comunicado, muita coisa na vida do paciente e do familiar irá mudar. A notícia de que a intubação se faz necessária, é de fato uma má notícia. Seja pela gravidade do quadro clínico, do não saber como será a evolução clínica do paciente; dos anseios e significados associados à intubação no imaginário de cada pessoa; além das experiências vivenciadas com alguém conhecido (ou desconhecido) que foi intubado e, no percurso, faleceu.

Por se tratar de uma comunicação difícil, os médicos foram desenvolvendo formas de realizar essa comunicação de modo a não causar mais sofrimento ao paciente, foram desenvolvendo habilidades para conter a angústia do paciente e também a sua própria angústia. Nos relatos colhidos, identificamos variadas formas de informar ao paciente sobre a necessidade de intubação, alguns se utilizando mais de conteúdos técnicos, outros de uma linguagem mais acessível, contudo, o que se fez presente foi o tom de um comunicar humano e compassivo.

> A minha rotina é: parar, pedir a atenção à equipe que está junto. É o momento em que eu geralmente vou perto do paciente, chego bem perto inclusive pra conversar bem, pra entender o que ele está falando, porque geralmente está com a máscara, uma máscara de oxigênio, que a gente chama de Venturi, de alto fluxo, então a gente tem um pouco de dificuldade de entender o que o paciente fala, por conta da máscara e por conta da nossa própria máscara, o paciente tem mais dificuldade. Então, eu tenho a tendência de me aproximar bem do paciente, e aí eu começo a conversar sobre a necessidade da intubação. [...] Então eu chego para o paciente, converso sobre a indicação de ser intubado, tento explicar da forma mais leiga possível, de que o pulmão está muito inflamado, a pneumonia pelo

> vírus acometeu os dois pulmões, e que o grau de inflamação do pulmão não está permitindo mais as trocas gasosas... [...] Portanto, eu explico isso para o paciente, explico que a intubação vai acontecer porque a gente precisa expandir melhor, a gente precisa dar um pouco menos de oxigênio concentrado pra ele, Aí eu falo: a gente vai colocar sedativo pra você dormir, e pra você ficar o mais relaxado possível, se seu organismo aceitar bem a ventilação a gente consegue expandir bem, a gente consegue fazer você oxigenar o teu sangue melhor com o respirador. (A.J., médico, 30 anos).

> [...] A gente tenta explicar mesmo; fala assim pra eles, oh, a gente está fazendo isso há algum tempo já e pelos teus exames, o jeito que você está, os teus exames, você tá precisando; e se a gente deixar você assim por muito tempo, aí sim a gente não vai mais ter o que fazer, você vai ficar inconsciente e a gente vai ter que fazer esse procedimento de emergência e pode ser pior. [...] Eles entendem, só que continuam assustados; na verdade eles têm medo; a maioria desses pacientes já teve um amigo, um familiar que já faleceu; a maioria dos que a gente lidou com muito medo de ser intubado era assim [...]. (C.H., médica).

Todos os dias os profissionais de saúde fazem comunicados de más notícias relacionadas à Covid-19, seja envolvendo a confirmação de um diagnóstico positivo, seja pela ocorrência de um óbito, seja pela necessidade de intubar um paciente, trazendo com as palavras que anunciam o procedimento, uma carga emocional gigantesca, como observamos neste trecho.

> [...] Outra coisa é saber que está grave de uma doença que tem metade de gente no mundo inteiro, e gente de todas as idades. Então, pro paciente, quando a gente vai falar que o paciente vai ser intubado, é muito difícil, e comunicar isso é muito difícil porque a gente sabe que o peso pro paciente é sempre ruim ouvir essa notícia, nunca das vezes que eu fui intubar alguém com Covid essa foi uma comunicação de que o paciente aceitou muito bem, sempre é difícil, e cada comunicação com a sua particularidade, mas sempre difícil (G., médico, 33 anos).

Os médicos têm caracterizado essa comunicação como difícil, desafiante, pelo significado que ser intubado apresenta – muito associado à morte – e também porque o paciente se encontra acordado, consciente, contactuante.

> [...] "Intubar o paciente acordado, consciente, é um desafio. Normalmente já estão muito fatigados, num momento de muita vulnerabilidade. Eu sempre converso com os pacientes, explico o procedimento a ser realizado e o porquê. Explico que ele não sentirá dor, que farei medicação para dor, sedação e que o procedimento é para o bem dele e aliviar o sofrimento que ele está tendo [...] (K. M., médica, 26 anos).

Nesse momento, inúmeras são as reações que os pacientes e familiares podem apresentar. Muitas vezes, a equipe médica já vem alertando, de alguma forma, o paciente e seus familiares sobre a necessidade de realizar a intubação, caso o quadro clínico do paciente não apresente melhora. Outras vezes o próprio paciente, na dificuldade para respirar que apresenta, menciona à equipe a possibilidade de ser intubado, caso os profissionais julguem necessário.

No entanto, ao receber a notícia que de fato a intubação é necessária, as respostas emocionais são manifestadas, exigindo do médico diferentes manejos. São pedidos, despedidas, choros e angústias, muitas vezes, depositadas no profissional pelo paciente e pelos seus familiares. Amparados pelo seu saber técnico, um dos recursos que os médicos relataram utilizar nesse momento se dá por meio de explicações sobre o procedimento para o paciente e seus familiares, buscando deixá-los seguros de que a intubação será feita com cuidado, de que aquilo é necessário para o momento, que a equipe está preparada para agir diante da situação.

São falas que buscam trazer acolhimento e tranquilidade aos pacientes e familiares, além de segurança e conforto no enfrentamento da situação angustiante que estão vivendo:

> [...] Depois de um tempo, as intubações que tiveram que ser feitas nos pacientes, eu percebo que temos que ser educado, mostrar uma empatia ao paciente, mas tem que ser firme; tem que dizer para ele, nesse momento eu preciso fazer alguma coisa para te dar uma maior chance de você se recuperar, se a gente deixar você com esse fluxo alto de oxigênio muitos dias vai fazer mal para o seu pulmão; oxigênio em volume muito alto faz mal

para o pulmão, deixa o pulmão fibrosado; depois eu não vou ter mais o que fazer para recuperar seu pulmão; então se você explica e passa uma segurança, a gente tá fazendo isso há bastante tempo e eu te garanto que esse é o melhor tratamento que eu tenho para te oferecer, eles acabam entendendo; Eles veem que você está querendo fazer aquilo apesar de ser assustador para eles de alguma forma, mas você está fazendo para dar para eles a melhor chance. Eles continuam com medo, eu acho que nós também teríamos medo naquela posição, mas eles entendem. [...] (C.H., médica).

O pedido de reasseguramento: "Dr., eu vou sobreviver?"

Há um momento muito específico que observamos na relação entre o médico e o paciente em que há um pedido por parte do sujeito adoecido para que seja assegurada a sua vida – "Dr., não me deixe morrer". É comum ouvirmos do paciente essa frase no momento em que lhe é comunicado que será intubado. Aliás, no momento pré-intubação dois pedidos são dirigidos ao médico, ou a quem estiver por ali por perto: a garantia de que não morrerá, que vai dar certo, e o pedido para falar com a família.

> [...] eles falam assim: Doutora só não me deixa morrer [...] (C.H., médica).

> [...] Faça o que precisa ser feito, **só não me deixe morrer**, porque eu tenho família, porque eu tenho tal, todos aqueles argumentos, porque eu tenho filho, já escutei: ah, porque o meu marido morreu faz um mês e eu tenho uma filha especial. São casos que a gente se emociona no momento. É um momento de conversa com o paciente, então, o *feedback* para o paciente quando ele fala isso é um pouco mais emotivo, mesmo, só que traz proximidade com o paciente, quando acontece isso, quando o paciente cita e pede, implora, faz alguma solicitação [...]. (A.J., médico, 30 anos).

> [...] Você vai e olha o prontuário todo dia; porque você sente uma dívida; você disse para ele que aquilo era o que você podia fazer de melhor, que era o que você podia fazer para mantê-lo vivo, então dá certa responsabilidade; você vai todos os dias lá

> no Tasy e Opa, tá vivo, teve alta; o último que a gente teve, o J., foi assim: ele chegou, a esposa dele gestante, 4 filhos, e ele falou assim para mim não me deixa morrer porque tenho que criar meus filhos, e eu falei pode ficar tranquilo, mas eu olhei no prontuário todos os dias até que ele foi de alta; opa, cumpri o que eu tinha prometido para ele [...] (C.H., médica).

O pedido do paciente de reasseguramento para que não o deixe morrer ou que o entregue vivo para a sua família é um pedido que causa angústia a todos. E, ao escutar esse pedido, arriscamos dizer que tudo vai dar certo, que o paciente ficará bem, pois mediante esse pedido, não podemos nos calar. Às vezes, a saída encontrada é dar garantias que, por vezes, não se pode cumprir, não porque não se quer, mas, sobretudo, por não depender apenas do empenho despendido e de medidas quase heroicas para manter aquela vida.

A identificação com o paciente

Na rotina do médico são atendidos pais, mães, filhos, irmãos – pessoas com histórias diversas e que o faz lembrar-se de alguém próximo a ele, ou algum aspecto de si mesmo. O pensar que poderia ser eu ou alguém próximo é parte desse movimento de identificação que esteve presente de forma mais "ameaçadora" durante a pandemia. Qualquer um de nós poderia estar do outro lado – e esse foi um sentimento que gerou vulnerabilidade, medo e falta de controle.

O contato próximo e repetido da prática profissional coloca o profissional diante da sua própria vida, suas relações pessoais e familiares, seus próprios conflitos e frustrações. Pode-se deduzir que há um constante movimento de (re)conhecimento, que é ambivalente, dos profissionais com o paciente, com a família, que sofrem por medo do seguimento clínico e dos possíveis desfechos. Os relatos, a seguir, ilustram, de maneira muito sensível, o sentir dos médicos e as situações cotidianas que geram identificação em sua prática profissional:

> [...] Mas muitas vezes a gente também se olha no paciente, então, às vezes, intubar um paciente da mesma idade, paciente mais jovem, um paciente parecido com um familiar, um paciente da

idade de um familiar, isso vai aparecendo assim né poderia ser eu você fica poxa, mas eu tenho mais ou menos a mesma idade daquela pessoa, tenho o mesmo biotipo daquela pessoa, então existe acho que um risco muito grande de fadiga de compaixão. (G., médico, 33 anos).

[...] O que me pesa muito também, que eu acho que é interessante a gente falar, é que, quando nós estamos ali com um paciente grave, a gente sempre pensa: Poxa! Você olha, eu pelo menos, olho a idade e falo: Meu Deus! Idade do meu pai e da minha mãe! Idade da minha tia. Idade da minha vó. Idade da minha irmã. Eu falo: Meu Deus, poderia ser tal da minha família. Então, às vezes, a gente fica pensando. [...] E isso começa a dá um medo, dá um medo, dá um medo, medo de tudo. Medo de que meu pai e minha mãe saiam de casa. Medo que as minhas irmãs saiam de casa. Medo que a minha vó saia de casa. Medo que alguém... sabe? Você começa a ficar com medo. Você quer que todo mundo fique em casa, que todo mundo fique protegido, que ninguém faça mais nada, porque vai que é alguém da tua família! Então, você acaba às vezes jogando tudo isso pra sua família. Não é a sua família! É alguém muito querido da família de alguém que tá ali, mas é o seu paciente. Então, isso aconteceu muito comigo nesse um ano e meio que eu tô ali na COVID. [...] E não, não é sua mãe, não é o seu pai, não é sua irmã. Não é! Trate como seu paciente, com carinho, mas não é ninguém da sua família. (E.C., médica, 29 anos).

[...] Outra coisa também, com o tempo foram aparecendo mais pessoas jovens, eu não gosto de intubar pessoas da minha idade, isso é estranho. Então, agora nos últimos tempos têm aparecido mais pessoas da nossa idade, então desde a conversa antes da intubação até o momento da intubação ele é muito mais difícil, porque a gente se enxerga no lugar do paciente. Então, tendo alguém da nossa idade, isso se torna também muito mais angustiante. (E.A., médica, 31 anos).

A angústia da despedida

Ao oferecer ao paciente a possibilidade de falar com a família antes de ser intubado, a equipe e o médico se tornam espectadores e se dizem mobilizados pelas palavras ouvidas durante essa conversa breve que parece mais uma despedida. Nesse contato virtual, a equipe se torna depositária de tudo que foi dito naquele momento. Momento único, que desestabiliza a todos.

Para muitos pacientes, será ou foi o último contato de suas vidas. São momentos íntimos de famílias que enfrentam uma quase despedida ou de fato a despedida de uma pessoa querida, mesmo sem reconhecê-la como tal. Embora nenhum dos atores assuma esse contato virtual como sendo uma despedida, a conversa que se estabelece tem esse tom. Nessa conversa, embora breve, ouvimos os desabafos desesperados no adeus que precede a intubação. Uma despedida que pode ser um até logo ou de fato um adeus.

Enquanto se dá o contato do paciente com o familiar, a equipe se prepara técnica e também emocionalmente para realizar o procedimento, pois, além da tensão inerente ao ato da intubação, é preciso se recompor da difícil escuta que mobiliza tantos sentimentos. Os médicos que falaram da possibilidade desse momento ser uma despedida – já que a morte do paciente está também dentro do esperado devido às complicações próprias da doença – demonstraram as reações mais comuns como chorar, ter que aguentar, ter que segurar.

> [...] Essa parte de "despedida do paciente com a família" é muito difícil, porque alguns vão sobreviver e outros não vão sobreviver durante a intubação, durante o tempo que vão estar intubados, a gente sabe disso. Entre tantos, o que pode acontecer de intercorrência, infecções secundárias, responder refratariamente ao tratamento, então a gente sabe que aquele momento em que o paciente está falando com a família, pode ser uma despedida, pode ser que ele não veja mais a família dele, e nesse momento, é aquela hora em que você tem que aguentar, você tem que segurar, eu pelo menos que sou emotiva até não querer mais, eu já chorei muitas vezes segurando o celular na frente do paciente conversando com a família. (E.C., médica, 29 anos).

Talvez, ao despertar, o paciente não se lembre desse momento tão impactante, mas com certeza a família, a equipe, especialmente o médico, que é o "comandante" dessa operação viverá com as marcas e será guardião de muitas histórias. Essas são lembranças de despedidas de conteúdo muitas vezes simbólico, mas também de conteúdo prático de organização da vida na falta daquele que está ali a ser intubado. A médica E.C. foi testemunha desses conteúdos confidenciados entre pacientes e familiares, tendo já escutado nas videochamadas que realizou antes de algumas intubações:

> [...] óh, se eu não sobreviver, quero que me enterre em tal lugar, óh eu tenho aqueles boletos para pagar, aquelas contas que tá lá em tal lugar, pegue, não esquece de pagar, aqui o número da minha conta [...]. (E.C., médica, 29 anos).

Memórias como estas estiveram presentes nas falas de todos os médicos entrevistados, como nos conta a entrevistada no trecho a seguir.

> [...] existem inúmeros casos que marcaram a minha vida até hoje apesar de ser um tempo curto no hospital, mas muito intenso, e inúmeros casos marcaram minha vida assim, até agora [...] E a gente tenta esquecer algumas coisas que são mais tristes, mas acaba que algumas a gente não consegue tirar da memória, e o que mais me marca são os pacientes mais jovens, que acabam ficando muito tempo intubado e não desistem da batalha da vida. Muitos ficam ali por um mês, dois meses lutando junto com a família, muitos saem às vezes com alguma sequela, precisando de muita fisioterapia, de muita reabilitação, a maioria deles saem e alguns infelizmente evoluem com muitas complicações e a gente não consegue fazer com que eles retornem a vida normal deles e muitos evoluem a óbito. [...] A gente tem que ter muito equilíbrio emocional para lidar com isso tudo [...]. (S., médica, 29 anos).

Outra médica nos conta:

> [...] Eu não tive muita experiência fora da Covid; depois que eu me formei só estou na Covid; mas quando eu estava na faculdade não era tão angustiante, porque o paciente ele não tava tão consciente; aqui geralmente o paciente está consciente de tudo; isso do paciente estar consciente tem que fazer uma ligação para família e pode ser a última vez que você vai ver, é extremamente angustiante [...] Acho que todas às vezes que eu intubei, foram assim [...]. (A. K., médica, 26 anos).

Possivelmente, as videochamadas e ligações telefônicas adquiriram um novo significado na vida dos pacientes, dos familiares e dos profissionais de saúde. Foi por meio delas que muitos familiares foram comunicados da necessidade de intubação de alguém querido; que puderam ver e falar com os seus entes, antes que esses fossem intubados; que tiveram a oportunidade de, simbolicamente, abraçar aquela pessoa tão importante antes da sua intubação.

A morte do paciente

Dentre as intercorrências que podem ocorrer durante a intubação de um paciente, existe a possibilidade do óbito. A forma como o quadro clínico irá evoluir é algo incerto. Como aquele organismo irá reagir aos esforços e às técnicas que os profissionais estão lhe oferecendo para salvar a sua vida?

Nem sempre o médico pode evitar a morte apesar da sua luta incessante para vencê-la. A ideia de que a morte pode ser "domada" somada ao investimento e às expectativas que o paciente deposita no médico pode gerar um sentimento de incapacidade e culpa por não ter cumprido com aquilo que lhe foi demandado ou, por outro lado, um sentimento de onipotência alimentado por uma conduta de ter que salvar a vida a qualquer custo.

> [...] É que eu me coloco muito no lugar dos familiares, então eu deixo o celular com ele tenho que sair senão eu choro junto; não adianta, pode ser a nossa família ali, então é toda uma expectativa em cima daquilo que está acontecendo; são os familiares falando cuida bem da minha mãe, eu sei que vocês vão fazer o melhor; mas e se o melhor não for o certo, não for o bom. (A.K., médica, 26 anos).

Em sua vida profissional, os médicos estão passíveis de se deparar com a morte de muitos pacientes. Mortes que causam impactos. Somam-se aos números divulgados nos boletins locais, nacionais e globais, e somam-se, também, aos registros de memórias dos profissionais. Afinal, com cada paciente, o profissional estabelece um contato diferente.

> [...] é que como ele falou se eu for intubado eu vou morrer, e efetivamente morreu, a gente pensou, poxa vida, ele tinha razão. Eu lembro que todo mundo ficou bem abalado depois que ele faleceu, ninguém conseguia falar; como ele ficou muitos dias lúcido, convivendo com a gente, conversando, a gente sentiu porque acabou se afeiçoando, têm alguns pacientes que você acaba se apegando; e ele foi um paciente que todo mundo se apegou a ele; um senhor de uns 60 anos, muito educado, muito tranquilo de lidar, e que acabou comovendo a equipe toda [...]. (C.H., médica).

Há aqueles que nos marcam pelo pouco que conhecemos de sua história. Há aqueles com quem construímos um diálogo e uma relação até descontraída durante o período de internação. Há aqueles que fazem nos lembrarmos de nossas próprias famílias, nossas rotinas e histórias fora do hospital. Há aqueles que nos geram identificações pessoais. Há aqueles que, instantes antes de serem intubados, fizeram um apelo para que os profissionais não os deixassem morrer. Há aqueles que, diante dos celulares e dos olhos marejados dos profissionais que eram pontes das videochamadas, expressavam a importância dos familiares em suas vidas por meio dos últimos olhares, dos últimos sorrisos, das últimas palavras, dos últimos – "eu te amo".

São inúmeras as situações geradas com a morte de um paciente que é acompanhado. Todo um plano de tratamento foi traçado e colocado em prática para que o desfecho fosse diferente. No entanto, por mais que seja sabido sobre a possibilidade de morte que acompanha o desenrolar de uma doença grave, existe também a possibilidade de um impacto ser gerado ao vivenciar a morte de um paciente. Marcas, afetos, ser testemunha das últimas palavras que alguém diz:

> [...] me marcou muito, porque eu lembro da última palavra dele. Quando eu estava pra intubar ele, fazendo [...] os medicamentos que ainda [...] não induziam o sono, ele falou: Eu estou escutando um barulhinho de galo. Eu falei: Não seu P., aqui não tem galo nenhum. Eu na cabeça dele, né, e ele deitadinho, e fazendo algumas medicações já. É, eu tô escutando um barulho de galo. Ish, eu tinha uns galos. Eu caçava uns galos lá no meu sítio. Aí eu falei: É mesmo. Sim. E pronto. Aquela foi a última conversa com o seu P. Então, ele dormiu, e acabei intubando

ele. Infelizmente seu P. faleceu, com 84 anos, evoluiu com uma Insuficiência Renal Aguda ao longo do internamento, e acabou falecendo. Então, nós, a gente tem a vida dos pacientes nas nossas mãos. Então, ser médico é algo muito importante, é algo muito lindo, mas você tem que ser muito forte, porque vai perder paciente. (E.C., médica, 29 anos).

O Enfrentamento

Diante do extremo sofrimento e do contato diário com a dor e o limite da vulnerabilidade humana, quais estratégias são eficientes para lidar com tamanha experiência?

Observamos muitas estratégias usadas pelos médicos para amenizar o sofrimento provocado pelas particularidades do ato da intubação do paciente: expressar e acolher o próprio sofrimento, ajuda e conversas com seus pares, choro como descarga emocional, apoio da família, equilíbrio da vida profissional com a pessoal, ajuda profissional, reflexão individual, trabalho em equipe e divisão de responsabilidades.

> [...] Eu como pessoa, na minha vida pessoal eu sempre fui muito emotiva, sempre fui muito intensa nas minhas emoções, nunca tive vergonha de expressar uma emoção, seja ela com um sorriso, seja ela com uma lágrima, seja ela com um choro, eu nunca tive vergonha de expressar [...]. (S., médica, 29 anos).
>
> [...] No início era mais difícil; para de reclamar muito; sabe, você não tem problema nenhum é só vir numa UTI, aí você vê como seus problemas são superficiais frente ao que a gente tem aqui; então, é mais essa consciência de reclamar muito por muito pouco e com certeza valorização de família; a gente acaba colocando em jogo tudo isso; quando vai conversar com alguém. Não tem como não trazer sua família no pensamento, né [...]. (A.K., médica, 26 anos).
>
> [...] A gente conversa; até quando o paciente chega no ponto da gente precisar intubar, você sempre pede ajuda do colega; ah, vamos ali dar uma olhadinha, a gente sempre tenta dividir responsabilidades; e com a preceptoria, temos os chefes que

> passam todos os dias conversamos com eles também; a gente conversa, sempre tem um colega que você tem mais afinidade [...]. (C.H., médica).
>
> [...] Converso bastante com os colegas sobre os pacientes, os casos, as experiências. É sempre uma troca, uma reflexão sobre o que poderia ter sido feito a mais ou o que erramos. Acredito que é a melhor forma de aliviar as tensões [...]. (K., médica, 26 anos).
>
> [...] Eu faço terapia hoje em dia, eu acredito que a terapia me ajuda muito a ser melhor profissionalmente, a conseguir separar um pouco a minha vida pessoal da minha vida profissional, e tomar muito cuidado para não trazer o que acontece lá no hospital pra minha vida pessoal e acabar gerando algum estresse, não conseguir descansar, então eu uso esse momento, essa uma hora da semana da minha terapia para eu conseguir manter o meu emocional em equilíbrio. [...]. (S., médica, 29 anos).

Embora a questão da supressão da subjetividade proposta seja evidente, tanto na formação médica quanto na assistência diária ao paciente com o discurso da neutralidade para a prática de uma boa Medicina[1], está posto na relação médico-paciente posições subjetivas que desencadeiam componentes transferenciais e contratransferenciais que exercem influência direta nesta relação. O impacto dessa relação é visível pelos sentimentos despertados no médico frente ao ato da intubação.

Como o momento nos convoca à mudança, talvez seja permitido agora reconhecer o sofrimento despertado nos médicos pelo outro que padece de uma doença, é possível que os próprios cuidadores possam se autorizar a reconhecer nosso sofrimento. A impressão que se tem é de que em uma pandemia nos é permitido sofrer, talvez seja mais fácil reconhecer agora nossa subjetividade e também dar lugar ao *sujeito psi* do paciente e também do médico. Conheça a seguir o relato da médica S.L., 29 anos, formada há dois anos e meio que retrata sobre essa questão da emoção *versus* razão:

[1] Para uma discussão mais ampliada sobre este tema, remetemos o leitor ao livro: SIMONETTI, A.. **A cena hospitalar**: psicologia médica e psicanálise. Ed. Artesã: Belo Horizonte, 2018.

> Então, a minha maior dificuldade durante minha carreira, minha residência como médica plantonista é tentar separar um pouco a minha razão da minha emoção, então, meu desafio diário é usar da razão para ser objetiva, para resolver os problemas, para fazer o melhor para o paciente e não se esquecer da parte humanizada do atendimento, mas também não deixar que isso tudo, que essa dor, que essa vivência emocional faça com que atrapalhe meu dia a dia e minha vida pessoal também. Então, a minha maior dificuldade e desafio, é claro que com o passar dos dias, com o passar dos meses, dos anos, eu consegui separar um pouco mais, não deixar que me abalasse tanto essa questão mais dura da Medicina, essa questão de decisão, a questão da morte, que a morte faz parte do nosso dia a dia, do nosso trabalho na UTI [...]. (S., médica, 29 anos).

Os recursos de enfrentamento usados por profissionais de saúde em situações de estresse já estão bem descritos na literatura[2-3-4-5]. Eles identificam os eventos estressantes, seja em relação às condições estruturais do trabalho seja relacionado ao sofrimento emocional inerente ao trabalho em saúde, como fonte de adoecimento e redução da qualidade de vida dos profissionais – trazendo implicações para o seu bem-estar físico e emocional.

Desse modo, a forma como os profissionais lidam com situações de estresse interfere diretamente no alívio da tensão e da sobrecarga emocional que o estresse provoca. Assim, as estratégias de enfrentamento utilizadas pelos profissionais fazem diferença na autorregulação do estresse ocupacional e no aparecimento de doenças, seja física ou mental.

[2] DEMOROUTI, E. Individual strategies to prevent burnout. In: M. P. Leiter, A. B. Bakker, & C. Maslach (Orgs.). **Burnout at work**: A psychological perspective (pp. 32-55). New York: Psychology Press, 2014.

[3] FOLKMAN, Susan, RICHARD S. Lazarus. An Analysis of Coping in a Middle-Aged Community Sample. **Journal of Health and Social Behavior**, 21, n. 3 219–39. 1980.

[4] MURTA, Sheila; TRÓCCOLI, Bartholomeu. **Stress ocupacional em bombeiros**: efeitos de intervenção baseada em avaliação de necessidades. Estudos de Psicologia (Campinas). 24. 10.1590/S0103-166X2007000100005, 2007.

[5] TAMAYO, M. R.; Mendonça, H.; Silva, E. N. Relação entre estresse ocupacional, coping e burnout. In: M. C. Ferreira, H. Mendonça (Orgs.). **Saúde e bem-estar no trabalho**: Dimensões individuais e culturais (pp. 35-61). São Paulo: Casa do Psicólogo, 2012.

> [...] Pontualmente, durante o processo de intubação, eu tento, pra lidar com os meus problemas emocionais, eu tento primeiro fazer o meu melhor e tentar focar na parte técnica. Desde o acolhimento do paciente, desde a comunicação adequada, desde comunicação com a família, comunicação com a equipe, preparar adequadamente o cenário da intubação, fazer uma intubação bem planejada, um bom manejo, uma boa indicação. Então, isso tudo me ajuda a também ter certeza de que o que eu tô fazendo é uma coisa que tem que ser feita, e de que eu vou fazer o melhor para o meu paciente. Falo isso pro paciente, falo isso pra família, mas eu tenho que falar pra mim mesmo que eu vou fazer o meu melhor, e que é meu trabalho eu sou capacitado pra isso, então o cenário do Coronavírus ele infelizmente não tá nas minhas mãos, mas o cenário daquela pessoa com Covid talvez esteja naquele momento nas minhas mãos. De acolher o medo, de acolher o sofrimento dele, garantir que ele vai receber um bom atendimento, e fazer a mesma coisa pra família e eu tento converter a fadiga de compaixão em satisfação por compaixão. Não é fácil, às vezes a gente não consegue, e às vezes é pego de surpresa, mas de uma maneira geral é isso o que tenho feito, e geralmente, às vezes antes de intubar o paciente também, eu fico um pouco em silêncio, tento respirar fundo, respirar pausadamente, de maneira calma, e aí foco na parte técnica. (G., médico, 33 anos).

No âmbito das pesquisas relacionadas ao estresse no trabalho, há uma perspectiva teórica que enfatiza as características de personalidade, além da forma que se interpreta o evento estressor como componentes importantes no enfrentamento do estresse laboral. Dentre as variáveis estudadas, as estratégias de enfrentamento – *coping* – é um dos conceitos mais empregados e aceitos para explicar como os indivíduos enfrentam o estresse[6].

O modelo proposto por Folkman e Lazarus[3] divide o *coping* em duas categorias funcionais: o *coping* focado no problema e o *coping* focado na emoção.

[6] ANTONIAZZI, A. S., DELL'AGLIO, D. D., Bandeira, D. R. **O conceito de coping**: uma revisão teórica. Estudos de Psicologia, 3(2), 273-294. 1998.

Baseado nesse modelo, observou-se que dentre as estratégias mais utilizadas pelos médicos estavam relacionadas a resolução de problemas que se refere ao planejamento para lidar com as fontes de estresse desse momento. Alguns utilizaram estratégias de controle ativo – planejamento, preparo, organização com a equipe, previsão do que poderia acontecer, ajuda de outros colegas, terapia, divisão de responsabilidades. Outros usaram estratégias relacionadas ao suporte social – falar com os amigos, família, e estratégias emocionais – choro, respirar fundo, refletir sobre o momento.

> [...] Dificilmente eu falo com os colegas, assim, dificilmente, só se eu tenho alguém que é muito próximo que não é tanto caso assim ou se é hoje que eu tô há um ano, eu tenho colegas que são mais próximos e falo de situações, mas eu simplesmente antes da intubação eu ia pedir ajuda, não falava assim se eu tava me sentindo.... como eu estava me sentindo...É que como eu sou cirurgião, eu tenho uma questão de fluxo, de programação muito assim, muito clara na minha cabeça, no meu modo de agir, então é isso que me ajuda é a previsão do que pode acontecer e me preparar pra isso, acho que é o que mais me facilita tudo. (R., médico, 29 anos).
>
> [...] Eu tenho oportunidade de ter uma equipe que trabalha juntamente comigo muito aberta à discussão, muito disposta a ouvir e compartilhar, então a gente sempre conversa sobre como que foi intubar um paciente jovem, como que foi a família, como que o paciente reagiu, como que a família reagiu, e geralmente essa conversa é um desabafo, é uma troca de experiência que, junto, a gente consegue ir superando, ir trabalhando nossa mente, focar no paciente, de que apesar de ser difícil entendimento nós estamos fazendo o indicado, o melhor para o paciente, então, isso dá um pouco de conforto e faz com que a gente consiga exercer nossa profissão de forma mais adequada [...]. (S., médica, 29 anos).

Fadiga de compaixão

Além das ações e dos procedimentos técnicos relacionados à sua área, o cuidado ao paciente requer também que o médico estabeleça uma boa relação – uma relação de ajuda com o paciente e uma relação de segurança/confiança com a equipe. Seu trabalho depende, por isso, tanto da qualidade técnica quanto da qualidade dessas relações. Relação que em alguns contextos complementa e se sobrepõe aos recursos da técnica.

Desse modo, o resgate dessa relação tem sido visto como necessário e essencial para uma boa prática da Medicina, e que baliza todo o processo do cuidar. É a escuta ativa, o toque que afaga, o gesto que acolhe, a palavra que consola e acalma. É ser empático e compassivo.

> [...] Do ponto de vista emocional eu acho que a gente tem uma, corre um grande risco de uma fadiga de compaixão, porque a gente vai além da empatia, porque a gente quer o bem da pessoa, a gente se sente muito, por exemplo, pegar um paciente jovem que vai estar intubando porque tá muito grave, que a gente sabe que o paciente é muito grave e pode falecer. Outra coisa, às vezes, você tá intubando e num plantão você intuba um da família e no outro plantão você intuba outro da família. Então, também ver famílias sendo ceifadas, também é muito pesado. [...] Eu acho que essa questão da fadiga de compaixão né, essa questão de sofrer com o sofrimento do outro, e de muito medo, medo de adoecer, medo de que os outros adoeçam, e é um medo cotidiano, é um medo diário, de ter a doença. A gente que vê as pessoas morrendo disso, a gente tem é medo, muito medo assim, e é medo quando tá em casa, é medo de às vezes dar uma espirrada e já ficar achando que tem alguma coisa, se dorme e acorda com a garganta um pouco seca já acha que é Covid... então, passa a doença e todos os filmes ruins que a gente vê, passando na nossa cabeça, então é um desafio muito grande emocional, passar por tudo isso. (G., médico, 33 anos).

Na perspectiva de Decety e Jackson[7], a empatia resultaria da interação de três componentes principais. Uma resposta afetiva em relação a outrem; uma capacidade cognitiva de adotar a perspectiva de outra pessoa; e algum mecanismo regulador que mantém clara a fonte dos sentimentos – próprio ou de outrem. Desse modo, a empatia se

[7] DECETY, J.; JACKSON, P. L. The Functional Architecture of Human Empathy. **Behavioral and Cognitive Neuroscience Reviews**. p. 71-100. 2004.

caracteriza por um componente emocional – habilidade de perceber os estados emocionais internos e subjetivos do outro; componente moral – uma força altruísta interna que motiva a prática da empatia; componente cognitivo – a capacidade de se colocar no lugar do outro e o componente comportamental que transmite na comunicação a compreensão do lugar do outro[7] .

Já a compaixão equivale a "preocupação empática", decorrente do desconforto que o sofrimento do outro nos causa, desse modo, tanto a empatia quanto a compaixão consistem em um zelo, em um cuidar pelo bem-estar do outro[8], desconforto que nos convoca à ação, a agir para conter/aplacar ou até por fim ao sofrimento. Desse modo, como ao médico é demandado aliviar a dor e o sofrimento além da experiência e prática clínica, da tecnologia disponível, medicações, é necessário também que o médico lance mão de comportamentos e atitudes que também interferem e aliviam o sofrimento humano. Portanto, "o elemento central do trabalho dos profissionais de saúde é o vínculo empático e, a sua consequência, a compaixão"[9-10].

> [...] Na primeira intubação eu estava tão em transe que eu não sei explicar. Ele tava muito mal, o paciente, aquilo eu sozinha não faria nunca; se a equipe não tivesse me ajudado com a dose das medicações, me ajudado daquela forma não teria conseguido; mas aquilo me deu muita confiança; até então recém-formada eu não nunca tinha intubado ninguém, muito menos sozinha; então, eu consegui entender que consigo fazer; e a equipe, me senti muito acolhida, meu Deus! [...]. (A. K., médica, 26 anos).
>
> [...] Uma coisa que eu gosto é de tomar um pouco da situação ali, do momento, da equipe, é que, eventualmente, a equipe, eles têm uma tendência de ficar mais assustados com o procedimento, de ter medo nesse momento, só que eles conseguem demonstrar isso, e isso é o que eu tento apagar, ou que eu tento

[8] MORSE, J. M., et al. Exploring Empathy: A conceptual fit for nursing practice? **Jounal of nursing scholarship**. 24(4) p. 273-280, 1992.

[9] LAGO, K C. **Compaixão e Trabalho**: como sofrem os profissionais de saúde. Tese de Doutorado, UNB, 2013.

[10] LAGO, K., CODO, W. **Fadiga por compaixão**: o sofrimento dos profissionais em saúde. Editora Vozes: Petrópolis, 2010.

> sobrepor com algum comportamento para não deixar o paciente perceber, para tentar manter da forma mais tranquila possível, e passar tranquilidade para equipe. Mas é muito comum que eles tenham esse comportamento mais aflito, visível. E isso aí gera um medo para o paciente, pra eles mesmos, que é algo que traz um estresse, mas para o paciente que é um momento crítico, de grande medo. (A.J., médico, 30 anos).

Mas o cuidar tem um custo. O mesmo comportamento empático e compassivo que instrumentaliza para a qualidade do cuidado e na relação de ajuda que gera um sentimento de prazer e satisfação, pode também impactar na saúde emocional do profissional. O contato diário com o sofrimento humano e o cuidado dispensado a este envolve um custo emocional já que somos inevitavelmente afetados pela experiência do outro. Esse sofrimento tem sido denominado de fadiga por compaixão.

Fadiga por compaixão é o nome do processo no qual o profissional ligado ao atendimento de uma clientela, que tem como demanda o sofrimento, torna-se fatigado, exausto física e mentalmente, devido ao contato frequente com o estresse provocado pela compaixão e o misto constante de emoções e sentimentos gerados por esse sofrimento[11]. Desse modo, os profissionais da saúde, especialmente, aqueles que trabalham em ambientes ansiogênicos – emergência, UTI´s – que são expostos diariamente a uma carga emocional intensa, estão sujeitos a esse quadro. Então, a fadiga por compaixão se refere a uma síndrome que acomete trabalhadores que lidam com uma clientela específica: uma clientela que sofre e precisa de ajuda[12].

Imagine o seguinte cenário e os sentimentos que você teria ao se deparar com essa demanda:

> [...] "Intubei um paciente mais ou menos da minha idade, mais ou menos do meu biotipo, muito ansioso, muito ansioso e que

[11] FIGLEY C. R. **Compassion fatigue as secondary traumatic stress disorder**: an overview. p. 1-20. New York: Brunnar/Mazel, 1995.

[12] LAGO, Kennyston Costa. **Fadiga por compaixão**: quando ajudar dói. 210 f. Dissertação (Mestrado em Psicologia Social, do Trabalho e das Organizações) Universidade de Brasília, Brasília, 2008.

> no momento da intubação, quando eu fui falar pra ele que a gente ia ter que intubar, porque já não dava mais pra ficar do jeito que estava, ele pegou na minha mão e aí quando ele pegou na minha mão, ele olhou nos meus olhos assim e falou: Dr., me entrega pra minha filha, mas me entrega vivo. (G., médico, 33 anos).
>
> [...] E, naquele momento, o que eu poderia falar pra ele é que pode deixar, a gente vai fazer o nosso melhor trabalho pra que isso aconteça e a gente vai entregar você pra sua filha. Só que eu não entreguei ele vivo pra filha dele, ele faleceu, então isso foi um caso que foi muito triste e que invariavelmente martela na cabeça. Ele vem voltando, foi bastante marcante negativamente. (G., médico, 33 anos).

Agora, imagine esse outro cenário:

> [...] "Intubei outra paciente também de madrugada, também jovem, em torno dos seus 46 anos, também muito ansiosa, quando eu falei que a gente iria intubá-la, ela falou: Posso fazer uma videochamada pro meu marido? Falei sim, com certeza. E ela estava um pouco mais instável apesar de conseguir conversar e tal, e eu perguntei se a gente poderia ir preparando as coisas enquanto isso, e ela falou que sim. E quando o marido atendeu à videochamada, isso por volta das 2h ou 3h da manhã, ela, nesse exato momento, sem falar nada pra ele, virou a câmera pra nós, que estávamos ali preparando as coisas e aí voltou e falou: Você sabe o que isso significa? Vou ser intubada. E aí começou a chorar, o marido chorou também, e depois eu acabei fazendo uma reunião familiar, por videochamada, pra confortar e explicar sobre a intubação e as indicações de intubação pra essa família. E aí falei com a mãe da paciente, com o esposo da paciente, com a filha da paciente, às 3h da manhã. (G., médico, 33 anos).

Como não ser impactado por cenas tão marcantes? O que separa o profissional e a pessoa nesse momento? Isso é possível? Como manejar em si o que o outro me provoca em um momento tão extremo e de tanta vulnerabilidade? Fato é que o momento da pré-intubação gera um encontro entre o médico e o paciente. Um encontro de nuances, de vínculo, identificações e emoções, que produz afetos e gera impactos.

É um encontro objetivo, em seu sentido técnico, mas também é um encontro subjetivo. Ao entrar em contato com o paciente, o médico entra em contato com uma gama de sentimentos provocados por essa interação e pela história de adoecimento do sujeito. Nesse encontro é depositado no médico expectativas, medos e um lugar de *Sujeito suposto saber* que dará conta das suas demandas físicas, mas também espera que seja capaz de aplacar o seu sofrimento.

> [...] Igual tem um paciente que tá aqui agora na UTI, eu que acabei trazendo ela da cidade de origem, pelo SAMU, e foi triste ver aquilo, porque ela foi mal manejada, a gente veio tendo que trabalhar com a recuperação e a gente vê o que deveria ter sido feito antes e não foi feito, e a gente tem a consequência agora. Uma paciente que a gente tá a quase 32 dias hoje, tanto que eu tinha acabado de ligar pra família e que a gente simplesmente não consegue mais desligar a sedação, paciente que é mãe de dois filhos, um tem um ano, e sinceramente, parece que não vai sair daqui... não vai sair daqui viva. É isso daí que afeta a gente não só o ato em si, é todo o contexto [...] (V.C., médica, 29 anos).

A fadiga por compaixão é definida como sendo um estado de exaustão e disfunção – biológica, psicológica e social – resultante da exposição prolongada ao estresse por compaixão e a tudo que ela evoca[11]. Aqui o que predomina é o vínculo empático que é acompanhado por um forte desejo de aliviar e por fim ao sofrimento do outro.

A intensidade do cuidado e a exposição diária à dor e ao sofrimento humano podem levar a fadiga por compaixão – que acomete o profissional em gradações variáveis conforme os recursos internos, perdas e rede de apoio disponíveis. Na maioria das circunstâncias, ações que expressam compaixão e empatia geram custos psicológicos, que, em alguns casos, podem levar o indivíduo ao esgotamento, devido à gradual redução na sua capacidade de suportar a dor e a aflição alheia[10].

> [...] Lidar com o emocional sempre foi muito difícil, no começo, nos primeiros dias, eu às vezes me deparava chorando, não vou negar que eu dava uma saidinha da UTI, lavava o rosto pra poder recomeçar, isso ainda acontece, mas acredito que hoje com menos frequência do que acontecia anteriormente. Então sempre foi um desafio mesmo lidar com o emocional, hoje eu

> procuro ajuda com terapia, eu acredito que é muito importante o nosso emocional como médico estar em equilíbrio, para que a gente consiga ajudar esses pacientes e esses familiares. Mas a gente também não pode esquecer do nosso emocional, da nossa mente, porque se a gente não estiver em equilíbrio as coisas não vão dar certo, a gente tem muito risco de ficar em burnout por causa desse estresse mesmo do trabalho. (S., médica, 29 anos).

Por outro lado, há inúmeras gratificações e ganhos subjetivos na tarefa médica que geram satisfação e certo "poder" de salvar vidas e aliviar a dor e o sofrimento humanos. Desse modo, as emoções sejam elas negativas ou positivas surgem como resultado de percepções e avaliações capazes de interferir no estado emocional dos indivíduos e consequentemente provocar respostas para enfrentar situações de estresse, mas também aliviar a tensão gerada por potenciais estressores. Nesse sentido, perceber-se capaz de ajudar o paciente é fundamental para que sejam mobilizadas emoções positivas. Por outro lado, se o profissional se julga incapaz e está com seus recursos exauridos ou não está "preparado" para lidar com a situação, as emoções resultantes desse processo serão estresse, ansiedade e medo.

> [...] De uma forma geral, o meu pensamento em relação a isso tudo, eu me sinto bem, sabe. No início, óbvio, a gente sentia medo e tal. Esse é um momento em que eu me sinto bem, que apesar de ser um momento crítico para o paciente, eu sei que o que eu vou estar fazendo ali, nesse momento, é algo pra ajudar ele, é algo que a gente sempre pesa o risco-benefício, então é uma coisa que eu vou fazer que, eu tenho consciência de que o benefício de eu estar fazendo aquilo é muito maior do que o risco do próprio procedimento. Então eu me sinto bem de poder fazer isso e de confortar o paciente nessa questão. Muitas vezes, eu não sei, talvez metade dos pacientes não querem, eles ficam negando, não querem a intubação. Então, o fato de eu conseguir convencê-los, me faz bem, e me faz bem ter esse desafio de convencê-los antes de conversar com eles, porque eu sei que é um momento crítico pra eles, né, eles estão em negação, mas que eu sempre consegui. Então, é uma coisa que eu sei que, eu vou chegar ali, eu vou conseguir falar o que precisa ser feito, e eu consigo saber que eu vou conseguir convencer

> ele e deixar mais tranquilo e que o que a gente está fazendo é para o bem. Então, da minha parte, dos meus sentimentos, eu me sinto bem, eu me sinto útil, por ser um procedimento mais arriscado, por ser um procedimento de muito medo de uma forma geral. Eu fico satisfeito de estar podendo fazer, me sinto importante, e isso eu sei que eu estou fazendo um bem absurdo, que a gente faz em um momento que não dá mais, e que se não fizer, eventualmente, o paciente morre. Com certeza morre em algum momento. Então, é uma coisa que me dá satisfação e tu fica feliz por ter podido fazer aquilo. (A.J., médico, 30 anos).

Outro relato que ilustra as emoções vividas do início da pandemia, momento em que os profissionais não tinham a experiência necessária para lidar com a doença e, portanto, a avaliação da capacidade de conseguir ajudar o paciente estava um tanto prejudicada pelas emoções mobilizadas:

> [...] não tem como dizer que eu também não fico aflita, não tenho medo, não tenho insegurança, porque esse sentimento domina também, principalmente porque naquele momento eu já conheci a família, já conversei por vídeo, já conversei com o paciente, já troquei muita informação. Então eu acabo tratando ele como minha mãe, meu pai, meu irmão, meu tio, então isso também me deixa muito aflita, com medo de não conseguir, da lesão também, mas eu acho que consigo ser um pouco mais confiante nesse momento, pensando no lado de que eu conheci o paciente, dei conforto, que dei o melhor pra ele, acho que é mais nesse sentido mesmo. (A.C., médica, 26 anos).

> [...] Ficou dividido em algumas fases, que acabou mudando a nossa percepção do início da pandemia, da metade, da segunda onda e agora né... No início, esse momento pessoalmente era muito angustiante e de muita insegurança, no começo não se sabia muito bem de que forma era seguro fazer o procedimento da intubação. Então, eram colocados mais aparatos do que a gente estava acostumado, e isso querendo ou não dificultava muito e nos causava ainda mais medo de errar, medo de demorar na intubação e isso traz mais também consequências para o paciente né, então, lá no começo, a minha angústia, o meu emocional, nesse momento girava em torno disso, estar

> insegura quanto ao procedimento que ainda não era algo bem definido como era mais seguro de se fazer. Então, a gente tinha o medo da contaminação e também a dificuldade de todos esses aparatos na nossa frente para proteger a gente, mas que atrapalhava muito na hora de fazer, porque não era a forma que a gente estava acostumada a intubar. (E.A., médica, 31 anos).
>
> [...] A gente acabou ficando, no geral, mais ansiosos; exaustos, apesar de estarmos mais experientes, mas ansiosos; eu acho que a gente vai ter que se tratar, todo mundo; estamos no limite, está na hora de acabar (a pandemia) [...]. (C.H., médica).

Quem cuida de quem cuida?

Nas diversas relações estabelecidas em seu cotidiano profissional, o médico pode encontrar nos seus pares, caminhos que propiciem um melhor enfrentamento do sofrimento emocional desencadeado pela rotina diária. Seus pares profissionais, também atuantes na linha de frente da pandemia, vivenciam situações semelhantes. Em momentos diferentes de suas escalas, compartilham do mesmo paciente, conversam com a mesma família. Realizam, com frequência, procedimentos de intubação. São diversos pontos em comum que na singularidade de cada um, adquirem um significado diferente, apresentam uma vivência própria.

As relações interdisciplinares e multiprofissionais fazem a diferença no modo como os profissionais lidam com a rotina árdua de trabalho e como elaboram as intensas emoções geradas. Assim sendo, compreendemos que a relação estabelecida entre os profissionais no compartilhar suas experiências, as dificuldades e os anseios, representa uma forma de se fortalecerem internamente, de desenvolverem maior segurança e confiança em si e no seu fazer técnico, além de contribuir para as relações interpessoais promovidas no ambiente.

> Converso com os meus colegas profissionais, compartilhando as angústias, eu acho que esse é um hábito que todos nós, pelo menos a maioria de nós temos, e isso nos ajuda muito. A gente compartilha muito as informações, até porque todos nós somos médicos, somos profissionais que estão trabalhando com os

> mesmos pacientes, então as situações que eu vivencio com aquele paciente, um determinado paciente, talvez seja a mesma que meu colega vivencia também, porque, às vezes, o meu colega vai entrar no plantão noturno, em que eu estou saindo, então a gente acaba passando os pacientes entre nós e isso nos auxilia muito. Muitas situações que acabavam acontecendo comigo, que me deixavam muito frustrada, até porque pela minha experiência ser menor, ter menos tempo de formação do que muitos colegas meus que estão trabalhando no mesmo ambiente, então eles já têm uma carga de trabalho maior, uma experiência maior, e eles conseguem me ensinar muito, a lidar com as situações, seja questão familiar do paciente, seja mesmo por questão da patologia do paciente, às vezes eu tenho dificuldade de lidar com o prognóstico, de como o paciente está evoluindo. A maioria dos meus colegas me auxilia nesse sentido, isso é muito importante para nós também, a gente consegue trocar experiências, um ajudando o outro. (A.C., médica, 26 anos).

O apoio, as trocas, o dividir com o colega algo que aconteceu no plantão. Percebemos que essas atitudes adquirem uma importância significativa para os profissionais, representando aquele momento em que as tensões da rotina diária são amenizadas, encontram um ponto em comum na vivência do colega, abrem caminhos para outras perspectivas e condutas, além de promoverem um alívio emocional pela fala.

Além das relações com os colegas, os médicos também encontram uma rede de apoio nos seus familiares e amigos. Pessoas que fazem parte do seu cotidiano e compartilham de suas histórias e sua vida para além do âmbito profissional.

> Então, depois, eu tenho minha família, tenho meu noivo, então eles são meus escapes. E meus colegas, alguns colegas meus de residência, assim que... a gente conversa bastante. [...] é uma forma de eu conseguir controlar isso. Mando para o meu noivo. Mando, pra ver se eu consigo extravasar, conversar, pra ver se aquilo sai, aquela angústia de ter que intubar alguém que, é normal, é algo que tem que fazer, mas pesa aquela coisa. [...] a forma de eu tentar extravasar, de eu tentar lidar com o meu emocional é conversando com a minha família. Minha família me apoia muito, meu noivo me apoia muito, então é como eu consegui controlar isso. (E.C., médica, 29 anos).

A tarefa assistencial implica a relação de sujeitos interagindo com sujeitos, configurando-se, por isso, em algo complexo. Ao receber um paciente, o médico lida não somente com sua dimensão biológica, mas também com toda a história que aquele paciente traz.

Em sua história pregressa e atual, o paciente com Covid apresenta para o médico seus medos, suas ansiedades e expectativas. Não só o paciente faz isso, mas sua família também. Ao avisar o paciente e sua família da necessidade de intubar, muitas vezes é feito ao médico um pedido de extremo significado: "Não me deixe morrer". Junto com esse pedido, inúmeras expectativas chegam e são depositadas sobre o médico, sobre a sua conduta e a sua decisão.

Somadas às expectativas dos pacientes e familiares, há também as expectativas dos próprios médicos. Seus anseios, medos e identificações. E naquele momento, em que as redes de apoio dos pacientes são acionadas e compõem a cena da intubação, fazendo-se presentes por meio das videochamadas que antecedem o procedimento, a rede de apoio dos médicos também adentra os espaços hospitalares, servindo de alicerce emocional para aquele que cuida.

CAPITULO 6

Intervenções psicológicas na intubação

Sheila Taba
Aline Vaneli Pelizzoni
Alfredo Simonetti
Rita Gomes Prieb

"Conheça todas as teorias, domine todas as técnicas, mas ao tocar uma alma humana seja apenas outra alma humana".

(Carl G. Jung)

Este Capítulo pretende descrever as estratégias e técnicas possíveis de serem utilizadas pelo psicólogo no momento da intubação. Embora este seja um Capítulo técnico e objetivo, o iniciamos com a famosa frase de Jung para ressaltar que, apesar de utilizarmos técnicas e nos fundamentarmos em recursos científicos, a nossa prática sempre será humana e cuidadosa no encontro com o outro. A prática psicológica pede sempre um tom acolhedor e sensível para existir. A leitura deste Capítulo será mais proveitosa se puder contar com este olhar humano por parte do leitor.

Vamos apresentar e organizar as estratégias e técnicas[1] de intervenção psicológica na cena da intubação para subsidiar os psicólogos nesta nova área de atuação da Psicologia Hospitalar: a assistência psicológica na ventilação **mecânica, mas não temos nenhuma pretensão**

[1] Usamos os termos "estratégias" e "técnicas" como equivalentes funcionais, embora, é claro, não sejam sinônimos perfeitos.

de fornecer receitas ou protocolos fechados ou mesmo abranger todas as possibilidades. Nosso saber encontra-se em construção, aliás, no início desta.

Após longa e cuidadosa escuta de profissionais envolvidos na cena da intubação (psicólogos de UTI, médicos intensivistas, enfermeiras e fisioterapeutas de UTI) e, principalmente, após a conversa com mais de uma centena de pacientes que foram intubados e também com alguns familiares destes pacientes, chegamos a uma relação de intervenções psicológicas úteis na questão da intubação.

Chamaremos de técnicas e estratégias todas as ações e reflexões que o psicólogo pode realizar na cena da **Intubação Orotraqueal** (IOT), e dentre elas vamos destacar as mais importantes, resumidas na figura a seguir:

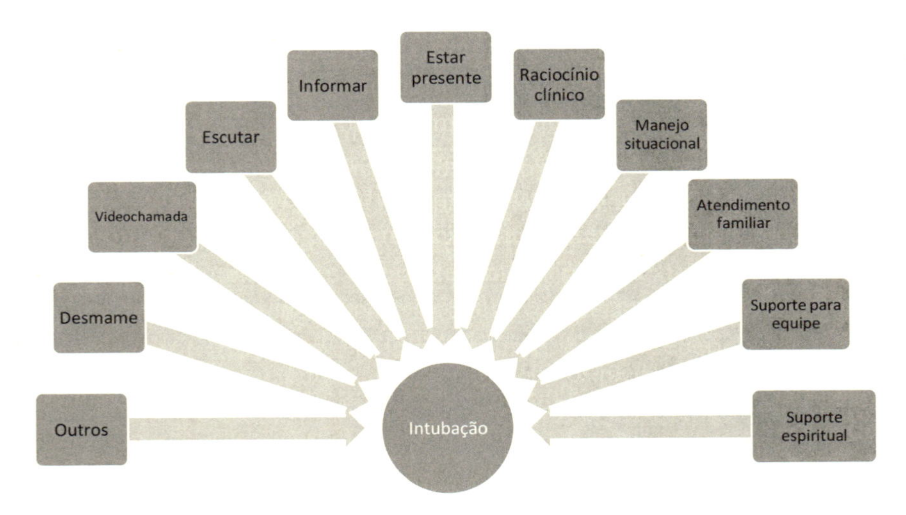

Estar presente

De tudo que pesquisamos e praticamos no trabalho cotidiano nos hospitais nenhuma intervenção se mostrou mais efetiva que a presença do psicólogo no momento da intubação do paciente Covid que está acordado e com consciência preservada, "*Glasgow 15*", como se diz no jargão da UTI.

Neste momento técnico, o psicólogo, profissional inusitado, sem função pré-definida, num período delicado de um procedimento frio, pode ser o grande diferencial para aquele paciente tão assustado. Cria-se uma empatia imediata, em que ambos, psicólogo e paciente, são estranhos a esta cena tão técnica, contando apenas com sua presença física e emocional, sem outras atribuições nesta **terra inóspita**.

Sua primeira contribuição, porém, a mais difícil e importante, é sua presença inteira, sem fugir da angústia. Não ter interpretação certeira, não ter as informações na sua totalidade e não ter exatamente o que fazer, não limita a atuação. **É exatamente a presença sem ação padronizada que faz a diferença.** Dentre os profissionais da enfermagem, fisioterapeutas e médicos, o único que não tem uma função objetiva, que não está com instrumentos ou objetos ligados ao procedimento na mão, é o psicólogo.

A importância do psicólogo na cena IOT é ímpar! Vai além das ações possíveis. É a presença inteira e acolhedora, o diferencial que remete a um equilíbrio frente a um momento tão técnico. Talvez as palavras nem sejam tão úteis, mas nós, psicólogos, somos a presença concreta da subjetividade do sujeito. Trazemos junto à história coletada, a validação das emoções vividas, podemos ser a ponte com os familiares, enfim, somos uma peça diferente neste cenário.

Não precisamos preencher o momento e o tempo com ações desnecessárias. Devemos estar preparados para selecionar o que é importante e executar o estritamente necessário. Cuidadores da subjetividade do paciente, interferimos com nosso olhar compassivo e, se possível, regulamos as emoções que surgem, validando seus significados e contendo os excessos.

Somos capazes de identificar necessidades que estão subjacentes ao momento, e nos conectar com o paciente estabelecendo uma comunicação, ainda que este tenha dificuldade para falar. Com as informações que temos e o preparo prévio para este momento, nós podemos facilitar a expressão dos desejos e afetos dos pacientes, com perguntas pertinentes e norteadoras. Somos capazes de fazer tudo isso, sem aumentar a angústia do paciente, trazendo o conforto necessário perante o medo apresentado e as necessidades identificadas e, se nada pudermos fazer, conseguimos com nosso preparo estar inteiramente presentes.

Estar junto no medo advindo do vazio da angústia é tarefa árdua, que poucos profissionais são capazes. Não podemos fugir da intensidade do momento, nem nos esconder em explicações desnecessárias. A presença silenciosa exige muita força e preparo profissional.

Raciocínio clínico

O que faz o psicólogo quando chega à cena da intubação? Antes de qualquer coisa, tem o preparo prévio internalizado, observa a situação, avalia a condição psíquica do paciente e pensa o que pode fazer naquele momento. Chamamos este pensamento de estratégico ou de raciocínio clínico.

Mas este não é um pensamento qualquer, pois, para merecer o nome de raciocínio clínico precisa ir além da intuição e fundamentar-se em conceitos e teorias, bem como em informações sobre quem é o paciente. Podemos dar uma olhada rápida no prontuário ou, o que costuma ser mais eficaz em situações aguda, podemos perguntar à enfermagem que geralmente conhece um pouco do paciente. Quem é ele?

A seguir apresentamos uma tabela básica das informações a serem coletadas e a importância destas.

Dados	Relevância
Nome	Personalização do atendimento.
Idade	Necessidades distintas em cada faixa etária.
Gênero	Necessidades específicas.
Escolaridade	Adaptar a linguagem da comunicação. Filtrar informações.
KPS[2] prévio	Qual a autonomia prévia deste paciente limitado na internação.

[2] "A escala de performance de Karnofsky (KPS) é um instrumento utilizado para avaliar o desempenho dos pacientes por meio da capacidade física e da autossuficiência, com pontuação variando entre 10% a 100%". É sabido que, na maioria das doenças graves, a baixa pontuação na escala de Karnofsky está relacionada a uma menor probabilidade de sobrevivência.

Comparação entre Escala de Performance de Karnofsky e Escala de Avaliação de Sintomas de Edmonton como determinantes na assistência paliativa. Comparison of Karnofsky Performance Status Scala. **Rev Soc Bras Clin Med.**, 2017, jan-mar;15(1):2-5. Cabianca CA, Menegheti GG, Bernardi IC, Gurgel SJ, AC.

Dados	Relevância
Doenças prévias	Vivências e administração de doenças prévias.
Doenças psiquiátricas	Tratamento ou uso de medicações psiquiátricas.
Profissão	Área de conhecimento, zona de autoconfiança.
Dados familiares	Qual o seu lugar na família. Seu papel. Seus afetos.

As informações fornecidas no chamado para o atendimento psicológico no hospital alinham o raciocínio clínico para o atendimento personalizado. Idade, tempo de internamento, o contato familiar nas visitas e nas informações, se tem filhos, netos, irmãos. A equipe sempre tem uma informação relevante para nos fornecer, tais como: "A esposa está grávida.", "Tem um neto de 5 anos que quer ver o vovô.", "A mãe dele faleceu de Covid na semana passada.", etc. Assim, nós, psicólogos hospitalares, já chegamos ao atendimento com uma bagagem de conhecimento que nos permite ter um pequeno mapa descritivo da pessoa com quem teremos um encontro marcado.

Os pacientes têm faixa etária de amplo espectro e as comorbidades e nível de escolaridade acabam por nortear os psicólogos quanto aos passos a serem dados neste momento de crise. Sabemos, de antemão, que estas características do indivíduo fazem com que as informações recebidas e a capacidade de elaboração do pensamento tornem esse processamento de informações muito díspares de pessoa para pessoa. É óbvio que o homem de meia idade, provedor da família, com nível superior completo tem necessidades distintas de um senhor acamado, de 92 anos que é cuidado pela filha. As informações a serem dadas precisam passar por esse filtro e as necessidades emocionais, ainda que semelhantes, necessitam de respostas diferentes.

Há os pacientes que estão hospitalizados há dias e puderam receber atendimento psicológico antes do procedimento da IOT, mas, muitas vezes, o paciente que será submetido ao procedimento ainda não teve tempo de ser assistido pelo psicólogo, então, todo o procedimento de avaliação e atuação deve ser condensado em tempo hábil.

Quem é este paciente? Quais são as suas necessidades emocionais? Seus medos dominam os seus pensamentos? Ele precisa de palavras ou de companhia e silêncio? Com essas poucas informações, chegamos ao primeiro contato com o paciente conhecendo potencialmente as demandas que teremos, lembrando que a amplitude e a profundidade dessas informações dependerão do tempo que teremos disponível antes do atendimento, tempo que, na prática, raramente temos, já que a solicitação chega sem tempo hábil para que possamos coletar outras informações no prontuário ou mesmo conseguir falar com a família ou outros membros da equipe da assistência previamente. A intubação parece ser a única situação de "emergência psicológica" de toda a Psicologia Hospitalar. As emergências no hospital são sempre emergências médicas, com a psicologia aguardado o momento dois para trabalhar as questões subjetivas.

Avaliação do estado psíquico

A avaliação do estado mental do paciente na cena de intubação é constituída de cinco itens: primeiro, observamos se o paciente está acordado, vígil, ou se está com rebaixamento do nível de consciência; segundo, observamos se está orientado, se sabe onde está e se sabe o que está acontecendo e quem são todas aquelas pessoas; terceiro, é preciso identificar se há sinais de *delirium*, ou seja, se o paciente está alucinando ou delirando; quarto, avaliamos como está o seu humor, se está deprimido, ansioso ou indiferente; e, em quinto, veremos sua psicomotricidade, prestando atenção se ele está calmo ou agitado física e psiquicamente, se está chorando, gritando ou apático.

Pronto, é isto, está feita a avaliação! Estes são os itens básicos, não é hora para exame psíquico amplo e aprofundado, esta é uma avaliação *ad hoc,* perfeitamente adequada ao momento. Posteriormente, na enfermaria ou no ambulatório, poderemos fazer uma avaliação mais aprofundada, se for o caso. Esta avaliação é para ser feita em minutos e de cabeça, sem papel nem caneta nas mãos, nada de longos protocolos ou formulários a serem preenchidos. Sim, depois você vai registrar tudo no prontuário, mas no momento da avaliação, o psicólogo deve manter-se em contato com o paciente, e não ficar olhando para os protocolos.

Avaliacão Breve do Estado Mental

NÍVEL DE CONSCIÊNCIA (ACORDADO, VIGIL, SONOLENTO, TORPOROSO)

ORIENTAÇÃO (SABE O QUE ESTÁ ACONTECENDO E QUEM SÃO TODAS AQUELAS PESSOAS)

SINAIS DE *DELIRIUM* (ALUCINAÇÃO/CONFUSÃO)

HUMOR (ANSIOSO/DEPRIMIDO/SOFRIMENTO PSÍQUICO/CRISE PSÍQUICA (COLAPSO MENTAL)

PSICOMOTRICIDADE (AGITADO, CALMO, PROSTRADO)

Avaliar as funções mentais descritas anteriormente é importante porque elas orientam o trabalho do psicólogo. Se o paciente estiver inconsciente, o nosso leque de intervenções diminui consideravelmente; se ele estiver torporoso ou sonolento, já temos mais o que fazer; se o pensamento estiver desorganizado ou o paciente desorientado em relação ao tempo e ao espaço e sem possibilidade de manter a atenção, a nossa fala deverá ser curta e diretiva, em vez de aberta e elaborativa; e, por outro lado, se o paciente estiver psicótico tem coisas que simplesmente não devemos fazer.

O paciente tem consciência das suas condições clínicas, compreensão das informações passadas, pensamento organizado? O paciente tem condições de ouvir as informações ou orientações neste momento? O paciente consegue falar o que deseja? O paciente quer falar alguma coisa? Observar se está paralisado ou se consegue absorver as ações possíveis de serem realizadas neste momento. É possível instrumentalizá-lo para o enfrentamento dessa travessia, necessária e sem escolhas?

Além das informações sobre o paciente, precisamos também de teorias e conceitos que nos sustentem nesta jornada de acompanhamento do paciente em sua travessia. Para compreender a vivência emocional, podemos nos ancorar na ideia de luta, fuga e travessia fornecida por Simonetti[3] e nos estudos sobre cuidados paliativos[4].

Diante da ameaça à própria vida, simbolizada pela indicação de intubação ativam-se reações instintivas de luta ou fuga que surgem em

[3] SIMONETTI, Alfredo. **A cena hospitalar**: psicologia médica e psicanálise. Belo Horizonte: Artesã, 2018.

[4] SILVA, M. J. P., ARAÚJO, M. M. T. Comunicação em Cuidados Paliativos. In: CARVALHO, R. T.; PARSONS, H. A. (Orgs.). **Manual de Cuidados Paliativos**. 2 ed. Academia Nacional de Cuidados Paliativos, 2012.

forma de ansiedade e agitação psicomotora. A negação e a resistência ao procedimento também são muito comuns neste momento, todavia, o tempo vai se encurtando e a necessidade de oxigênio acaba levando o paciente à aceitação consciente e angustiada do procedimento, e inicia-se, então, o enfrentamento, processo denominado de travessia.

Neste momento de tanta intensidade, surge a figura do psicólogo, que com sua presença empática e acolhedora se oferece a estar junto, propõe-se a ser um acompanhante nesta travessia. É importantíssimo chamar a atenção para o fato de que a travessia só pode ser feita "em primeira pessoa", ninguém enfrenta nada pelo outro, só a própria pessoa faz isto, o que nos cabe enquanto psicólogo hospitalar é estar ao lado, só isto. Pelo que ouvimos do relato dos pacientes que sobreviveram a intubação este "*só isto*" é muito.

No esquema abaixo, identificar como travessia a aceitação da intubação, a vivência do medo e da angústia relacionado ao momento e também a tudo que acontece subjetivamente, e não sabemos direito o que é, durante o tempo que o paciente passa sedado e intubado até que venha o desfecho da jornada, a melhora e sobrevivência ou a morte.

Embora o paciente em situação de intubação não seja um paciente terminal ou em cuidados paliativos já que ele não se encontra *fora-das-possiblidades-terapêuticas*, os princípios dos Cuidados Paliativos ajudam o psicólogo a lidar com a situação. Propiciar uma abordagem multiprofissional integrativa, abrangendo os aspectos psicológicos, espirituais e sociais no cuidado ao paciente; oferecendo condições de suporte para auxiliar os familiares durante a doença do paciente e a enfrentar o luto, quando for esse o desenrolar da história desse paciente.

Informar

A informação orienta e acalma isto, é claro, quando não apavora, ou seja, ela pode ser ansiolítica ou ansiogênica, dependendo do paciente. Alguns realmente ficam menos ansiosos quando sabem o que vai acontecer, mas outros ficam mais assustados com os detalhes do procedimento mesmo quando ditos em linguagem metafórica e, além disso, tem aqueles que simplesmente não entendem o que lhe está sendo dito; seja por que não conseguem prestar atenção em nada, tal é a agitação dentro de suas mentes, seja porque a dificuldade respiratória já esteja comprometendo o raciocínio. Nesta circunstância, o que é melhor: falar toda a verdade ou poupar o paciente dos detalhes perigosos? Usar linguagem técnica ou valer-se da linguagem figurada e suas metáforas? É melhor contar ou não contar sobre os riscos e complicações possíveis?

Considerando esta ambivalência da informação, é conveniente que, após apresentar-se brevemente, o psicólogo comece a conversa com questões bem abertas tipo: "O médico já lhe falou sobre a intubação?"; "Você sabe o que é a intubação?"; e a partir das respostas, verbais e não verbais, ir apresentando as informações em pequenas doses, de forma gradual, respeitando o ritmo de assimilação do paciente. Também tem se mostrado uma estratégia eficiente começar a conversa traduzindo em linguagem leiga o que o médico informou para o paciente e seguir a partir daí. Chamamos esta estratégia de informação individualizada de "Drops Informativos".

Partimos do princípio de que a comunicação é um elemento fundamental na relação humana e, portanto, um componente essencial do cuidado aos pacientes hospitalizados desde que usada de forma individualizada. A palavra pertence a quem escuta, então, independentemente do que o profissional de saúde quis dizer, é preciso prestar atenção ao que o paciente escutou, e é isso que conta. Assim, utilizar adequadamente as técnicas e estratégias de comunicação interpessoal é uma medida terapêutica comprovadamente eficaz, a qual permite ao paciente compartilhar seus medos, suas dúvidas e seu sofrimento, contribuindo para a diminuição do estresse psicológico, assegurando a manifestação da autonomia do paciente[4].

Abordar um paciente sobre a necessidade imediata de uma intubação, certamente é uma má notícia. Ainda que seja um tratamento visando à recuperação, seu anúncio enche a cena de angústia, de ansiedade e de medo, deixa uma sensação de perda de controle e, não raro, provoca comportamentos agitados. Nestas circunstâncias, podemos adaptar o Protocolo SPIKES[5] para nos orientar na hora de dizer para o paciente sobre a intubação.

[5] Em 1992, Robert Buckman criou o protocolo SPIKES para orientar os profissionais de saúde a comunicarem más notícias.

S – *Setting up* – Preparando-se para o encontro	"Apesar de a notícia ser triste, é importante manter a calma, pois as informações dadas podem ajudar o paciente a planejar seu futuro"[6]. Indica a importância deste momento para o paciente prestes a ser intubado. Devemos, então, manter a calma, colaborar com a possibilidade de acalmar o ambiente ao redor. **Estar presente** com atitude acolhedora e transmitir firmeza e segurança.
P – *Perception* – Percebendo o paciente	Investigue o que o paciente já sabe do que está acontecendo. Avalie rápido e brevemente o estado mental. O paciente está confuso? Tem condições de manter a conversa?
I – *Invitation* – Convidando para o diálogo	Identifique até onde o paciente quer saber do que está acontecendo e conduza o diálogo até esse limite.
K – *Knowledge* – Transmitindo as informações	Use sempre palavras adequadas ao vocabulário do paciente. Use frases curtas e vá até o limite estabelecido. Neste momento, avalie a quantidade de informações e a linguagem adequada ao perfil do paciente. No atendimento psicológico pré-IOT, temos as Golden Questions/ Perguntas de Ouro. Você precisa de informações sobre o procedimento? Não. Sim. Quais dúvidas pontuais? Você gostaria de falar como está se sentindo? Há coisas práticas que eu posso fazer neste momento? Videochamada? Gravar áudio? Gravar vídeo? Anotar alguma informação para repassar para algum familiar? A minha presença ao seu lado te fortalece? Ou te incomoda?

[6] CRUZ, C. D.; RACHEL Riera. **Comunicando más notícias**: o protocolo SPIKES, 2016.

E – *Emotions* – Expressando emoções	É necessária a serenidade para receber e acolher a resposta que pode vir. Devemos dar tempo ao paciente, que pode chorar, ficar em silêncio, em choque ou questionar.
S – *Estrategy and Summary* – Resumindo e organizando estratégias	É importante deixar claro para o paciente que ele não será abandonado, que existe um plano de tratamento, que deve ser aceito com a confiança de que será a melhor alternativa, apesar dos riscos envolvidos.

Escutar

Pensei em oferecer um curso de escutatória, mas acho que ninguém vai se matricular. Escutar é complicado e sutil (...) É preciso também que haja silêncio dentro da alma.

(Rubem Alves)

Apesar da criatividade costumeira, Rubem Alves se enganou na afirmação na citação, pois os psicólogos não só se matricularam no curso de escutatória como fizeram dela, a escuta, seu principal instrumento terapêutico. No hospital, é verdade, são os únicos que fizeram o curso, pois médicos, enfermeiras e fisioterapeutas são treinados durante a graduação para dizer, informar, perguntar, raramente para escutar. Tem sido exatamente esta habilidade quase privativa dos psicólogos que tem tornado sua presença na cena hospitalar cada vez mais valorizada.

A escuta na situação de intubação tem dois objetivos bem delimitados: primeiramente, criar condições para que toda a carga de ansiedade, angústia e medo possa fluir por meio das palavras, evitando a passagem ao ato ou comportamentos muito agitados, e depois favorecer a elaboração em voz alta, para, além dos diálogos internos, das questões emergentes, como a aceitação ou recusa da intubação, o medo de morrer, a preocupação com a família e questões práticas. É mais uma *escuta-continente* do que uma *escuta-analítica*. Vejamos as diferenças entre elas.

Estas duas escutas são diferentes em termos de objetivos, técnica e indicação. Enquanto o objetivo da primeira é criar uma sensação de acolhimento e de aceitação, o da segunda é a identificação de conflitos psíquicos. A escuta continente pretende criar no paciente a sensação de acolhimento e de que ele é escutado, pronto é isto, já a escuta analítica tem uma pretensão maior, ela almeja identificar, flagrar, revelar, colocar em destaque conflitos psíquicos, recalques e sintomas psíquicos.

Na escuta continente, a técnica é mais silenciosa, e tudo o que o psicólogo fala tem a pretensão de fazer o paciente continuar falando, é mais algo do tipo "fale mais sobre", ao passo que na escuta analítica, o psicólogo pretende ser provocativo, ou seja uma trabalha com cutucão a outra não. A escuta analítica se vale de interpretação, contestação, questionamento e na escuta continente tudo o que o psicólogo diz é para fazer o paciente falar e não para provocar um novo ponto.

Quanto à indicação terapêutica, ou seja, as situações clínicas nas quais cada uma deve ser usada temos o seguinte: nas situações mais críticas está indicada a escuta continente, uma pessoa que já está desestruturada e passando por uma crise não precisa ser provocada; já em momentos mais estruturados, como um atendimento ambulatorial ou em um acompanhamento de uma doença crônica, aí sim, cabe um escuta analítica, na qual o psicólogo vai provocar o paciente para que ele pense sobre o que ele está evitando. Na escuta continente, o máximo que o psicólogo vai fazer é convidar o paciente a pensar sobre seus recursos de enfrentamento que, por acaso, ele não esteja levando em conta no momento.

No hospital tem indicação para as duas coisas: nos momentos mais críticos, usamos uma escuta continente. Vamos imaginar um paciente saindo da enfermaria para o centro cirúrgico, é um momento continente, não é hora para aflorar os seus conflitos, seja em relação à doença seja em relação à sua vida. Já no acompanhamento ambulatorial de um hipertenso ou de um diabético podemos, sim, provocar, levantando questões ou apontando atos falhos.

Quando a Psicologia entrou no hospital[7], local onde o dizer pode estar comprometido por problemas físicos, os psicólogos (trabalhadores da palavra) precisaram inventar algo para superar esta dificuldade e

[7] Belo título do livro do psicólogo hospitalar Waldemar Augusto Angerami, um dos pioneiros da nossa especialidade.

inventaram mesmo a escuta-total. Este tipo de escuta caracteriza-se pela capacidade de conversar para além das palavras por meio de gestos, olhares, cartazes, rastreadores oculares e o que mais estiver disponível. No caso do paciente em situação de intubação esta escuta tem sido muito utilizada.

Com a nossa escuta, não temos a capacidade para salvar a pessoa da intubação que se aproxima, ela terá que atravessá-la por sua própria conta e risco, e também não podemos garantir que voltará como muitos pacientes pedem, às vezes não podemos nem mesmo conversar direito porque o paciente está com falta de ar, cansado, dispneico e com máscara de oxigênio, mas há uma coisa que podemos garantir e foi isso que aconteceu neste atendimento com Y, paciente de 64 anos de idade.

> Paciente: — Tenho medo do inesperado.
>
> Psicóloga: – Você tem medo da morte?
>
> Paciente: — Da morte todo mundo tem!
>
> Após uma pausa, faz mais uma vez a solicitação que havia feito anteriormente.
>
> Paciente: — Não me abandone.
>
> Psicóloga: — Não vou te abandonar.

Videochamada

Diante da notícia de que precisará ser intubado uma das primeiras reações de muitos pacientes é pedir para falar com a família e, em algumas situações, ao chegar ao limite de sua resistência ao procedimento o paciente mostra-se resignado, como R.

Alcançando o extremo de seu cansaço, e sem outra saída, aceita o procedimento e pede para fazer uma videochamada para a sua mãe que, também, já sabendo da indicação de intubação atendeu à chamada chorando. Ele fala: "*Vou ser intubado... fique calma ... cuide de F.* (sobrinha que o paciente cuidava como se fosse sua filha) ... *diga pra ela que eu vou ficar bem!*"

A chamada de vídeo tem três atores principais: o paciente, a família e a equipe. Após o comunicado médico do procedimento iminente, é necessário que possamos avaliar o estado mental do paciente, acolher e situar as condições emocionais que o paciente se encontra e entender se ele está em sofrimento psíquico ou se já entrou em uma crise emocional. Sua condição pode interferir no desejo ou não pela videochamada. Assim, devemos antes de oferecer essa possibilidade ao paciente, acolher sua dor e angústia e aguardar o *timing* para que o paciente possa decidir pela videochamada.

Sempre que possível, orientamos os familiares previamente sobre a videochamada, dando ênfase nas palavras de carinho, força e fé. Para esse momento, que na maioria das vezes tem o peso de uma despedida possa ser de fortalecimento e coragem. Em se tratando do aspecto emocional, propiciar que este momento se transforme em paz.

Ainda que não seja dito ou verbalizada, é implícito que a videochamada pré intubação é uma despedida, que pode significar um "até breve" ou um "adeus". Todos os envolvidos neste processo têm ciência disso. Tanto os profissionais, quanto os familiares, mas, especialmente, o paciente sabe disso.

> A maioria das famílias querem, e a maioria dos pacientes querem esse momento, de uma certa, entre aspas, despedida, que muitas vezes acaba sendo, diante da gravidade da Covid, diante da gravidade de uma intubação e dos riscos. (S., médica, 29 anos).

Nem sempre o paciente deseja esta despedida, mas, nós, psicólogos, incentivamos e encorajamos que ela seja realizada, pois entendemos que este momento é uma oportunidade única e, em alguns casos, última na vida. Ao ser realizada essa videochamada, possibilitamos à família presentificar suas palavras de amor e força, que o paciente possa se sentir amado neste momento tão angustiante. Jamais deveremos obrigar, mas entender a dificuldade e o significado dessa vivência, podemos utilizar como recurso para transformar positivamente este momento para o paciente. Se o paciente relutar a essa possibilidade, devemos, então, respeitar seu limite.

Entendemos que essa videochamada seja de curta duração. Todavia, ela mobiliza muitas emoções, sendo um momento intenso e de poucas palavras por parte do paciente, que já não apresenta folego suficiente para grandes conversas. O reservatório físico e emocional só permite restringir-se ao imprescindível a ser dito.

Um paciente, já deitado na maca, pronto para ser intubado, liga para a filha e fala: "Eles vão me intubar agora". Ela responde: "Vai dar tudo certo! Fique bem". E, assim, inicia-se o procedimento. Quando traz esse relato, mostra que apesar de curta a conversa, foi significativa para ele e para a família. Em momento posterior, quando já estava se recuperando, pergunto a ele se acreditava que faltou algo a ser falado e ele diz que não. O amor já era sabido anteriormente e ele se dizia preparado para a morte se esse fosse seu momento. Sua fé o manteve calmo e seguro.

As conversas que pudemos acompanhar foram todas muito breves, mas, diante da proximidade da intubação, essa conversa sempre foi pontual, preenchendo o momento de significado.

O trabalho com as videochamadas é delicado, da ordem do detalhe e da sutileza, requer atenção, cuidado e habilidade de manejo do profissional que a executa, pois, não se trata de uma ação mecânica, mas sim, da mediação entre duas ou mais pessoas em sofrimento psíquico, que por vezes estão desesperadas e em profundo desamparo.

Apesar de descrevermos como uma técnica e manejo específico da Psicologia, sabemos que no hospital os atendimentos sempre são atravessados por conhecimentos diferentes, quer dizer, interdisciplinares. Nesse contexto, a ação dos médicos se dá pela própria rotina, e por diferentes plantões de outros profissionais – normalmente, plantões de 12 horas.

Quando não for possível a presença do psicólogo, devemos ter a segurança de que a equipe fará o possível, e de algum modo possa se espelhar nas ações realizadas por psicólogos e seu saber. Nesse ponto, ressaltamos a relevância do vínculo entre psicólogo e equipe, da implicação das relações entre a equipe sustentarem práticas assistenciais com uma visão ampliada das necessidades do paciente e família.

Cabe dizer, que qualquer técnica só é possível se ela transpassar a condição humana e se tornar condição de fortalecimento para o enfrentamento. Para tornar os tempos e as circunstâncias das videochamadas mais didáticas, serão divididos em três momentos: anterior à IOT, pré-IOT e pós-IOT.

O momento anterior diz respeito à entrada do paciente no hospital e, por consequência, a "entrada" dos familiares, que tomam contato com uma realidade completamente diferente e ameaçadora. Dentre as grandes dificuldades em tempos de pandemia, a distância física entre pacientes hospitalizados e os familiares se apresenta como um dos elementos que fragilizam. Não poder ver, tocar, estar próximo em um momento de fragilidade tem um impacto subjetivo e desorganizador.

O momento pós intubação tem suas peculiaridades e diferenças que buscam retomar a comunicação do paciente com seus familiares, que pelo afeto e memória colaboram com a recuperação e reorganização psíquica desse paciente, o qual esteve tão gravemente enfermo e ainda não se recuperou totalmente. Neste contexto, avaliar *delirium* e organizar o paciente e família para o enfrentamento.

Neste Capítulo, nosso enfoque é para a chamada de vídeo momentos antes da intubação, em que os médicos a utilizam para informar a família sobre a necessidade do procedimento, seus riscos e benefícios. Essa notícia é dada ao familiar, sem maiores preparos quanto ao ambiente em que ela ocorre, a notícia incômoda da IOT entra pela sala das pessoas, no momento do jantar, estando sozinho ou com outras pessoas da família. Na maioria das vezes, não há a possibilidade e nem tempo para que essa informação seja presencial.

Nesse momento delicado, as famílias fazem a sua última visita de forma virtual ao paciente antes da intubação e este contato pode servir de despedida, mesmo que isso não esteja posto como possibilidade em meio à esperança e aos vários afetos que circulam e atravessam a tela.

Para ajudar o psicólogo a conduzir a videochamada, elaboramos um pequeno roteiro:

1. Conversar com a equipe antes de conversar com a família.
2. Combinar com a equipe qual será o médico que dará a notícia da intubação para a família, quando possível. É importante salientar que o psicólogo pode acompanhar este momento, mas quem dá esta informação é o médico.
3. Certificar-se de que o paciente deseja conversar com familiar ou pessoa de referência para ele.
4. Identificar qual o familiar que realizará a videochamada.
5. Explicar ao familiar, em linguagem acessível, como estará fisicamente o paciente, pois o paciente dispneico pode ser uma imagem assustadora.

6. Combinar com familiares, paciente e equipe o tempo aproximado da videochamada e explicar que, caso a equipe julgue necessário, teremos que interromper mais rapidamente. Quando isso ocorrer, sempre manejar a família explicando qual a necessidade de interrupção. Solicitar que um médico possa explicar a necessidade de intervenção mais rápida, pois a família pode querer entender detalhes mais técnicos.
7. Caso o paciente esteja com muita dificuldade de se comunicar, incentivar a família a dizer palavras tranquilizadoras e reforçar com o paciente que apenas ouça.
8. Acolher e permitir expressões de sentimentos diversos, como choro, que em muitas situações mobiliza a equipe.
9. Permitir a interação e regular intensidades, sabendo que o procedimento precisa ser realizado e que podemos não ter muito tempo.
10. Apresentar, quando possível, a equipe e mostrar o ambiente, pois, provavelmente, a família não vai conseguir estar presencialmente em muitos casos.
11. Perguntar ao paciente como foi a videochamada para ele.
12. Em momento posterior, conversar com a equipe sobre efeitos da videochamada.

Manejo situacional

Dano atual – centra-se na escuta das reações e acolhimento subjetivo. E, o cuidado apoia-se na gestão de crise, com o manejo situacional de acolher a desestruturação, para que não haja a desfragmentação.

A seguir, vamos organizar pontualmente algumas estratégias da Psicologia para tornar o processo de intubação o mais tranquilo possível para o paciente, para a família e para a equipe, ou dito de outra forma, deixar o processo de intubação com níveis de ansiedade toleráveis já que tranquilo talvez não seja o termo mais adequado para classificar a situação.

- Buscar a integração do psicólogo à equipe multiprofissional. Reconhecer as decisões médicas e a forma particular de atuação de cada equipe (que muda a cada troca de plantão). Apesar de ser um profissional estranho na cena, pode também, tornar-se continente da ansiedade da equipe neste contexto. Seu papel deve somar à equipe, introduzindo seu saber e suas ações.

- Conhecer todos os pacientes da Unidade Covid, se possível, e identificar previamente e junto à equipe quais pacientes poderão potencialmente evoluir para a necessidade da intubação
- Acompanhar o médico na comunicação da necessidade da IOT. Seja no comunicado à família, seja no momento da notícia ao paciente.
- Identificar o familiar e orientá-lo a ser o ponto de apoio ao paciente neste momento, sugerindo ações e falas que possam fortalecer o paciente nessa travessia do processo da intubação.
- Identificar dúvidas, separar medos fantasiosos e reais que o paciente possa ter, esclarecendo o que for possível e validando o que é real, acolhendo suas angústias e preocupações. Fazer e intermediar a visita de despedida antes da IOT. Essa despedida poderá ser um até breve ou um adeus e, por isso, devemos entender a delicadeza e a preciosidade do momento. Se a videochamada estiver muito difícil, devido às fortes emoções, ou se o paciente tiver dificuldades em falar, o psicólogo pode ser o interlocutor que organiza o momento, não permitindo que a ansiedade seja extrema ou desorganizadora.
- Conversar com a equipe após o procedimento da IOT, objetivando colaborar para que todos os envolvidos no processo tenham tempo para reorganizar suas emoções e pensamentos para dar seguimento à rotina de trabalho.
- Entrar em contato com a família para ponderar tudo o que foi dito e vivenciado. Realizar a escuta especializada.
- Seguir acompanhando a evolução clínica do paciente, realizando acolhimento aos familiares durante o período em que o paciente estiver intubado.

- Acompanhar o desfecho, se o paciente estiver evoluindo para o óbito.
- Fornecer opções de despedidas aos familiares e, se possível, acolhe-los.
- Se o paciente evoluir para a extubação, avaliar *delirium* e colaborar com ações que organizem tempo-espaço.
- Acolher as histórias vivenciadas pelo paciente neste período, valorizando e acolhendo tanto as memórias de fatos reais quanto as memórias ilusórias.

Devemos considerar a importância da espiritualidade e do suporte espiritual neste contexto. Porém, como nem sempre é possível a presença de um religioso ou capelão no momento próximo à intubação é importante estarmos atentos a essa necessidade do paciente e da família, ficando, assim, em nossas mãos a possibilidade de ressaltarmos a espiritualidade. Sendo o aspecto da transcendência e do significado da vida, que devemos estar preparados para abordar, estando esse, aliado ou não à religião.

Em alguns momentos, somos os "mensageiros" que podem trazer o terço, o véu ou algum objeto importante e significativo, atendendo ao pedido do paciente ou da família. Afinal, estamos dentro do hospital e podemos, às vezes, conseguir prontamente o que nos é solicitado.

Não podemos finalizar esse Capítulo sem falar que somos parte de uma equipe multiprofissional, que atua ou não de maneira interdisciplinar. No momento da pré-IOT, colaboramos com a equipe multidisciplinar presente, ajudando na organização física e trazendo essa postura tranquila que impacta a todos. Quando a equipe observa o acolhimento prestado ao paciente, ela também se sente acolhida, pois sabe que estaremos juntos para compartilhar as dores emocionais e o impacto das cenas comoventes e palavras que muitas vezes escutamos juntos.

Também, é possível fazer escutas pontuais com a equipe para compartilharmos as cenas vividas. Nem sempre isso se dá em reuniões formais. Às vezes, isso ocorre nas trocas de olhares e com poucas palavras; em outras, nos abraços nos corredores, falando da cumplicidade dos momentos vividos.

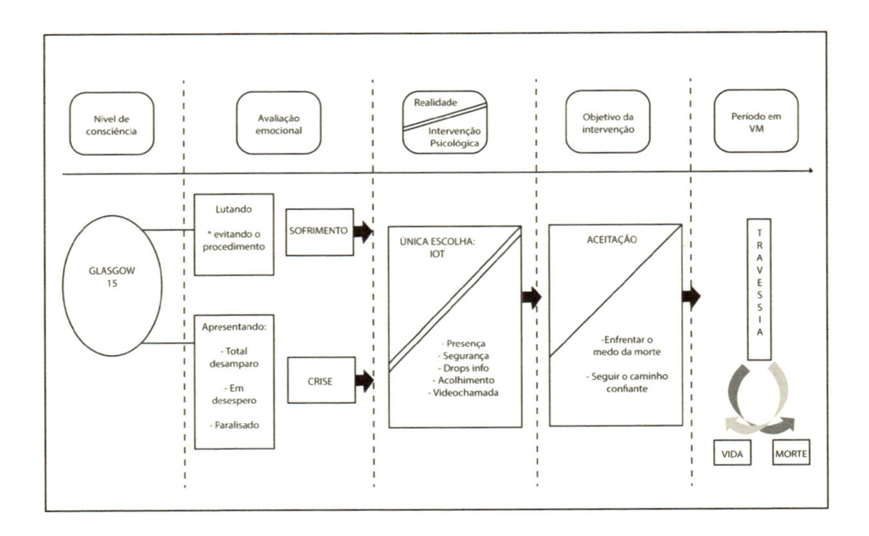

Exemplo de aplicação das técnicas

O nosso paciente, "caso Zero", que instigou toda essa pesquisa e nos inspirou a escrever este livro, foi um marco emocional para todos nós da equipe, mesmo para aqueles que não se encontravam presentes no momento pré-intubação.

No período em que esteve na enfermaria, mostrava-se sério, triste e preocupado, mas respondendo ao que lhe era solicitado, estava relativamente bem e a equipe não percebeu sintomas de tristeza ou preocupação que justificasse uma solicitação para acompanhamento psicológico. Portanto, não houve um pedido formal. Todavia, o paciente foi avaliado por um dos psicólogos que registrou em prontuário que o mesmo estava calmo e tranquilo, com as funções mentais preservadas.

Com o passar dos dias, começou a ficar mais desconfortável e passou a ficar mais tempo pronado, necessitando de mais litros de oxigênio na máscara, e passou a não querer mais fazer videochamada para a família.

Após alguns dias na UTI Covid, continua com a piora da função pulmonar. No dia em que necessitou passar pelo procedimento da IOT, o Serviço de Psicologia foi chamado no período da tarde, pois a equipe identificou que o paciente necessitava da intubação e, desde o início da manhã, recusava-se, ou melhor, lutava para evitar o procedimento. A equipe sabia da necessidade e aguardou o tempo que foi possível, pois não gostariam de executar o procedimento sem a autorização do paciente.

Coleta prévia das informações: Homem, 29 anos, transplantado renal há 7 anos. Ao chegar ao hospital, é internado na enfermaria Covid e, uma semana depois, é transferido para a UTI-Covid. No período em que estava acordado, ficou com o seu próprio celular, comunicando-se com família e amigos. O principal familiar para informações médicas era sua mãe.

Presença: Mesmo sem saber de que maneira poderia contribuir, a psicóloga mostrou-se empática, com atitude ponderada e acolhedora. Fez apenas o necessário e se mostrou presente. Junto com o paciente, aguentou a angústia do inevitável procedimento.

Sentidos aguçados: No momento da chegada do psicólogo, o paciente já estava "entregue", já tinha lutado o quanto fora possível. Já tinha saído da crise, estava no leito, sem outros pacientes no mesmo quarto, com a cabeceira elevada em ângulo de 30°, com a máscara de O_2, mantinha a compreensão preservada. O ambiente estava tranquilo, tinha uma técnica de enfermagem exclusivamente com ele. A equipe estava preocupada por conta dessa recusa, sabia da necessidade e não queria que ele fosse intubado sem que ele aceitasse e permitisse. O paciente não tinha dúvidas sobre o procedimento e a necessidade deste. E, quando perguntado de que maneira a psicóloga poderia ajudar, solicitou a videochamada para a sua mãe, que já tinha sido previamente informada sobre o procedimento.

Avaliação do nível de consciência e do estado mental: O paciente apresentava-se vígil, cansado e sem forças, todavia, com atenção e orientação preservadas. O pensamento mantinha-se organizado, conseguindo responder minimamente, com ansiedade presente, numa mistura de angústia e medo. Sua expressão cansada mostrava entender que já tinha resistido até o seu limite e, que, resignado, aceitava a única opção existente.

Comunicação de más notícias: A notícia foi dada pela médica de plantão, com uma informação padrão, com clareza e objetividade, mas sem a compreensão clara da luta e resistência do paciente quanto ao procedimento.

Drops informativos: Foram fornecidos, em linguagem clara, os *"Drops"*, informando da necessidade do pulmão de mais ajuda do que está sendo ofertado pela máscara e, para isso, há a necessidade do procedimento e, posteriormente, de forma clara, foram dadas as informações mais detalhadas de como é o processo da intubação.

Videochamada: Ao final da tarde de um longo e exaustivo dia, cujo paciente relutou e sofreu emocionalmente para evitar o procedimento, foi realizada uma videochamada. E, quando aceita, já está calmo e resignado. Fala com sua mãe e, inversamente do esperado, é ele quem a acalma, transmitindo paz e confiança. Solicita que a mãe cuide bem da sobrinha, que é alguém que o paciente cuidava como se fosse sua filha. Enfim, foi uma despedida tocante, que trouxe paz a todos.

O atendimento psicológico durou algumas poucas e angustiantes horas no período da tarde. E todos os profissionais envolvidos carregaram consigo as emoções e as reflexões deste momento.

Enfim, pensamos que um esquema gráfico, pode ser de grande ajuda para a compreensão rápida de tudo o que foi descrito até então. Arriscaremo-nos chamá-lo de protocolo. Lembrando que um bom protocolo é como um bom mapa, orienta a caminhada pelo território, aponta direções: "Vá por aqui ou por ali", estabelece sequência de ações, "Primeiro isto, depois aquilo", mas, como todo caminhante já descobriu, o mapa nunca substitui o terreno, há na caminhada algo de existencial que só se dá para conhecer na hora, por isso tomamos o protocolo mais como uma estrela-guia do que como uma receita.

A seguir, apresentamos duas sequências possíveis, dentre tantas outras, para as intervenções terapêuticas.

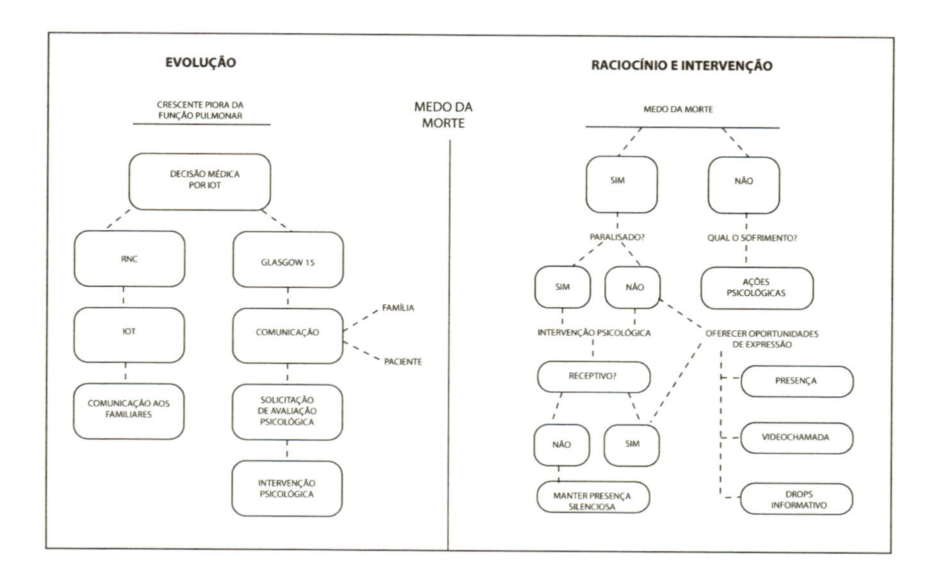

CAPÍTULO 7

Intervenções psicológicas no desmame[1]

Karla Driele da Silva Alves Arruda
Andréa Batista de Andrade Castelo Branco

A ventilação mecânica invasiva é descrita como a causa dos maiores desconfortos nos pacientes internados em UTI, tais como sensação de sufocamento, náuseas e lesões decorrentes do tubo endotraqueal[2]. Pesquisas evidenciam que os pacientes de insuficiência respiratória crônica apresentam mais queixas sintomáticas de psicopatologia que controles congêneres saudáveis[3]. Em outra pesquisa realizada com pacientes internados em UTI, foram identificados três principais fatores estressantes na visão dos pacientes: ver a família e os amigos por apenas alguns minutos por dia, ter tubos no nariz e/ou na boca e não ter controle de si mesmo[4].

Com efeito, a utilização da ventilação mecânica pode ser compreendida como uma experiência perturbadora, que pode provocar

[1] Este capítulo foi uma adaptação do artigo intitulado: **Atendimento psicológico de pacientes com covid-19 em desmame ventilatório: proposta de protocolo**, publicado pelas autoras na revista Augustus em 2020, que concedeu autorização para transformar o artigo em capítulo para a publicação neste livro.

[2] CUNHA, F. A., DE SOUSA OLIVEIRA, A. F. Complicações decorrentes da ventilação mecânica ao paciente de unidades de terapia intensiva (UTI) adulto. **Health Research Journal**,1(1), 138-161, 2018.

[3] MARTINS, A., SILVA, A. I., NÊVEDA, R. Ajustamento psicológico de doentes com insuficiência respiratória crónica em ventilação mecânica domiciliária. **Revista Portuguesa de Psicossomática**, 7(1-2), 125-137, 2005.

[4] BITENCOURT, A. G. V., et al. Análise de estressores para o paciente em Unidade de Terapia Intensiva. **Revista Brasileira de Terapia Intensiva**, 19, 53-59, 2007.

sintomas ansiogênicos[5]. Considerando que este recurso é algo recente na Medicina, a técnica de sua retirada ainda tem embasamento incipiente, o que incita práticas de fundamentação empírica nem sempre eficazes, deixando a desejar na qualidade da condução desse processo, ocasionando o aumento na taxa de falha, morbidade e mortalidade[6]. No campo da Psicologia Hospitalar, mais especificamente, a escassez na produção de conhecimento nessa temática é ainda maior.

Neste panorama, a pergunta-problema que conduziu esta investigação pode ser sintetizada da seguinte forma: "O que pode fazer o psicólogo no momento do desmame ventilatório?". Para responder a esta pergunta, entrevistamos cinco psicólogos, fizemos uma observação participante interventiva com seis pacientes intubados com previsão de extubação ou já em procedimento de desmame ventilatório, internados em um hospital geral público, localizado em município de médio porte da região Nordeste. Ao final da pesquisa, elaboramos uma proposta de protocolo de atendimento psicológico direcionada aos pacientes com Covid-19 em desmame ventilatório. Ressalta-se que esse Capítulo é resultado de uma pesquisa apreciada e aprovada pelo Comitê de Ética em Pesquisa (CAAE nº 83779918.2.0000.5556).

De acordo com os psicólogos entrevistados em nossas observações e intervenções desenvolvidas, constatamos que os pacientes comumente sentiam dor, dificuldade respiratória, medo de morrer, ansiedade, humor rebaixado, confusão mental e agitação psicomotora, sendo a dificuldade de comunicação, decorrente da presença do tubo endotraqueal, um fator que potencializa o sofrimento psíquico.

Diante disso, as intervenções psicológicas mais utilizadas foram a avaliação psicológica (relacionada às posturas frente à doença e hospitalização, formas de enfrentamento e fatores que prejudicam o desmame ventilatório), o fortalecimento de vínculo, o manejo das expectativas e fantasias (sobre o quadro clínico e tratamento), o estabelecimento de estratégias comunicacionais, a prevenção de *delirium*,

[5] ROMANO, B. W. **Princípios para a prática da psicologia clínica**. Casa do Psicólogo, 1999.

[6] VARGAS, M. H. M., SCHERF, M. F., SOUZA, B. S. Principais critérios relacionados ao sucesso e insucesso do desmame da ventilação mecânica invasiva. **Rev. Saúde Integrada**. [Internet], 12(23), 162-77, 2019.

a validação das emoções, a análise da função simbólica do respirador e o desenvolvimento de atividades consideradas agradáveis pelo paciente no momento do desmame ventilatório. As ações visaram ampliar o repertório comportamental dos pacientes e reforçar diferencialmente os comportamentos relacionados à saída do ventilador. Foram desenvolvidas também estratégias para diminuir o caráter aversivo da experiência de desmame para o paciente e um planejamento no sentido de favorecer uma exposição gradativa aos eventos inerentes ao processo de desmame e internação hospitalar, a fim de desenvolver (selecionar, aprender) comportamentos que pudessem ser adaptativos nesse contexto.

Podemos mencionar a necessidade de mediar a comunicação e eventuais conflitos da equipe (especialmente do fisioterapeuta) com o paciente e a família que possam interferir na saída da ventilação mecânica. Em relação aos familiares, podemos mencionar intervenções como acolhimento, análise da dinâmica familiar, estimulação da comunicação e fortalecimento do vínculo paciente-familiar, destacando a importância das orientações sobre motivar o paciente no esforço de sair do ventilador e estimular comportamento empático frente às dificuldades que o paciente pode apresentar no desmame ventilatório.

O protocolo que elaboramos (Figura 1) aponta as intervenções psicológicas que podem contribuir no processo de transição da ventilação mecânica para a respiração espontânea dos pacientes com Covid-19. Não se trata de uma recomendação rígida, visto que cada paciente passa por este momento de forma singular, com suas dificuldades emocionais e com seus recursos de enfrentamento.

O trabalho da Psicologia Hospitalar é acompanhar o paciente em seus percursos e não criar padrões ideais de como enfrentar o adoecimento e suas vicissitudes. Parte-se da hipótese de que um protocolo de atendimento psicológico pode nortear intervenções para facilitar os pacientes a lidarem com os impactos emocionais decorrentes do adoecimento, tratamento, isolamento e hospitalização.

Começamos com a identificação do paciente, seguida das informações mais relevantes sobre o quadro clínico, anotando as eventuais experiências anteriores com hospitalização. Considerando que a comunicação verbal do paciente, recurso habitual da Psicologia, está comprometida ou impossibilitada, levantamos estratégias alternativas ao trabalho verbal. Também é muito importante avaliar as relações do paciente com a equipe da UTI, incluindo médicos, enfermeiros e, em especial, os fisioterapeutas que participam ativamente do processo de desmame ventilatório. Prestamos especial atenção ao repertório comportamental do paciente para identificar dificuldades e facilidades para o desmame. Elencamos atividades que o paciente gostaria de realizar no momento do desmame na tentativa de reduzir o caráter aversivo do processo, e identificamos as motivações, compreendidas como acontecimentos reforçadores mais eficientes para iniciar ou manter os comportamentos favoráveis à saída do ventilador.

Finalmente, chegamos à parte mais relevante do protocolo: a indicação das estratégias e intervenções psicológicas específicas para o momento do desmame. Por fim, fazemos a indicação dos encaminhamentos e a rede de atenção, no intuito de garantir a continuidade do cuidado.

Figura 1 – Protocolo de Atendimento Psicológico para pacientes em desmame ventilatório com Covid-19

1. IDENTIFICAÇÃO Data: ____/____/____ Nome: ____________________ Idade:__________ Prontuário: ____________________________________	
Sexo: ☐F ☐M Ala/leito: ________	Profissão: ________________
Estado civil: ☐Solteiro ☐Casado ☐Viúvo ☐Separado ☐Outro.	
Onde Reside: Com quem reside: ☐pais ☐cônjuge ☐só ☐outros	
Visitas: Nome: ____________________________________ Parentesco: ________________________Data: ____/____/____ Nome: ____________________________________ Parentesco: ________________________Data: ____/____/____ Nome: ____________________________________ Parentesco: ________________________Data: ____/____/____	

2. INFORMAÇÕES PERTINENTES SOBRE O QUADRO CLÍNICO

Data de início dos sintomas da COVID-19: ____/____/____

Data de intubação: ____/____/____

Primeira tentativa de extubação: ____/____/____

Limitações orgânicas do paciente que dificultam a extubação: __________

____

☐ Paciente intubado Data: ____/____/____

☐ Paciente traqueostomizado em desmame ventilatório
Data: ____/____/____

☐ Paciente em uso de ventilação não invasiva (máscara facial, nasal, outros): ____

Fatores de risco de agravamento do COVID-19

☐ Acima de 60 anos

☐ Hipertensão arterial

☐ Diabetes

☐ Doenças Respiratórias

☐ Doença Renal Crônica

☐ Doenças Imunossupressoras

☐ Cardiopatia

☐ Obesidade

☐ Outros: ____________________

3. ESTRATÉGIAS DE COMUNICAÇÃO

☐ Placa de comunicação não verbal

☐ Leitura labial

☐ Aperto de mão

☐ Escrita

☐ Piscar de olhos

☐ Tablet/Notebook/Celular

4. EXPERIÊNCIAS ANTERIORES DE HOSPITALIZAÇÃO

Já esteve internado Quantas vezes: ____________________________

Como descreve a experiência: ________________________________

5. COMPORTAMENTOS RELEVANTES IDENTIFICADOS

☐ Tem fantasias a respeito do desmame ventilatório.

☐ Padrão regressivo (recusa a tomar medicação e seguir o regime da unidade, postura exigente, comportamento dependente, recusa a reconhecer presença de funcionários, finge dormir.).

☐ O paciente atribui o seu desempenho no desmame ventilatório a fatores aleatórios incontroláveis (comportamento "supersticioso", crença em sorte, destino, milagres, etc.).

☐ O paciente tem autorregras, fantasias catastróficas ou expectativas irreais sobre a retirada da ventilação mecânica que podem dificultar o seu desempenho no desmame.

☐ Possíveis funções simbólicas exercidas pelo ventilador:

____

____

☐ Compreende o seu quadro clínico

☐ Compreende o processo de desmame ventilatório

☐ Compreende a necessidade do isolamento de contato

☐ Incômodo em decorrência do tubo

☐ Desconforto respiratório

☐ Sensação de Aprisionamento

☐ Ansiedade

☐ Raiva

☐ Redução do repertório comportamental

☐ Alterações do sono

☐ Agitação

☐ Confusão mental

☐ Medo

☐ Choro frequente

☐ Solidão decorrente do isolamento

☐ Percepção de estigma

6. AVALIAÇÃO DE ASPECTOS INTER-RELACIONAIS

POSTURA DA FAMÍLIA*

Nome e parentesco: ______________________________

☐ Participa do tratamento, tirando dúvidas e solicitando esclarecimentos.

☐ Passivo no processo de desmame ventilatório.

☐ Apresenta conflitos com a equipe.

☐ Apresenta conflitos com o paciente.

☐ Apresenta distanciamento afetivo com o paciente.

☐ Apresenta comportamentos que interferem negativamente no desmame do paciente.

Quais? ____________________________________

INTERAÇÃO COM O PROFISSIONAL DE FISIOTERAPIA

☐ Fisioterapeuta percebe o paciente como poliqueixoso ou muito solicitante.

☐ Fisioterapeuta rotula a família como caso-problema.

☐ Fisioterapeuta apresenta conflitos com o paciente.

☐ Fisioterapeuta apresenta conflitos com a família.

☐ Fisioterapeuta é pouco responsivo às solicitações do paciente.

Obs.: ____

INTERAÇÃO COM OS DEMAIS MEMBROS DA EQUIPE

☐ Equipe percebe o paciente como poliqueixoso ou muito solicitante.

☐ Equipe rotula a família como caso-problema.

☐ Equipe apresenta conflitos com o paciente.

☐ Equipe apresenta conflitos com a família.

☐ Equipe é pouco responsiva às solicitações do paciente

☐ Equipe apresenta medo de contágio, refletindo na qualidade do cuidado.

Obs.: ____

* Preencher esses itens apenas nos hospitais que permitem a visita de familiares aos pacientes com COVID-19.

7. DÉFICITS, EXCESSOS E RESERVAS COMPORTAMENTAIS

DÉFICITS

☐ Expressar sentimentos e emoções (retraimento excessivo)

☐ Emitir solicitações à equipe

☐ Tirar dúvidas com o médico

☐ Interagir com a equipe

☐ Interagir com a família

EXCESSOS

☐ Ansiedade durante o desmame

☐ Taquicardia

☐ Sudorese

☐ Agitação psicomotora

☐ Recusa/resistência ao cuidado ou tratamento

- ☐ Choro incontido
- ☐ Solicitações excessivas à equipe
- ☐ Queixas constantes de dor/ desconforto

RESERVAS

- ☐ Apresenta motivação para sair da ventilação mecânica.
- ☐ Sente-se confiante na equipe.
- ☐ Consegue expressar seus sentimentos e emoções.
- ☐ Comunica-se com a equipe de modo assertivo.
- ☐ Tem habilidades/talentos/ atividades passíveis de serem realizadas no contexto hospitalar em isolamento e que funcionam como intervenção terapêutica.

Quais? ____

SUPORTE FAMILIAR

- ☐ Sente-se amparado pela família.
- ☐ Família tem compreensão do quadro clínico.
- ☐ Família compreende o desmame ventilatório.

Familiar com maior vinculação afetiva
(nome/parentesco): ________________________________

8. CONDIÇÕES QUE DIFICULTAM O DESMAME

- ☐ Insegurança em relação à retirada da ventilação mecânica.
- ☐ Medo de não sobreviver sem o aparelho.
- ☐ Limitação orgânica
- ☐ Existem reforçadores condicionados à manutenção da ventilação mecânica.

Quais? ____

- ☐ Existem reforçadores condicionados à permanência no hospital.

Quais? ____

____

9. ATIVIDADES QUE GOSTARIA DE REALIZAR NO MOMENTO DO DESMAME

- ☐ Desenho
- ☐ Pintura
- ☐ Escrita
- ☐ Ouvir música
- ☐ Ver vídeos
- ☐ Conversar
- ☐ Outros

____

____

____

____

10. ANÁLISE MOTIVACIONAL

Quais dos seguintes acontecimentos reforçadores são, relativamente, mais eficientes para iniciar ou manter comportamentos favoráveis à saída do ventilador:

- ☐ Melhoria da saúde
- ☐ Alívio de desconforto físico
- ☐ Autonomia
- ☐ Manifestações de afeto
- ☐ Aprovação social

Outros: ________________________________

- ☐ Convivência com familiares*
- ☐ Convivência com amigos*
- ☐ Retorno as atividade laborais*
- ☐ Retorno as atividade de lazer*

* Motivadores utilizados apenas com a flexibilidade das medidas de isolamento social decorrentes da pandemia.

11. ESTRATÉGIAS E INTERVENÇÕES PSICOLÓGICAS

☐ Promoção da livre expressão e validação das emoções, proporcionando uma audiência não punitiva.

☐ Ampliação perceptiva do paciente sobre as distorções relacionadas ao processo de desmame ventilatório.

☐ Facilitação da percepção das variáveis que controlam e que mantém os comportamentos que prejudicam o tratamento.

☐ Realização de atividades agradáveis para o paciente durante o processo de desmame ventilatório, sobretudo nos momentos em que o paciente está fora do ventilador.

☐ Reforço de comportamentos que contribuem com o processo do desmame ventilatório em detrimento de comportamentos que dificultam esse processo (reforço diferencial).

☐ Aumento gradual da magnitude dos reforços utilizados para auxiliar a saída do ventilador, de modo a evitar que os estímulos inicialmente reforçadores percam o seu valor reforçador.

☐ Orientação da equipe a respeito da disponibilidade de reforçadores de maneira indiscriminada, condicionando o estímulo reforçador a momentos específicos (relacionados à saída do ventilador ou demais comportamentos assertivos no contexto da internação).

☐ Treino assertivo para substituição de comportamentos problemáticos/ou inadequados no contexto hospitalar (ex.: solicitar os profissionais de forma agressiva ou insistente, quando não há urgência) por comportamentos instrumentais alternativos.

☐ Utilização dos motivadores identificados que estão à disposição do psicólogo/equipe/família para a modificação do comportamento do paciente em prol de sua recuperação.

☐ Comunicação com a equipe sobre os aspectos da avaliação psicológica pertinentes para que possam ajustar suas condutas.

☐ Mediação da comunicação com a equipe.

☐ Mediação da comunicação com a família.

☐ Discussão do caso com a equipe.

☐ Inclusão da família ou da equipe nas atividades propostas pela Psicologia que ampliam o período de tempo sem o uso da ventilação, evitando aglomerações.

☐ Orientação à família sobre a influência dos seus comportamentos no desmame ventilatório.

- [ ] Incentivar a rede sóciofamiliar a realizar teleconferência, enviar cartas ou objetos que representem a conexão emocional com o paciente para fortalecer os fatores protetivos e a motivação no processo de desmame.
- [ ] Orientação à equipe sobre a influência dos seus comportamentos no desmame ventilatório.
- [ ] Orientações sobre o quadro clínico, tratamento, contágio, desmame ventilatório e isolamento de contato, de forma articulada com a equipe.
- [ ] Fortalecimento do vínculo e da confiança entre o fisioterapeuta e o paciente.
- [ ] Prevenção de *delírium* e intervenções no espaço físico (mudança de leito, inserção de objetos com valor sentimental, acesso a relógio, janela, calendário, óculos de grau e objetos ocupacionais, etc.).
- [ ] Favorecer a autonomia, os direitos e as decisões sobre seu processo saúde-doença-cuidado, resolução de conflitos, identificação de desejos e rituais de despedidas adaptadas às restrições do período (presenciais ou remotas), caso o paciente entre em cuidados paliativos.
- [ ] Facilitar a elaboração de luto antecipatório, de luto após a perda e/ou lutos múltiplos.
- [ ] Potencializar formas alternativas e respeitosas para ritualização dos processos vividos.

Outras intervenções: ____

____

____

____

12. ARTICULAÇÕES COM A REDE DE ATENÇÃO

- [ ] Assistência Social
- [ ] Serviços Especializados em Saúde Mental
- [ ] Atenção Básica
- [ ] Outro: ____________________________________

Ressaltamos que os itens não precisam ser preenchidos em atendimento único, uma vez que a avaliação e as intervenções psicológicas são processuais, podendo ser contemplados no decorrer das sessões.

A seguir, serão descritos todos os itens que constituem o protocolo de atendimento direcionado aos pacientes com Covid-19 em desmame ventilatório.

Identificação

Esse item é destinado aos dados de identificação do paciente e a alguns aspectos sociais, como estado civil, profissão e pessoas com quem reside. Comumente, os familiares e amigos se revezam para visitar o paciente, por esse motivo, nesse campo há um espaço para identificação dos visitantes.

É importante mencionar que as medidas de isolamento de contato adotadas no hospital podem restringir o atendimento psicológico de familiares. No hospital pesquisado, devido aos casos de Covid-19, a direção optou por manter acompanhantes nas enfermarias apenas para pacientes maiores de 60 anos e menores de 18 anos. Nas UTIs, as visitas foram suspensas, e os profissionais apenas passam o boletim de cada caso.

Informações pertinentes sobre o quadro clínico

A gravidade do quadro clínico do paciente, a utilização de dispositivos invasivos (tubos, sondas vesicais, sondas enterais) e acessos periféricos são fatores que irão influenciar diretamente na forma como o paciente interage e se comunica com a equipe e a família, como se movimenta pelo espaço, sua autonomia e autopercepção e, de modo mais amplo, a sua percepção sobre a hospitalização. Mais especificamente, alguns aspectos orgânicos como disfunção respiratória, cardiovascular, neurológica e alterações nutricionais aumentam a probabilidade de dependência do suporte ventilatório[7].

O tipo de dispositivo utilizado para auxiliar na respiração do paciente (tubo endotraqueal, dispositivos de ventilação não invasiva como

[7] PRESTO B, DAMÁZIO L. **Fisioterapia na UTI**. 2. ed. Rio de Janeiro: Elsevier, 2009.

máscara facial e nasal, e tubo de traqueostomia, entre outros), além de ser um indicativo do prognóstico, também irá definir a forma como o paciente se comunica, inclusive durante os atendimentos psicológicos.

A identificação dos fatores de risco de agravamento do Covid-19 pode ser mais um indicativo importante na compreensão do quadro clínico do paciente, visto que o psicólogo pode analisar as possíveis fantasias, os mecanismos de defesa e as expectativas de pacientes e familiares sobre o prognóstico. Desse modo, essas informações são fundamentais na formulação de um diagnóstico psicológico e do planejamento terapêutico.

Experiências anteriores com a hospitalização

Espinha e Amatuzzi[8] afirmam que: o estado emocional dos pacientes interfere na condição física, que os aspectos objetivos não se mostram tão relevantes para a qualidade subjetiva da hospitalização quanto o significado da sua vivência e que os cuidados referentes às regras e rotinas hospitalares são recebidos de maneira diversa por cada paciente.

Nesse sentido, as experiências pregressas do paciente com outras hospitalizações podem influenciar na forma como o paciente se comporta diante da repetição desse contexto. Desse modo, é importante investigar a percepção do paciente a respeito dessas experiências, analisar quais comportamentos foram modelados e mantidos a partir dessas contingências, e se eles são adaptativos ou não nas circunstâncias atuais.

Estratégias de comunicação

Devido ao uso dos dispositivos invasivos supracitados, comumente, o paciente se encontra incapacitado de se comunicar verbalmente por meio da fala. Este item descreve estratégias que

[8] ESPINHA, T. G., AMATUZZI, M. M. **O cuidado e as vivências de internação em um hospital geral**. Psicologia: teoria e pesquisa, 24, 477-485, 2008.

podem ser utilizadas para viabilizar essa comunicação, como leitura labial, piscar de olhos e aperto de mão. A placa de comunicação não verbal é um instrumento que contém letras, números e imagens que representam emoções e sensações físicas para facilitar a comunicação. Caso seja possível, o uso de algumas tecnologias (tablet, notebook ou celular) pode ser um recurso a mais para facilitar a comunicação ou até mesmo para permitir o atendimento *on-line* sem situações específicas. Recentemente, o Conselho Federal de Psicologia (CFP) flexibilizou as exigências para o atendimento à distância no período de pandemia do Covid-19, mas reforçou que os casos de urgência e emergência psicológicas devem ser atendidos preferencialmente de forma presencial[9].

Comportamentos relevantes identificados

Neste item, são assinalados os comportamentos relevantes identificados durante os atendimentos dos entrevistados e da residente-pesquisadora que podem prejudicar ou favorecer o desempenho do paciente no desmame ventilatório. Esses comportamentos abrangem desde sintomas físicos e comportamentos públicos, como agitação psicomotora e choro frequente, até comportamentos privados relatados pelo paciente, como pensamentos catastróficos relacionados à retirada do tubo. Para além da função orgânica de auxiliar a respiração, o ventilador também pode exercer uma função simbólica para o paciente de acordo com o seu histórico de seleção e manutenção de comportamentos ao longo da vida. Entender essa função também é importante para compreender as contingências de reforçamento envolvidas na dependência da ventilação mecânica.

Considerando as possíveis repercussões emocionais dos pacientes com Covid-19, é necessário mencionar a necessidade de identificar os seguintes comportamentos que foram incluídos no protocolo: sensação

[9] BRASIL. **Conselho Federal de Psicologia**. Resolução n. 4 de 26 de março de 2020. Dispõe sobre regulamentação de serviços psicológicos prestados por meio de Tecnologia da Informação e da Comunicação durante a pandemia do COVID. Diário Oficial da República Federativa do Brasil, Brasília (DF), 2020 Mar 26; Seção 1:61.

de aprisionamento, solidão, dificuldade de compreender o isolamento de contato, raiva e percepção de estigma no contexto do internamento. Pesquisas evidenciam que sintomas de ansiedade e depressão são comuns nos pacientes em isolamento de contato, principalmente devido ao estigma da vivência de uma doença infectocontagiosa e ao bloqueio do fluxo da interação social, sendo necessário o desenvolvimento de estratégias psicológicas nos níveis educativo, organizacional, estrutural, comunicativo e avaliativo para reduzir os aspectos emocionais negativos[10].

Avaliação de aspectos inter-relacionais

Neste item, o psicólogo deve avaliar a postura da família (apenas nos hospitais que permitem a entrada de visitantes, visto que as restrições são maiores no período de epidemia) e a interação com a equipe multiprofissional, principalmente com o fisioterapeuta, uma vez que participa mais ativamente do processo de desmame ventilatório. É necessário identificar possíveis conflitos ou rótulos que dificultem a saída da ventilação mecânica, pois podem deixar os pacientes mais inseguros. Vale ressaltar que o psicólogo deve ficar atento à eventual manifestação de medo de contágio por parte de algum membro da equipe.

Além de o paciente sentir-se estigmatizado, é possível que o medo reflita na qualidade do cuidado, gerando menos monitoramento, orientações e evoluções diárias[9].

Déficits, excessos e reservas comportamentais

O repertório comportamental do paciente pode ser expressamente distinto, em relação ao que é preciso para um ajustamento adequado às circunstâncias, devido à frequência pouco comum ou

[10] DUARTE, T. D. L., et al. Repercussões psicológicas do isolamento de contato: uma revisão. **Psicologia Hospitalar**, 13(2), 88-113, 2015.

excessiva com que vários atos ocorrem. A identificação desses déficits e excessos é fundamental no diagnóstico comportamental. Simultaneamente, deve-se atentar a respeito da amplitude do repertório comportamental não problemático e a presença de comportamentos que representam características do paciente que podem ser usadas como recursos no tratamento[11].

Este item é destinado aos déficits, excessos e reservas comportamentais que foram elencados no protocolo após análise de dados das entrevistas e do diário de campo. Os déficits comportamentais correspondem a uma classe de respostas descrita como problemática porque deixa de ocorrer com suficiente frequência, com intensidade adequada, da maneira apropriada, ou sob condições socialmente previstas. Ou seja, o repertório do paciente é insatisfatório em relação ao que é necessário para um ajustamento adequado às suas circunstâncias, devido à baixa frequência com que esses comportamentos ocorrem[10]. Um exemplo seria a reação social reduzida (retraimento), que no contexto hospitalar pode implicar em dificuldade para tirar dúvidas com o médico e interagir com a equipe.

Os excessos comportamentais, por sua vez, correspondem a uma classe de comportamentos descritos como problemáticos pelo paciente ou por um informante, devido ao excesso em frequência, à intensidade, à duração ou à ocorrência sob condições em que sua frequência não é socialmente aceita[10]. No contexto da Unidade de Terapia Intensiva, o comportamento de emitir solicitações e reclamações repetitivas e constantes à equipe pode ser considerado um comportamento excessivo do paciente.

As reservas comportamentais são comportamentos não problemáticos. O que o paciente faz bem, seus talentos, comportamentos sociais adequados[12]. O conteúdo de experiências de vida que pode ser utilizado para executar um programa terapêutico é ilimitado[10]. Atividades de lazer que podem ser realizadas no momento do desmame, características do

[11] KANFER, F. H., SASLOW, G. **An outline for behavioral diagnosis**. Behavior therapy assessment, 495-506, 1976.

[12] KOHLENBERG, R. J., TSAI, M. **Psicoterapia analítica funcional**: Criando relações terapêuticas intensas e curativas. ESETec, 2001.

paciente que auxiliam na adaptação ao contexto, presença de pessoas que fornecem suporte financeiro, social, afetivo, etc. Identificar esses recursos é fundamental na construção de um plano terapêutico.

É importante mencionar que devido ao isolamento de contato dos pacientes por causa da Covid-19, as demonstrações de suporte e afeto familiares precisarão ser ressignificadas no contexto hospitalar. Além disso, os familiares que estavam em convívio próximo ao paciente no período do contágio, possivelmente, estarão isolados em domicílio, sendo necessário encontrar outros meios de manter a comunicação e a interação à distância, principalmente nos momentos de desmame ventilatório.

Condições que dificultam o desmame

Algumas características do paciente podem funcionar como entraves para o desmame ventilatório. Alterações no sistema nervoso central, sobrecarga e fraqueza dos músculos ventilatórios, disfunção do sistema cardiovascular e alterações nutricionais contribuem para a dependência da ventilação mecânica[6]. Aspectos psicológicos como insegurança e medo em relação à retirada da ventilação mecânica também influenciam esse processo. Além desses aspectos, é preciso considerar também a possibilidade da existência de reforçadores condicionados à manutenção da ventilação mecânica ou à permanência no hospital como a disponibilidade de atenção e afeto por parte da família, esquiva de atividade laboral ou outro contexto aversivo e cuidados ofertados pela equipe.

Atividades que gostaria de realizar no momento do desmame

No intuito de minimizar as sensações desconfortáveis e os pensamentos aversivos descritos pelos pacientes no desmame ventilatório, algumas atividades consideradas agradáveis pelo paciente podem ser realizadas nesse momento. Devem-se respeitar as recomendações de isolamento de contato no desenvolvimento das atividades. Esse item diz respeito à descrição dessas atividades.

Análise motivacional

Esse tópico tem como objetivo investigar os acontecimentos que funcionam como incentivo para a recuperação do paciente. São os eventos reforçadores mais eficientes para iniciar ou manter seu comportamento, como conseguir reconhecimento, compreensão, boa saúde, aprovação social, controle sobre terceiros, entre outros descritos. É importante mencionar que nos lugares com recomendação de isolamento social pelos gestores e autoridades em saúde pública, alguns itens não poderão ser utilizados como incentivadores.

Estratégias e intervenções psicológicas

Nesse item, o protocolo apresenta um conjunto de possibilidades interventivas que foram consideradas mais frequentes e efetivas pelos participantes da pesquisa junto aos pacientes em desmame ventilatório. A promoção da livre expressão verbal, a validação das emoções e a ampliação perceptiva do paciente minimizam a ansiedade e, consequentemente, facilitam o desmame ventilatório.

O reforço diferencial de comportamentos que contribuem com o processo do desmame ventilatório, orientando de forma adequada a equipe e os familiares, também favorecem a saída do ventilador e comportamentos assertivos no contexto da internação. Realizar treinos assertivos, orientações sobre o quadro clínico e o isolamento, utilizar motivadores e mediar a comunicação entre paciente-equipe-família são, igualmente, estratégias interventivas importantes. Vale ressaltar que o fortalecimento do vínculo e da confiança entre o fisioterapeuta e o paciente pode ser fundamental no sucesso do desmame ventilatório, uma vez que esse é o profissional mais presente nesse processo. Além disso, a UTI é um ambiente propício para o aparecimento de *delirium,* sendo necessário fazer intervenções psicológicas preventivas e algumas mudanças no espaço físico.

Por fim, destaca-se a necessidade de intervenções psicológicas em cuidados paliativos para os pacientes com Covid-19 na fase de terminalidade e seus familiares. A presença desnecessária do tubo endotraqueal e da ventilação mecânica pode ser considerada uma forma de prolongar uma morte agonizante. Nesse sentido, a extubação compassiva (paliativa) pode ser um alívio ao sofrimento do paciente quando a morte é esperada[13]. Esses cuidados exigem uma abordagem especializada para trabalhar o luto antecipatório de familiares e estratégias que garantam a autonomia do paciente nas situações em que ainda se encontra consciente.

As restrições de visitas aos contagiados por Covid-19 têm levado alguns pacientes a vivenciarem uma morte solitária, impondo muitos familiares a conviverem com o dilema de "abandonar" seus entes queridos nos seus últimos momentos, sem a oportunidade de dizer o "último adeus". Alguns hospitais da Itália, por exemplo, têm optado por permitir visitas presenciais, contato *on-line* ou por telefone aos pacientes em terminalidade.

Os empecilhos para a realização de rituais de despedida entre pessoas na iminência de morte e seus familiares, podem dificultar a experiência do luto, uma vez que favorecem um espaço para a comunicação familiar, para a discussão de questões não resolvidas, para o compartilhamento de bons momentos vividos juntos, para os agradecimentos e pedidos de perdão, para os aspectos que estão relacionados à qualidade de morte para os doentes e elaboração do luto para os familiares[14-15].

Tendo em vista que as expressões de afeto e condolências sofrem alterações nesse contexto pandêmico, faz-se necessário o desenvolvimento de estratégias e a construção de formas alternativas para a ritualização desse processo.

Nesse sentido, merece destaque a iniciativa da equipe de saúde mental de um hospital universitário, unidade de alta complexidade da região metropolitana da capital fluminense, que propôs uma mudança nos protocolos de entrega dos pertences às famílias, recorrendo

[13] KOK, V. C. Compassionate extubation for a peaceful death in the setting of a community hospital: a case-series study. **Clinical interventions in aging**, 10, 679, 2015.

[14] CREPALDI, M. A., et al. **Terminalidade, morte e luto na pandemia de COVID-19**: demandas psicológicas emergentes e implicações práticas. Estudos de Psicologia (Campinas), 37, 2020.

[15] LISBÔA, M. L., CREPALDI, M. A. Ritual de despedida em familiares de pacientes com prognóstico reservado. **Paidéia**, 13(25), 97-109, 2003.

ao recurso simbólico da Caixa de Memórias. Trata-se de uma caixa decorada com flores com alguns dos objetos do paciente em processo descontaminação; com uma mensagem de convite para honrar a vida do ente falecido por meio da construção de boas memórias. Este artefato é entregue aos familiares pela equipe, que respeitosamente verbalizam suas condolências, estimulando que o familiar possa proteger as memórias afetivas resultantes daquele vínculo[16].

Embora essas estratégias criativas, alternativas de expressões de condolências, afeto e espiritualidade não sejam substitutivas dos tradicionais rituais funerários[17], podem auxiliar na resolução do luto, à medida que disponibilizam um espaço para a vivência da perda. Cabe salientar a importância de o psicólogo hospitalar acompanhar o desenvolvimento desse luto pós-ritual, para a identificação de fatores de risco para luto complicado e realização dos devidos encaminhamentos[18].

Articulações com a rede de atenção

Os indivíduos que atravessam por emergências na saúde pública podem apresentar níveis variados de transtornos de estresse, mesmo após a cura, a alta hospitalar e ao controle da epidemia[1], indicando a necessidade de garantia da continuidade do cuidado mediante articulações com a rede de atenção.

Considerando os impactos na saúde mental e no âmbito social provocados pela pandemia da Covid-19, o protocolo enfatiza a necessidade de ter o cuidado compartilhado após remissão da infecção

[16] LUIZ, T. D. S. C., SILVA, O. C. D., VENTURA, T. C. C., DRESCH, V. Caixa de memórias: sobre possibilidades de suporte ao luto em unidade de terapia intensiva durante a pandemia de COVID-19. **Revista Brasileira de Terapia Intensiva**, 32, 479-480, 2020.

[17] INGRAVALLO, F. Death in the era of the COVID-19 pandemic. **The Lancet Public Health**, 5(5), e258. 2020.

[18] WANG, C., et al. Immediate psychological responses and associated factors during the initial stage of the 2019 coronavirus disease (COVID-19) epidemic among the general population in china. **International Journal of Environmental Research and Public Health**, 17(5), 1729, 2020.

viral com os serviços da assistência social, principalmente os pacientes com maior vulnerabilidade social (perda de emprego ou de moradia devido às medidas de isolamento social), serviços especializados em saúde mental (manifestação de crises psiquiátricas no período de hospitalização, especialmente comportamento suicida) e atenção básica. Assim, a Psicologia assume o seu compromisso social ao adotar como princípios norteadores de intervenção em crises psicológicas a prevenção, a mitigação e a contribuição no controle do impacto psicossocial da epidemia, bem como fazer o gerenciamento e tratamento de transtornos mentais graves[19].

Os psicólogos hospitalares acolhem a angústia, o desespero e o medo de morrer, de perder entes próximos, de perder emprego ou até mesmo a dignidade. Nos corredores dos hospitais, é possível ouvir também os sussurros ou, até mesmo, os gritos de dor. A dor não se manifesta apenas mediante os procedimentos invasivos, mas por meio da tristeza, da sensação de total perda de controle (às vezes, do próprio corpo), da restrição da liberdade e da privação do afeto.

O sofrimento torna-se quase invisível, pois não é mensurável e não aparece na matemática dos dados divulgados. Em tempos de desesperança, o encontro com o terapeuta pode catalisar transformações, novas formas de lidar com o coletivo, a oportunidade de ressignificar a vida ou ampliar o modo de perceber a realidade. Nesse sentido, o protocolo não pode ser utilizado mecanicamente, desconsiderando as idiossincrasias de cada encontro entre terapeuta-paciente. O protocolo apenas apresenta caminhos possíveis e potentes para sustentar a prática do psicólogo hospitalar, podendo ser aprimorado ou reinventado em pesquisas futuras.

[19] NATIONAL HEALTH COMMISSION OF CHINA. **A notice on the issuance of guidelines for emergency psychological crisis intervention in pneumonia for novel coronavirus infections**, 2020.

CAPÍTULO 8

O desfecho mais indesejado: a morte

Sheila Taba
Aline Vaneli Pelizzoni
Pedro Henrique de Araujo

> *"Para a maioria das pessoas, o amor é a fonte de prazer mais profunda na vida, ao passo que a perda daqueles que amamos é a mais profunda fonte de dor. Portanto, amor e perda são duas faces da mesma moeda. Não podemos ter um sem nos arriscar ao outro [...]"*
>
> (PARKES, 2009)[1].

A intubação deixa de ser um procedimento e torna-se o final de uma história. Este Capítulo é sobre isso, sobre o desfecho mais indesejado de todos, a morte, figura que aparece na cena da intubação impactando a todos: paciente, família, equipe e sociedade.

A morte tem duas dimensões, pelo menos: a de quem se vai e a daqueles que ficam. Para quem morre é um apagar das luzes, apagar da vida, das alegrias, das tristezas e do sofrimento, mas sobre isso nada sabemos.

A visão mais aterrorizante da intubação não pode ser compartilhada, pois não temos o depoimento daqueles que partiram. Se a

[1] PARKES, C. M. **Amor e perda**: as raízes do luto e suas complicações. São Paulo: Summus, 2009.

história é sempre a história dos vencedores, os depoimentos são sempre depoimentos de sobreviventes, mas é tudo o que temos e é exatamente baseado no que nos contam aqueles que viram a morte de perto que podemos especular sobre a morte e o morrer. Aos que ficam restam tristezas, dores, questionamentos e lembranças que mesmo boas doem, e resta principalmente o tempo para seguir vivendo com a falta e a saudade, buscando alguma coisa para preencher o vazio, **um vazio que transborda, que escorre pelos olhos.**

A morte inesperada

No início da pandemia, chega ao hospital uma criança de 10 anos com suspeita de Covid. A sua condição respiratória piora em poucas horas e precisa ser intubada. Ainda sem diagnóstico confirmado, ficou em quarto de isolamento dentro da UTI-Pediátrica, que é um local especialmente preparado para o tratamento de casos graves com profissionais bem treinados, experientes e acostumados a lidar com o risco de morte. Mas neste caso tudo foi surpreendente.

A sintomatologia clínica apresentada não era típica, toda a paramentação da equipe ainda era novidade e dificultava o trabalho e, também, foi inesperada a morte ocorrida no meio do procedimento. Todos os profissionais que participaram do procedimento ficam transtornados e desnorteados.

Sem a possibilidade de abraços devido ao distanciamento físico imposto pelo protocolo de segurança e devendo manter-se de máscara e paramentados, os profissionais estavam se sentindo perdidos, ninguém sabia direito como dar a notícia para a mãe, que tinha ido se refugiar no banheiro durante o procedimento.

Neste contexto, a Psicologia e o Serviço Social foram chamados para o acolhimento e orientações, e nós também não sabíamos o que fazer. Quase todas as possibilidades que pensávamos eram limitadas por um "não". Não poderíamos deixá-la ficar abraçada com seu filho no quarto. Não poderíamos deixar o corpo no quarto aguardando a chegada dos demais familiares que vinham de outra cidade. Não pudemos abraçar aquela mãe. Não pudemos tocá-la, seu cabelo, suas lágrimas, ampará-la num abraço contínuo e nem mesmo tocar em seu ombro. Não poderíamos orientá-la quanto a um velório com todos os familiares e amigos. Não foi possível oferecer um religioso (padre, pastor) para a realização de um ritual espiritual.

Estávamos no início de uma desconhecida e temerosa pandemia. Pudemos oferecer nossa presença, com olhar lacrimejante, pudemos oferecer um papel para enxugar as lágrimas, um chá para aquecer seu coração, enfim, pudemos acompanhá-la para um espaço aberto, sob as árvores e nossa companhia com poucas palavras enquanto aguardávamos a chegada de outros familiares.

Para a família que chegou agitada, a angústia transformou-se em dor, a notícia chega com uma avalanche de emoções. O abraço do grupo familiar ocorreu e foi a maneira como puderam se amparar diante de tal notícia. A nós, coube fazer as orientações práticas de documentos e encaminhamento para a liberação do corpo.

Restou para toda a equipe a sensação de impotência e dor. Soubemos, depois, que a equipe conseguiu deixar junto ao corpo da criança, um terço que a mãe pediu para colocar antes do lacre da embalagem plástica que o corpo foi recolhido e abraçado.

Dias depois, a equipe ainda se encontrava abalada. E numa conversa privativa e desejada, a enfermeira e a técnica contaram sobre o quanto suas vidas pessoais foram abaladas pelo momento.

> Antes da intubação estávamos conversando. Segurei a mão dele e disse que ficaria tudo bem. E, ele morreu! Ele estava com medo e eu prometi que ficaria tudo bem". A enfermeira fala que nunca mais irá fazer o preparo do corpo de um paciente Covid. "Foi horrível ter que limpar com aqueles produtos aquela criança que há pouco conversava com a gente..." "O protocolo (de manejo com o corpo) é triste demais". Colocar num saco, lacrar, colocar em outro saco e lacrar. A reunião foi toda permeada de choro e tremor das mãos que se apertavam e seguravam durante toda a conversa.

O médico também expressou seus sentimentos.

> Cada tomada de decisão minha, muitas vezes baseada na razão e no conhecimento, mas guiadas pela emoção. A todo tempo pensava na minha esposa e nos meus filhos que não tenho contato fazia 12 dias, na dor que é poder vê-los, mas não tocá-los.

> Fiz uma introspecção, meditei, pedi ajuda divina, pois sabia que teria "apenas" uma chance. Sabia que teria que fazer tudo ao meu alcance com a mãe ao lado, sofrendo uma angústia que não tenho palavras para expressar. Não tenho palavras para expressar o meu medo e a minha angústia em todo o cenário. Não tenho palavras para descrever o momento de relatar à mãe que seu único filho estava morto. Não tenho palavras para descrever o que aconteceu com o menino que o levou a um desfecho fatal.

Esse caso marcante e simbólico fez um registro em todas as vidas envolvidas, e nos obrigou a criar maneiras especiais para acolhermos a dor e ressignificar as vidas implicadas. Para finalizar essa história, dentre as orientações repassadas, foi explicada a limitação do velório, mas que a família poderia encontrar uma maneira criativa para que, em outro momento, todos pudessem prestar suas homenagens. E quanto à equipe, fica a força de cada um dos envolvidos para superar suas dores e podermos aprimorar os detalhes dessa assistência.

Nem sempre a morte chega de repente, às vezes, ela se faz acompanhar de avisos premonitórios ou imaginários. Essa proximidade pôde ser sentida pelos pacientes e também por seus familiares, como traz o relato de G., 19 anos, filha do paciente L., 61 anos:

> "Tem uma passagem que o meu pai conta que ele estava inconsciente, ainda, foi no período em que ele ficou em coma induzido, aí ele teve uma visão, onde ele fala que percebeu que estava no inferno e lá ele via uma placa escrito o nome dele: L.C.D., hora da morte, meio-dia. Nisso, passou o tempo e ele viu que começou um burburinho entre as pessoas que estavam por lá e, pra ele apareceu um irmão da igreja, conhecido aqui, e falou assim: "Ué, mas já não era pra você ter morrido? Já é meio-dia e meia e você ainda não morreu". E, quando o pai contou isso pra gente. Como nós somos da igreja, sempre associamos as coisas assim, né?! E, assim, a gente associou logo de cara, a gente já lembrou. Tal dia você fez a traqueo. E foi bem nesse horário que você fez a traqueostomia, porque o procedimento era para ter sido feito pela manhã, atrasou um pouco e foi feito ao meio-dia e, durante o procedimento, houve uma complicação. Ele teve um pneumotórax, foi demoradinho pra reverter e, naquele dia a gente demorou pra ter notícias também, aqui em

casa. Nesse horário do meio-dia, eu e minha mãe nos olhamos e sentimos uma angústia. Olhamos uma para a outra e falamos, alguma coisa está errada com o pai. Aí a gente orou, como a gente sempre fez durante essa trajetória. Oramos até acalmar aquela angústia. E quando foi à noite, os médicos ligaram pra gente, dando notícias de que, bem nesse horário do meio-dia, que a gente orou, que ocorreu".

A morte no hospital

Morrer no hospital traz à tona a ideia de afastar a morte do cotidiano, distanciá-la da vivência da família, evitando a dor. Mas, em tempos de Covid, muitas outras inquietações surgem diante desse fato.

O impacto da morte devido à Covid vai além da morte por uma doença contagiosa e inesperada. As famílias que perderam alguém para a Covid ainda sofrem os desdobramentos de novos protocolos de óbito, desde o ambiente hospitalar até a despedida final, nos velórios e enterros. A crueldade em morrer pelo vírus e em sobreviver à despedida contida, limitada e quase inexistente.

O distanciamento social do paciente Covid é um imperativo para o controle da pandemia, fazendo com que nesses difíceis momentos vividos, a família do paciente internado não esteja presente. Assim, se a morte chega nesse contexto, o aconchego e o afeto da família só podem ser permitidos com o devido distanciamento, ainda que haja a abertura da instituição para poucas visitas presenciais.

Depois de constatado o óbito, a forma de manejo com o corpo e o velório do paciente passam por orientações que vem do Ministério da Saúde, e vão sendo instituídos protocolos específicos em cada instituição e município. Tais protocolos são detalhados e visam a não propagação do vírus e a contenção da pandemia, visto que os protocolos de biossegurança orientam que os mortos devem ser encaminhados para o velório em saco plástico lacrado e caixão fechado. Quais os recursos criativos que o profissional pode desenvolver e deixar previamente organizado para a realização deste momento, junto ao paciente Covid, que está distante da família e sem grandes oportunidades de despedida?

Assim, o corpo será "entregue" para a família fechado em sacos e com a urna lacrada. A frieza reina no momento do adeus. A orientação atual é para um velório breve, com poucas pessoas e caixão lacrado. Quanto vazio fica nessa despedida dolorosa.

Observamos que ao longo destes quase dois anos de pandemia os protocolos foram se modificando e adequando as descobertas sobre o comportamento do vírus, mesmo com a manutenção de protocolos de óbito, ainda assim, há uma mudança significativa no contato familiar com o paciente em seu leito de morte e após o óbito, muito diferente do início da pandemia, tomada pelo medo e o desconhecimento.

Rituais de despedida

A morte de um paciente no hospital requer que sejam encontradas ações que ofereçam oportunidades de subjetivação que possibilitem conforto aos que estão partindo e, ao mesmo tempo, forneçam uma conexão com os familiares que não podem estar presentes.

O serviço de Psicologia Hospitalar precisa encontrar ações criativas para prevenir lutos complicados, os quais podem ser propiciados pelas condições que essa morte chega e pela maneira como são oferecidas, ou não, uma aproximação família-paciente e rituais que possam trazer conforto espiritual.

Por vezes, é possível que algum familiar venha para uma despedida presencial, ou mesmo, por uma videochamada de despedida. É possível atender a pedidos da família quanto a trazer objetos com significado ritualísticos, como véus, terços ou pequenos objetos significativos. E a equipe pode, respeitosamente, cumprir a solicitação.

Foi percebido que nem sempre havia tempo necessário para cumprir os desejos da família, e a equipe resolveu criar "kits" para esse momento, onde foram arrecadados terços e feitas impressões de orações que pudessem ser deixadas junto ao corpo do paciente quando a família, assim solicitava. Foi possível observar o contentamento da família quando lhes eram oferecidas essas oportunidades ritualísticas. Inclusive, por vezes, os membros da equipe da assistência fizeram orações junto com a família que estavam em videochamadas ou aguardavam os hinos de louvor cantados pela família.

Com esse mesmo propósito, de servir como um ritual de despedida, alguns familiares se propuseram a enviar cartas aos seus entes queridos, cartas escritas à mão, mensagens de áudio ou digitadas no aplicativo de mensagens, que puderam ser lidas ao paciente ou colocadas para serem ditas ao pé do ouvido, como conforto. Afinal, enquanto há vida há possibilidade de se dizer muito.

Mesmo após o desfecho indesejado, podemos falar palavras respeitosas e significativas para encerrar o ciclo de atendimento. Ainda que nem o paciente e a família possam ouvir, nós, profissionais da Psicologia, demonstramos nosso respeito e ética profissional por meio das palavras proferidas. A dignidade e o afeto perpetuam-se.

Despedir-se de quem se ama é sempre triste e desolador. Despedir-se por chamada de vídeo, como última e única forma de ver o rosto de quem se ama é [...]. Em meio à pandemia, esta é a realidade de muitas famílias, que deixam seus entes queridos, com vida apesar de frágil, nos hospitais e que um, dois meses, ou mais, não tem a possibilidade de vê-los novamente.

Neste cenário, as chamadas de vídeo têm mediado e aproximado familiares e pacientes. Sobre a organização de momentos de despedida virtual, será feito, a seguir, o recorte de um atendimento de visita de criança à UTI como potencial despedida.

Antes disso, é importante esclarecer que a visita de criança à UTI é entendida, na unidade hospitalar, como um elemento que gera conforto e inclusão da criança e tem potencial benéfico para a vivência da criança na recuperação ou na perda do seu ente querido[2].

O paciente de 53 anos é um homem, trabalhador da área da saúde, em estado grave, em ventilação mecânica. A esposa havia feito uma única visita presencial (liberada em casos muito graves e com avaliação prévia dos riscos e benefícios) e solicitou uma visita virtual para a filha de 10 anos. O atendimento teve algumas "etapas" anteriores à visita, com atendimento à mãe e posterior à criança.

Foi realizado atendimento *on-line* com a mãe da criança, para coletar algumas informações relevantes, quais sejam, quanto de

[2] TABA, S. **Visita de criança em Unidade de Terapia Intensiva:** elaboração de protocolo. 106 f. Dissertação (Mestrado em Psicologia) Pontifícia Universidade Católica de São Paulo, São Paulo, 2012.

informações a família estava oferecendo, como era a relação entre pai e filha, explorado um pouco sobre o jeito de ser da criança, suas reações em circunstâncias difíceis, experiências anteriores de hospitalização e de perdas significativas. A partir disso, foi questionada sobre reações esperadas da criança, possíveis perguntas e, em construção conjunta, quais as respostas possíveis para o momento. Todo este cuidado foi tomado tendo em vista, que pela dificuldade em se falar com crianças sobre morte, os familiares, por vezes, tentam amenizar e desconsiderar os sentimentos dela.

Alguns familiares ou leitores podem se questionar se o momento de final de vida é uma cena adequada para uma criança, considerando que a situação traria muito sofrimento para ela. Isso não é o que observamos na história e muito menos na prática. Se retornarmos alguns séculos na história humana, perceberemos que, anteriormente, os finais de vida ocorriam nas residências das famílias, onde a pessoa se encontrava cercada de familiares e inclusive de crianças.

A mudança na visão em relação à criança e à sua exclusão desse momento importante ocorreu de maneira lenta durante o passar dos anos e se intensificou com a mudança do local de morte, na qual o lugar para o final de vida passou a ser o hospital. É importante que a criança retorne para esse momento, visto que a despedida para o infante e a validação de seus sentimentos é de suma importância para a sua elaboração do luto. Sobre este tema, Taba[2] esclarece que a visita da criança à UTI tem por objetivo ampliar as informações e diminuir as fantasias, que por vezes, têm maior impacto do que a realidade. Além de ter potencial para instrumentalizar e mobilizar recursos emocionais para o enfrentamento, para o aumento de competências sociais e resiliência.

Este é um momento essencial para orientar o familiar a acolher os sentimentos e reações de modo proporcional ao que está acontecendo. É importante que ela sinta que seu sofrimento é visto e é validado por aqueles que ela ama.

No caso em relato, tivemos ainda o cuidado de observar se o pedido era um desejo da criança ou uma demanda da família. Por fim, solicito que a mãe informe que antes da visita ela irá conversar com o psicólogo, e também pedimos que a mãe avisasse a filha sobre o que ia acontecer.

Na videochamada, eu converso primeiro com a mãe, depois me apresento para a criança, pergunto se sabe o motivo da nossa conversa e se sabe o que faz um psicólogo. Essa pergunta é relevante para darmos o tom ao que será dito, afinal, falarmos que estamos ali para escutar e acolher dá espaço para manifestações psíquicas. Esse atendimento *on-line* foi realizado em ambiente calmo, individual, sem o uso da paramentação, inclusive sem a máscara, para que ela também pudesse fazer uma leitura no outro sobre o que ela dizia.

Os objetivos centrais desse primeiro contato foram conhecer a criança, estabelecer algum tipo de vínculo e, principalmente, escutá-la sobre quais informações tinha a respeito do estado de saúde do seu pai, se havia escutado de algum familiar a possibilidade de morte iminente e se a imaginava, ou se acreditava que logo ele iria se recuperar; qual o conhecimento do lugar em que ele estava, como estava sua aparência. A partir disso foram trabalhadas as questões fantasmáticas, aproximando a realidade de acordo com as informações da criança, com a sua idade e pela avaliação prévia da condição cognitiva de abstração, bem como sua condição emocional para suportar esta experiência.

Neste primeiro momento com a criança, avaliamos seu estado mental, observamos algumas características pessoais. Busquei compreender a relação dela com o pai e qual o tipo de vínculo formado entre eles, pesquisei suas experiências anteriores de perda ou de intenso sofrimento emocional para conhecer sua reação, seus sentimentos e seu modo de enfrentamento de tais situações. Neste ponto, utilizamos a teoria sobre os padrões de apego e de luto[3-4].

Esses preparativos nos deram condições de pensar junto com a criança se ela realmente quer fazer a visita. Concluímos que a visita realmente era um desejo dela e partimos para uma construção sobre o que seria dito. Tendo em vista a possibilidade de ser esta a última vez que veria o rosto de seu pai, a criança foi estimulada a pensar o que diria a ele sobre seus sentimentos, a importância dele para ela,

[3] BOWLBY, J. **Apego e perda: tristeza e depressão**. 3 ed. São Paulo: Martins Fontes, 2004.

[4] PARKES, C. M. **Amor e perda**: as raízes do luto e suas complicações. São Paulo: Summus, 2009.

sobre coisas da rotina que ele provavelmente gostaria de saber, não só de cobranças diárias sobre tarefas, mas também sobre brincadeiras e coisas agradáveis que estava fazendo. Ficou combinado com a criança e com a mãe que eu iria fazer outra chamada de vídeo já paramentada e na UTI. Este foi um tempo de espera para assentar o que foi dito, e também, para reafirmar ou desistir da visita.

Já na UTI, no quarto do paciente, observei o ambiente e a situação, considerei se o paciente estava estável, a sua posição no leito, os dispositivos que estavam pelo seu corpo, sua aparência, e também considerei a possibilidade de intercorrência do paciente que estava no leito ao lado. A chamada foi iniciada com a explicação sobre a paramentação, sobre a diferença do ambiente, sobre os sons emitidos pelos equipamentos, e avisei a possibilidade de termos que encerrar rapidamente a chamada por causa da intercorrência e da necessidade de sair do quarto.

O paciente estava em um leito frente à janela, essa foi a primeira característica do ambiente a ser mostrada pela tela, depois o posto de enfermagem, em frente ao quarto. Reafirmando a visita, foram mostrados primeiro os equipamentos ao lado do leito e combinado que inicialmente a câmera iria mostrar seu pai de longe, aproximando aos poucos, e quando ela dissesse para parar seria respeitado.

Neste momento, estar atento às reações sejam falas, expressão facial, choro, recusa no olhar, etc., nos orientou no manejo e na organização da visita. Com esta criança, no primeiro olhar sob o seu pai acarretou choro e muita emoção, essa reação foi validada e acolhida por causa da dificuldade da situação. Em seguida, foi resgatado o que havia sido identificado importante a ser dito. Essa mediação e organização objetiva do ambiente e da fala resgatam os objetivos da visita, organiza o pensamento e aquieta as emoções, em certa medida que não sejam desorganizadas, para que a visita possa continuar.

Para que a pessoa se autorize a falar, pensando que o paciente está sedado, sem condição de ouvir, dizemos que o fato de não estar acordado, ouvindo e respondendo, não significa que não possa "escutar com o coração". Esse movimento produz a sensação de alívio da tensão de falar com alguém sem ter uma resposta.

Mesmo com a intensidade dos afetos, a criança pôde dizer ao pai coisas importantes para ela, como seu desejo pela recuperação dele, das preocupações e tristeza de tê-lo longe de casa. Mas, também, sobre situações cotidianas, como o que aconteceu no novo episódio da série que assistiam juntos, das tarefas de escola que estavam sendo feitas e de algo tão singular e motivo de emoção dito por ela "Pai, eu tô usando o chinelo", em meio às lágrimas, "Ele dizia que ia colar meus pés no chinelo", essa última frase inesperadamente gerou um breve riso seguido de um belo sorriso e da fala orgulhosa "Ele vai gostar de saber que estou usando os chinelos". Apesar de ser um momento doloroso, afinal, tratava-se de uma provável despedida, a visita teve momentos um pouco mais "leves" com as falas da criança. Nestas falas, e na possibilidade de ver o familiar que observamos a despedida, a produção de um registro simbólico, sobre os últimos momentos junto ao seu pai.

Ao final da visita virtual, nos autorizamos a falar em nome dele sobre a importância da filha para ele e da visita: "Estamos vendo o quanto você ama seu pai, senão não estaria triste assim, com certeza ele também te ama muito." [...] **Em nome do amor, do laço entre eles e para a elaboração do processo de luto.**

Após a visita, colocamo-nos a ouvir suas impressões, dúvidas e nos colocamos à disposição para a criança. Para a mãe foram feitas orientações para observar comportamentos diferentes dos esperados para o momento e reações emocionais desproporcionais. Após todas as intervenções psicológicas possíveis, o desfecho previsto se concretiza: o paciente morre. Fica para a equipe da Psicologia a sensação (de paz) de realização do possível: acolhimento, organização, respeito e afeto.

Os rituais de despedida são sempre os possíveis para o momento e fundamentais para a construção simbólica. De fato, a perda de alguém significativo reflete na perda de parte de quem ficou, seja pela mudança da rotina, do compartilhamento de planos, interrupção do futuro, etc. Significar a perda exige muito trabalho psíquico e, ao longo do processo de luto, os rituais de despedida dão suporte para a construção de um novo significado.

Luta e Luto

Existe uma demanda muito peculiar neste tempo de Covid: como comunicar ao paciente internado a morte de outro familiar? Ele está lutando pela sua vida e, ao mesmo tempo, terá que fazer o luto de alguém querido que faleceu devido à Covid no mesmo hospital ou em outra unidade de saúde. Segundo Simonetti[5], luta é tudo aquilo que fazemos para mudar uma situação indesejada, e luto é tudo aquilo que fazemos para lidar com uma situação que não pode mais ser modificada. Pois bem, esta é uma tarefa dupla que se apresenta a alguns pacientes internados devido à Covid-19. Deve ou não esse paciente ser informado da morte de um ente querido?

A tomada dessa decisão é compartilhada pela equipe multiprofissional e pela família que, juntos, avaliam os benefícios e a necessidade das informações no momento. A equipe médica e de enfermagem precisa fornecer informações clínicas do paciente (estabilidade clínica, *delirium*, sonolência, procedimentos agendados), a família precisa trazer informações quanto às relações entre o paciente e o familiar falecido e se o paciente tem informações prévias para que a notícia seja relativamente prevista.

O psicólogo hospitalar avalia o paciente quanto às suas condições emocionais para receber essa informação neste momento e orienta o familiar em como dar a notícia. É necessário organizar o local, o momento e estar presente para o acolhimento posterior.

O caso que pode servir de exemplo nesta situação é de um paciente internado, que vinha se recuperando bem e já se encontrava fora dos tubos, necessitando de pouco auxílio de oxigênio em máscara. Ele seguia internado e com seu celular em mãos. A família, os filhos, a esposa e a mãe procuraram o hospital para fazer o comunicado da morte do pai do paciente, vítima da Covid, que estava internado em outro hospital. O filho do paciente se mostrava muito preocupado com a possibilidade do pai tomar conhecimento desta triste notícia por informações precipitadas de terceiros por meio das redes sociais. Em meio às informações trazidas, chama a atenção que nas últimas duas semanas houve quatro óbitos de familiares próximos que também foram vítimas da Covid.

O serviço de Psicologia acolhe os familiares, faz as orientações de como seria dada a notícia ao paciente e solicita que a família aguarde para que o paciente seja avaliado e o comunicado possa ser feito.

[5] SIMONETTI, A. **Manual de Psicologia Hospitalar:** o Mapa da doença. Belo Horizonte: Artesã, 2018.

Nesse tipo de situação, é comum que a família procure a Psicologia acreditando ser nossa responsabilidade o comunicado do óbito. Contudo, sempre nos colocamos dispostos a estar presente no momento, mas deixamos claro que é melhor que a notícia possa ser dada por alguém que compartilhe dessa dor. Com esta família não foi diferente.

A princípio, questionamos quem eram as pessoas mais próximas do paciente e com mais condições de lidar com essa difícil situação naquele momento. Identificado quem iria fazer esse comunicado, a orientação foi para que a condução do comunicado fosse feita de forma direta, acolhedora e verdadeira, sem meias palavras ou que deixassem dúvidas sobre o que fosse dito.

Nesse momento, também identificamos alguns elementos de fantasia associados à hospitalização e o medo de piora do paciente devido à notícia, citando caso análogo em que o medo da família em contar sobre a morte de um ente querido era de que o paciente pudesse ter um agravamento neurológico e ou "rebaixamento de nível de consciência" e não voltasse ao seu estado normal. Fantasias, assim, circulam nesse cenário, unidas ao sofrimento da perda.

Ao chegar ao quarto do paciente, foi observado que nele havia outros dois leitos: o do paciente ao lado, com consciência preservada, atento à minha presença, e do outro paciente, que se encontrava dormindo.

A família aguardava a chamada de vídeo do lado de fora do hospital. A expressão do paciente ao ouvir a minha apresentação mostrou estranhamento e sutilmente seu conhecimento sobre o que viria, afinal ele estava quase de alta hospitalar, não tinha uma demanda específica para o meu trabalho. Faço uma avaliação breve sobre seu estado mental, orientação alo e autopsíquica, estado de humor para "concluir" se este era o melhor momento. A partir disso, anuncio que estava ali para conversar coisas difíceis e que para isto faria uma chamada de vídeo com seus familiares. De imediato, o paciente diz: "É sobre o meu pai?! Ele não estava bem [...]". Na videochamada com o filho, de forma direta e acolhedora, vem a notícia de que há pouco o seu pai havia morrido. São trocadas algumas pequenas frases entre eles, a notícia do óbito de imediato impacta, é esmagadora e não permitiu muitas reações, é como se por alguns instantes o tempo parasse e não houvesse nada a mais. Foi exatamente assim que aquele paciente agiu após a notícia, com as emoções embargadas e a descrença, afinal, justo seu pai que se cuidava tanto, após tantas perdas da família. Mal sabia ele que ainda havia outras mortes que não lhe havia sido comunicadas.

Após acolher, validar e realizar algumas orientações ao paciente sobre a elaboração do processo de luto, com rituais posteriores de despedida, foi solicitado à equipe se ele poderia ter alta para participar da curta cerimônia de despedida, mas o vírus ainda estava ativo em seu corpo causando alterações que necessitavam de acompanhamento médico, sem possibilidade de alta hospitalar e sem velório. Em algum momento do atendimento, após a notícia, o paciente comenta sobre a lembrança da última vez em que viu o rosto do seu pai e como foi trágica a doença e a notícia nessas condições.

O impacto na equipe

Intubar um paciente Glasgow 15, ou seja, que está consciente, que conversa, que expressa sua aflição em palavras e olhares, é emocionalmente mobilizador para o médico e toda a equipe que sabe que a morte pode ser o desfecho desta história.

> É uma decisão nossa, a gente que está causando aquilo (a intubação), a gente que está causando aquela despedida (videochamada), mas é algo que tem que se fazer, porque se a gente não fizer, ele vai morrer de hipóxia, ele vai morrer de parada respiratória, então, a gente tem que fazer algo. A gente não pode deixar. (E.C., médica, 29 anos).

A imagem do médico como um ser frio e racional calejado pela convivência cotidiana com a morte e que não se emociona não corresponde mais ao que se vê na cena hospitalar atualmente. Muitos médicos trazem em seus relatos sobre a intubação a angústia e a vontade de chorar. A Dra. A. diz "Então, eu deixo o celular com ele (paciente). Tenho que sair, senão eu choro junto.".

Enquanto profissional da Psicologia, tentamos acolher, no paciente, na família e na equipe aquilo que nem sabemos se é possível ser abarcado. Todavia, nosso saber, e talvez nossa presença, mais que tudo, parece contribuir com a emergência da força necessária para o enfrentamento da intubação, pelo menos é nisso que acreditamos.

Mesmo depois de constatado o óbito, trazemos de volta as expressões deixadas por aqueles que se foram, dando voz a eles para a família ouvir. Por exemplo, ao contarmos ao esposo que sua esposa pôde comer sua fruta predileta momentos antes de partir e deixar claro para ele que o cabelo dela estava arrumado do jeito que ela queria, traduz-lhe a delicadeza na qual ela foi tratada e viveu seus últimos momentos.

Como aqueles que partiram não podem contar o medo que tiveram e nos ensinar o que poderíamos ter feito de melhor, fica nas nossas reflexões as possibilidades de aprendizado e aprimoramento. E, em meio a essas reflexões, sobressai a importância de validar esse medo, que pode chegar à forma de intuição da passagem que se aproxima.

Como o paciente, que apresentava evidente melhora, e a equipe já se via organizando para a alta, ele pede, dissonante com o momento, chamada de vídeo para todos os filhos e se despede de cada um. A atitude gerou estranheza e se cogitou *delirium*, confusão mental, mas nenhum desses diagnósticos era pertinente. Restou, apenas, a estranheza. Dias depois, o paciente apresentou piora do seu quadro clínico e evolui rapidamente a óbito.

É provável que não existam palavras suficientes para falar dos aspectos subjetivos e ocultos desse portal, pois, mesmo em situações que oportunizamos essa conversa, a expressão mais profunda não vem à tona. Talvez, apenas desejos objetivos e questões práticas como contas e finanças.

O que se aprende com a morte?

Para começar, é preciso dizer que esta é a lição que não queremos aprender, mas nem sempre foi assim. Rubem Alves nos lembra que ...

> [...] houve um tempo em que nosso poder perante a morte era muito pequeno. E por isso, os homens e as mulheres dedicavam-se a ouvir a sua voz e podiam tornar-se sábios na arte de viver.
>
> Hoje, nosso poder aumentou, a morte foi definida como inimiga a ser derrotada... de conselheira sábia transforma-se em inimiga que nos devora por detrás.

> Acho que para recuperar um pouco da sabedoria de viver, seria preciso que nos tornássemos discípulos e não inimigos da Morte. (Rubem Alves, 1991)[6].

A morte é a morte, um acontecimento natural, ela não quer ensinar nada a ninguém, ela não é professora; nós humanos é que queremos aprender algo com ela, ou não. Neste sentido, a morte, ou mais exatamente o luto, pode ser a possibilidade de um reencontro consigo, com a sua existência, com seus desejos e valores. Dar um significado a uma perda exige mergulhar em si, nas coisas em que se acredita, no modo de vida e de sentir. É transformar o sentido de viver e apreender que esta é a garantia da vida, que tudo que vive um dia morre.

O luto é assim, só depois de muito tempo com tudo parecendo sem cor e sem sentido é que começa a surgir lá no mais profundo do nosso ser a percepção de que valeu a pena cada instante da presença e, que mesmo após a morte, a lembrança e o amor se fazem presentes. Então, o que se aprende com a morte? Para além da castração, da compreensão dos limites da vida, está o que e como se vive esse curto espaço de tempo. Diga-se de passagem, que o tempo nunca é suficiente quando amamos, sempre queremos um pouquinho a mais.

Com a morte, é possível apreender que nada tem valor maior do que o amor e o carinho que dedicamos àqueles que são importantes para nós. Diariamente, nos despedimos dos nossos amores sem nem saber, e por um instante, um fio de vida, a morte chega e o último abraço foi aquele, dado às pressas. Mas que se fosse lento e longo, também não ia diminuir a dor da perda, da despedida. Dizem por aí, que a dor é do tamanho do amor e essa é a garantia de que amamos muito.

Historicamente, a relação do ser humano com a morte e os movimentos ritualizados que ocorrem no final da vida advém de uma relação intrínseca à cultura na qual este sujeito está inserido, recebendo diretamente dessa história as suas variações. Se observarmos a história dos povos egípcios, descobriremos que no momento de seus rituais, a pessoa falecida era enterrada junto aos seus pertences, para que isso

[6] ALVES, R. A morte como conselheira. In: CASSORLA, Roosevelt M. S. (Coord). **Da morte**. Campinas: Papirus, 1991.

mantivesse a sua felicidade. Nos rituais hebreus, acreditavam que os restos mortais não deviam ser tocados por se tratar de um ato imoral. Um exemplo de adaptação e mudanças nos rituais ao longo dos anos pode ser encontrado nos rituais realizados pelos antigos índios americanos, que na ocasião de um falecido, ao qual consideravam ser um espírito do mal, atiravam flechas ao ar no momento ritualístico para que esse se afastasse. Atualmente, há uma prática de similar simbologia nos funerais de militares: a salva de tiros.

Quando tentamos compreender a relação humana com a morte, pode parecer à primeira vista que esse fenômeno sempre foi abominado pelo ser humano. Ao pensarmos essa questão pela via psicológica, e principalmente psicanalítica, pode ser que identifiquemos que esta seja uma suposição correta, tendo em vista que para o inconsciente é inconcebível a morte de si mesmo. Aprofundando nesta explicação, segundo o proposto por Freud[7], o inconsciente é incapaz de reconhecer a negações e, devido a essa impossibilidade de imaginar a própria morte, temos a concepção de uma ideia de imortalidade. Ao pensarmos no tema da morte, somos inseridos como figurantes, vítimas de algo exterior. Podemos teorizar que este seja o fator que proporciona a dificuldade aparente nos pacientes em nomear significantes do medo em relação à morte, visto que esse significante é inexistente no inconsciente humano.

No texto de Freud[7] sobre a transitoriedade, a fragilidade humana na relação com a morte é descrita o nosso desejo pela imortalidade, que expõe, a céu aberto, a dolorosa realidade e a tentativa de fuga do que nos é inevitável.

Na pandemia, muito se falou "não é só um paciente, é o amor da vida de alguém", e ao falarmos do amor de nossas vidas aproximamos a morte e o luto de nós. Foi raro quem não conhecesse alguém que morreu de Covid, o que choca, desola e estampa a dura realidade da morte a todos e, por consequência, convoca-nos a repensar o luto, a elaboração dele.

[7] FREUD, S. Reflexões para os tempos de guerra e morte. In: **Introdução ao narcisismo**: ensaios de metapsicologia e outros textos (1914-1916). Souza, P. C. (Trad.). Vol. 12. São Paulo: Companhia das Letras, 2010.

Freud nos lembra ainda, no mesmo texto de 1916, que "para o psicólogo, porém, o luto é um grande enigma, um desses fenômenos que em si não são explicados".

Talvez, por isto, ele tenha dito em páginas anteriores que o valor da transitoriedade é o valor da raridade no tempo. E a partir disso sustentamos o nosso trabalho na importância do que se vive[7].

No atual contexto da pandemia do Covid-19, a temática da morte se tornou escancarada e invadiu ainda mais a mídia e o cotidiano mundial, naturalizando, de certo modo, o falar sobre a morte e o morrer. Visto que a temática no campo teórico era reconhecida como um tabu do século devido à atitude humana que ocorria até o momento de interditar a morte, quer dizer, excluí-la das conversas e negar os sentimentos relacionados, algo impossível no momento atual.

Nesses tempos de pandemia, não é "apenas morrer", mas como foi a descoberta da infecção por Covid, o período de adoecimento, a hospitalização (aos que tiveram essa oportunidade de lutar pela vida em um leito hospitalar), a morte e o pós-morte.

Quero chamar a atenção para a informação e peculiaridade de morrer muitas vezes muito longe de casa, isso mesmo! Com a superlotação dos hospitais e escassez de leitos, assistimos as transferências de pacientes entre municípios e estados, o que afastou ainda mais pacientes das famílias. Não raro, as mortes aconteceram longe de casa, em outro município ou estado. A distância traz transtornos objetivos de traslados do corpo e a sensação subjetiva de uma separação ainda maior.

O leitor, assim como outros teóricos e profissionais que lidam com a temática, pode ter se questionado sobre como essas mudanças influenciarão na maneira de lidar com esses rituais após a pandemia, e talvez para essa pergunta não tenhamos ainda resposta. Sabemos, entretanto, a partir de Philippe Ariès[8], que as mudanças na relação humana com a morte ocorrem devido a alguns acontecimentos impulsionadores e de maneira lenta e progressiva. Talvez, a pandemia atual seja um destes exemplos de acontecimentos que transforma a visão humana sobre a morte.

[8] ARIÈS, P. (1977). **A história da morte no Ocidente**: da idade média aos nossos dias. Rio de Janeiro: Nova Fronteira, 2017.

Em tempos de pandemia, a morte não rondou apenas os noticiários nos boletins diários e seus gráficos de subida e descida dos números, ela esteve presente no círculo da família, dos amigos e conhecidos. Quem dentre nós não teve sequer um conhecido que morreu de Covid? Assim, com a "naturalidade" do momento, o medo da morte se fez presente nas nossas vidas.

Mas, algo intrigante nos chama a atenção, em algumas famílias: a morte chegou de maneira trágica, como um acidente que mata várias pessoas da mesma família. O psicólogo foi chamado para acompanhar a visita de dois adolescentes ao seu pai, que estava gravíssimo, intubado na UTI-Covid. As informações que acompanham esse momento é que a avó paterna havia falecido de Covid há 10 dias e a mãe, há uns 5 dias. Enfim, como acolher tanta dor e permitir uma visita reconfortante? Simplesmente, não era possível. O conforto era a oportunidade de ver o pai ainda com vida. A tragédia já estava presente na destruição daquela família. Todos nós, da equipe de assistência, continuávamos nas orações e na torcida pela sobrevivência desse pai, ainda que todos os indicativos clínicos apontassem para esse desfecho indesejado. E, após a visita dos filhos, e no passar de mais um dia, esse pai também evolui a óbito. Desta forma, a família devastada por essa doença terá que se reconstruir com os membros que restaram.

A cada dia que passa novos atendimentos, mesmo aqueles que nada têm a ver com a Covid, são permeados pela dor.

Sou chamada para atender no centro obstétrico um casal jovem que esperava seu filho há 40 semanas. Com contrações fortes, eles correram para o hospital e na consulta recebem a notícia abrupta e inesperada de que o bebê estava morto. A morte deste filho tão esperado se mistura ao luto e as perdas decorrentes da Covid. A dor é tão intensa que as únicas frases ditas são "Como viver com tanta dor, minha mãe e minha vó morreram de Covid há poucos meses, elas não estão aqui neste momento". O que foi pouco em palavras, pelo contrário, foi muito em dor e sofrimento. As marcas das perdas pela Covid, em meio à pandemia e à dificuldade de vivenciar o luto, põe-nos a pensar o que é possível.

À equipe da assistência cabe a reflexão quanto à amplitude de suas ações na compreensão holística do ser humano. Da tragédia da morte, encontramos todas as possibilidades da vida. Transformar esse impacto ruim da separação em algo significativo, no momento de tanta dor, somente a sensibilidade de um olhar compassivo permite uma atuação ética, pois, após a constatação da morte, o único profissional da saúde que permanece na cena é o psicólogo hospitalar. Aquele que se permite aproximar da dor emocional que explode de diferentes formas.

CAPÍTULO 9

Complicações psicológicas Pós-UTI-Covid: a clínica do depois

Jaquilene Barreto
Aline Vaneli Pelizzoni
Bruna Freire Ribeiro

O trauma não é apenas um evento passado, é também a marca deixada por essa experiência na mente, no cérebro e no corpo.
(BESSEL VAN DER KOLK)

Há décadas, estudos com pacientes críticos vêm documentando desfechos psicológicos adversos avaliados após a alta da Unidade de Terapia Intensiva (UTI), por entender que o tratamento intensivo pode se configurar como um evento potencialmente estressante, levando pacientes a apresentarem sintomas psiquiátricos persistentes que interferem em sua qualidade de vida[1-2-3].

Com o advento da pandemia da Covid-19, a preocupação dos pesquisadores tem sido encontrar respostas para as demandas desse

[1] COSTA, J. B. da, et al. Fatores estressantes para familiares de pacientes criticamente enfermos de uma unidade de terapia intensiva. **Jornal Brasileiro de Psiquiatria** (UFRJ. Impresso), v. 59, p. 182-189, 2010.

[2] COSTA, J. B. da; MARCON, S. S., ROSSI, MR. Transtorno de estresse pós-traumático e a presença de recordações referentes à unidade de terapia intensiva. **Jornal Brasileiro de Psiquiatria** (UFRJ. Impresso), v. 61, p. 13-19, 2012.

[3] COSTA, J. B. da, et al. Psychological disorders in post-ICU survivors and impairment in quality of life. **Psychology & Neuroscience**, v. 12, p. 391-406, 2019.

momento e como assistir os pacientes acometidos por esta doença. Dados de estudos com pacientes Covid alertam sobre o impacto psicológico relacionado à admissão em UTI por insuficiência respiratória causada por infecção por SARS-CoV-2, porém os dados ainda são escassos e inconsistentes.

Estudo desenvolvido por Chadli et al.[4] avaliou pacientes pós-Covid e encontrou taxas variadas de depressão moderada a severa (12,2% a 2,4%, respectivamente). Cerca de 14,6% apresentaram sintomas de ansiedade baixa a moderada, enquanto 12,2% tinham sintomas severos e 29,3% relataram sintomas de estresse pós-traumático agudo[4].

O impacto da internação em UTI por Covid-19, para a saúde mental dos sobreviventes, tem sido explorado por pesquisadores interessados pelo tema. Pesquisas com pacientes internados em UTI-Covid têm mostrado que cerca de 20% dos pacientes desenvolvem complicações físicas severas, incluindo insuficiência respiratória, síndrome do desconforto respiratório agudo (SDRA), choque séptico, *delirium* e disfunção de múltiplos órgãos[5].

Embora sejam muitas as complicações clínicas que acometem o paciente durante a internação na UTI, deixando algumas sequelas permanentes ou causando prejuízos na sua qualidade de vida pós-alta, aqui chamaremos a atenção para as complicações e para os desfechos psicológicos. E para compreender estas implicações uma questão emerge: "Por que alguns pacientes que sobrevivem a uma doença crítica – evento potencialmente traumático – recuperam-se e seguem a vida como antes, enquanto outros são impactados e continuam em sofrimento?". Essa pergunta aponta para a clínica do pós-UTI: **a clínica do depois**.

É evidente que durante a internação do paciente a prioridade recaia sobre a sua condição física e, em se tratando de UTI, a necessidade imediata da assistência requerida para a manutenção da vida do paciente se torna prioritária. O objetivo maior é salvar a vida. Desse modo, a urgência que acompanha as internações em uma UTI-Covid

[4] CHADLI A, et al. Covid-19: patient care after discharge from the intensive care unit. **The international jornal of clinical practice**, 2021

[5] YANG X, et al. Clinical course and outcomes of critically ill patients with SARS-CoV-2 pneumonia in Wuhan, China: a single-centered, retrospective, observational study. **Lancet Respir Med**, 2020;8(5):475-81.

exige cuidados intensivos e, por vezes, invasivos. Por essa razão, configura-se em um espaço de intervenções e controles constantes. Máquinas e equipamentos ligados 24 horas, fazendo o controle do corpo – dos sinais vitais para manter o organismo vivo. A equipe também está em constante alerta a todos os sons emitidos pelos aparelhos que monitoram a vida.

A admissão na UTI por Covid se configura de um simbolismo particular. Mesmo o paciente internado em uma UTI geral por qualquer patologia, no imaginário popular este espaço é sinônimo de morte. Ambiente de sofrimento, apreensões e expectativas para todos.

Todo esse cenário de medo e sofrimento se amplifica na admissão do paciente por Covid. Aliada às medidas de segurança impostas para conter a disseminação do vírus, a admissão na UTI-Covid inicia-se com uma ruptura abrupta da continuidade na rotina do paciente, principalmente, em relação aos seus vínculos.

O paciente chega ao hospital, sem pertences, sem história prévia, sem família, sem contatos. O que liga o paciente à sua história são os poucos dados objetivos escritos na folha de rosto da admissão. Esse é o início de uma longa trajetória, com desfechos imprevisíveis. Trajetória essa marcada pela gravidade da doença e por complicações inesperadas. Aqui, retira-se o Sujeito de cena para dar lugar aos dispositivos, às intervenções, à sobrevivência. Esta urgência que acompanha o paciente durante a internação redobra os efeitos psíquicos da crise que se instala na admissão e no decorrer de todo o internamento, visto que o paciente é confrontado com a incerteza dolorosa entre vida e morte. Dito isso, um questionamento emerge: "Como dar lugar ao Sujeito *psi* em um espaço em que a prioridade é o corpo físico?". Na UTI, é a presença de aparelhos, tubos, monitores, fios, alarmes que chama a atenção, deixando os pacientes escondidos e imersos nessa turbulência de estímulos sonoros e procedimentos invasivos. Observar o cenário de uma UTI nos conduz inevitavelmente à reflexão sobre as repercussões desse ambiente e das experiências vividas por pacientes e familiares. Neste cenário, pacientes deixam de ser protagonistas e, às vezes, tornam-se irreconhecíveis pela própria família.

Portanto, não temos como negar que trazer o paciente para a sua condição de **Sujeito**, neste cenário, torna-se uma tarefa árdua e, muitas vezes, impensada. Embora seja uma questão impensada, precisamos nos atentar para a saúde emocional do paciente durante toda essa travessia na UTI, avaliando as implicações e as reações nos diferentes momentos da internação. Pensar nos fatores de risco e em seus impactos para a saúde mental do paciente crítico e o que pode ser modificável neste contexto pode ser um início para considerarmos a necessidade de um cuidado global ao paciente e, nesse sentido, o nosso papel enquanto parte da equipe, acaba por enfrentar desafios específicos tanto na internação quanto no pós-alta.

Nosso interesse aqui é falar da **clínica do depois**, que vai se configurando a partir das vivências do paciente experimentadas durante toda a internação. Desse modo, é preciso compreender todo o contexto desta hospitalização.

Dados recentes alertam para o impacto psicológico relacionado com a admissão em UTI por infecção por SARS-CoV-2, associados aos procedimentos de rotina, incluindo intubação, aspiração orotraqueal, uso de drogas sedativas, contenção mecânica, ficar preso a vários fios, uso de paramentação, restrição de visitas, alta mortalidade, podendo resultar em desfechos psicológicos negativos em curto e médio prazos.

Pacientes admitidos em UTI por Covid-19, que desenvolvem sintomas graves da doença, na maioria dos casos, permanecem em VM e com sedação profunda. Durante a VM, a sedação é um importante componente do tratamento, no entanto, a compreensão do impacto farmacológico da sedação e a gravidade da doença para as experiências emocionais de sobreviventes de UTI-Covid e seus respectivos desfechos precisam ser melhor investigados. Além disso, precisamos compreender o impacto emocional das especificidades da assistência ao paciente com Covid-19, como a gravidade da condição clínica, os procedimentos de rotina, o tempo de VM prolongado, a posição prona, o uso de paramentação pela equipe de saúde, a restrição de visitas, o isolamento, a alta mortalidade, cenário este vivido durante a pandemia.

Estamos considerando aqui a internação na UTI por Covid-19 uma vivência potencialmente traumática. Entendendo que a crise se caracteriza por um excesso de energia provocado pelo evento ameaçador: **a intubação e o medo da morte**. Esta é uma vivência intensa, única, individual, é da ordem do subjetivo. Os modos de enfrentamento irão depender da percepção da ameaça e da capacidade de enfrentamento em situações estressantes ao longo da vida.

Os dados que serão relatados aqui são provenientes das avaliações realizadas no ambulatório pós-UTI de um Hospital Universitário durante o período de um ano. Os pacientes foram avaliados entre agosto de 2020 a julho de 2021, cerca de 160 dias após a alta da UTI-Covid.

Por meio de contato telefônico, o paciente foi convidado a retornar para avaliação ambulatorial. Nesta ocasião, foi realizada uma avaliação do estado clínico geral do paciente, considerando aspectos físicos, psicológicos e de qualidade de vida (QV), por meio da aplicação de instrumentos padronizados. Para a avaliação psicológica, todos os instrumentos foram aplicados por psicólogos treinados que compõem a equipe multiprofissional do ambulatório pós-UTI, sendo utilizados os seguintes instrumentos:

- **Escala Hospitalar de Ansiedade e Depressão (HADS)**[6]: é composta por 14 itens que avalia sintomas de ansiedade e depressão.
- **SF-36 – *(Medical Outcomes Study 36-item short form)***: para avaliar a QV relacionada à saúde.[7]
- **Instrumento de avaliação de memórias de UTI** (Costa & Marcon, 2009)[8] instrumento do tipo *checklist* constituído por duas questões abertas e nove itens agrupados em quatro domínios: memórias relacionadas ao tratamento; memórias do ambiente; memórias relacionadas às experiências emocionais e àquelas relacionadas às memórias ilusórias. Para identificação dos tipos de memórias, classificou-se como apresentando:
  - **Amnésia total**: aqueles pacientes que não tiveram recordações da UTI.
  - **Memórias de fatos reais**: recordações relacionadas a eventos reais.
  - **Memórias ilusórias**: relacionadas a eventos irreais, como pesadelos, sonhos e alucinações.

[6] SNAITH, R. P.; ZIGMOND, A. S. **Escala de Depressão e Ansiedade Hospitalar** (Hospital Anxiety and Depression Scale – HADS), 1994.

[7] WARE, J. E., SHERBOURNE, C. D. The MOS 36-Item Short-Form Health Survey (SF-36): I. Conceptual framework and item selection. **Medical Care**, 1992, 30 473-483.

[8] COSTA, J. B. da; MARCON, S. S. Elaboração e avaliação de um instrumento para identificar memórias referentes à Unidade de Terapia Intensiva. **Jornal Brasileiro de Psiquiatria**. 58 (4), 2009. https://doi.org/10.1590/S0047-20852009000400002

- **Impact of Event Scale-Revised** (IES-R) (Weiss & Marmar, 1997)[9]: a escala contém 22 itens agrupados em três subescalas: intrusão, evitação e hiperestimulação. Um escore > 20 indica a presença de sintomas de Transtorno de estresse pós-traumático (TEPT).

Foi ainda perguntado ao paciente sobre a lembrança de dois eventos específicos: se tinham lembranças do momento da intubação e da videochamada (visita virtual) realizada diariamente com seus familiares, por julgarmos ser uma experiência traumática e uma experiência positiva/afetiva, respectivamente.

Desfechos psicológicos

Para uma melhor compreensão dos pacientes avaliados, apresentaremos uma breve caracterização sociodemográfica e da condição clínica durante a internação na UTI.

Foram avaliados 98 pacientes, destes 64,3% eram homens, a grande maioria em união estável (64,3%). A idade variou entre 15 a 79 anos com média de 55,4 anos. O tempo médio de permanência na UTI foi de 13,5 dias, variando entre 1 a 63 dias, Destes 65,3% estiveram em VM por tempo máximo de 36 dias. Do total de pacientes intubados, 63,3% permaneceram sedados por tempo máximo de 24 dias (média de 4,5 dias). Uma grande proporção de pacientes (71,6%) que foram intubados apresentou *delirium*, associado a memórias ilusórias relatadas em detalhes no pós-UTI. Poucas memórias de fatos reais foram relatadas por estes pacientes.

Sintomas ansiosos e depressivos

A depressão se configura entre os transtornos mais comuns entre a população geral. Dados da literatura estimam uma prevalência entre

[9] WEISS D S, MARMAR C R. **The Impact of Event Scale** – Revised. In: J. P. Wilson & T. M.

17% a 30% desse transtorno em pacientes críticos, principalmente aqueles que permanecem com sequelas pós-alta e não retornam para sua condição anterior.[10-11] A depressão tem um impacto na qualidade de vida do indivíduo interferindo na sua funcionalidade, além de afetar a capacidade de realizar tarefas que exigem um desempenho cognitivo.

Sintomas de ansiedade são reações emocionais esperadas seja no momento da internação, seja no pós-alta, no entanto, precisamos avaliar a intensidade desses sintomas. Como sintoma, é encontrada em alta prevalência (18%) na população em geral[12]. A ansiedade se caracteriza por uma resposta inadequada e antecipada de situações desconhecidas que produzem a sensação de incerteza e perigo. Alguns sinais comuns são manifestados no comportamento como tensão muscular, irritabilidade, esquiva e vigilância excessiva[13]. Esses sintomas provocam instabilidade emocional e alteram a funcionalidade do indivíduo.

> [...] Sentia ansiedade desde que fiquei doente, medo de morrer. Sabia que seria intubada. Ouvi falar que intubação era sinônimo de morte. Senti alívio ao acordar e perceber que estava viva. [...] Acredito que teria sentido alívio da ansiedade se tivesse sido informada a respeito do procedimento de intubação. (N., feminino, 50 anos).

Identificamos pelos dados analisados no pós-UTI que 29,6% dos pacientes apresentaram complicações psicológicas; destes 19,4% tinham sintomas depressivos, 24,5% ansiedade e 11,2% apresentaram sintomatologia para TEPT. A Tabela 1 apresenta as complicações psicológicas.

[10] SCRAGG P, JONES A, FAUVEL N. **Psychological problems following ICU treatment. Anaesthesia**, 2001;56:9-14

[11] RATTRAY J E, JOHNSTON M, WILDSMITH J A. **Predictors of emotional outcomes of intensive care**. Anaesthesia, 2005; 60:1085-92

[12] BOTEGA, N. J. **Prática psiquiátrica no hospital geral**: interconsulta e emergência. 4 ed. Porto Alegre: Artemed, 2017. p. 5 36.

[13] AMERICAN PSYCHIATRIC ASSOCIATION. **Manual diagnóstico e estatístico de transtornos mentais**: DSM-5. 5.ed. Porto Alegre: Artmed, 2014.

Tabela 1 – Complicações psicológicas no pós-UTI

Aspecto avaliado	Média	Percentual % Sem sintomas	Percentual % Com sintomas
Ansiedade	1,76	75,5%	24,5%
Depressão	1,81	80,6%	19,4%
TEPT	4,45	88,8%	11,2%

Dos pacientes avaliados, não se observou uma única causa relacionada aos sintomas apresentados. Como os sintomas foram identificados a partir da aplicação dos instrumentos, o paciente não traz uma queixa específica. O que fica claro na avaliação clínica é que tais sintomas são decorrentes de todos os aspectos que permeiam a doença e da necessidade da hospitalização.

A ansiedade extrema e o medo da morte podem levar o paciente a uma crise psíquica, tornando esse evento traumático. Quando o paciente é tomado pelas reações emocionais, e neste caso, reagindo com excessos, de forma instintiva, quase irracional – sem controle –, a identificação desse momento e a intervenção por parte da equipe, e mais especificamente do psicólogo, podem prevenir um desfecho desfavorável.

Sintomas de transtorno de estresse pós-traumático – TEPT

A prevalência de alterações psicológicas após cuidados críticos é um tema já bastante estudado. As informações trazidas pelos estudos é que há uma alta prevalência das complicações psicológicas em pacientes de UTI se comparados à população em geral, com diferentes cursos no desencadeamento dos sintomas, persistindo por períodos prolongados[14].

Uma destas alterações comumente estudada é o TEPT, descrito como uma condição clínica desencadeada pela experiência de um evento

[14] DAVYDOW, D. S., et al. **Posttraumatic stress disorder in general intensive care units survivors:** A systematic review. Psychiatric General Hospital, 30, 421-434

traumático com risco de morte (ou percebido como risco de morte), que causa fortes respostas subjetivas, como recordações intrusivas do evento, sintomas de hiperexcitação e comportamento evitativo relacionado ao evento traumático [13].

Na avaliação pós-alta, cerca de 160 dias, identificamos a presença de sintomas de TEPT em 11,2% dos pacientes. Os sintomas do TEPT habitualmente aparecem depois de um a três meses após o evento traumático, configurando-se um quadro agudo, e se a duração é superior a esse período, é diagnosticado como crônico. Quando o início dos sintomas ocorre em um período superior a seis meses, especifica-se TEPT com início tardio[15].

Os sintomas mais observados nas avaliações ambulatoriais estavam relacionados aos componentes da hiperestimulação, como ansiedade, insegurança, alteração de sono, irritabilidade e dificuldade de concentração. Alguns pacientes descrevem seus sintomas de acordo com suas percepções de desconforto, uns descrevem de forma evasiva e, às vezes, tem dificuldade em nomeá-los, outros com detalhes e muito sofrimento, conforme relato a seguir:

> Tive alucinações terríveis, mas não sei o momento em que isso ocorreu. Muita coisa guardei para mim, outras tento esquecer. E já esqueci boa parte. Algumas não quero nem lembrar, prefiro não falar, não gosto de lembrar de algumas coisas [...] (S., masculino, 57 anos).

O TEPT manifesta-se por meio de um conjunto de reações emocionais intensas e comportamentais. Seus sintomas causam sofrimento significativo como isolamento social, comprometimento nas relações e embotamento afetivo. Além disso, sua sintomatologia frequentemente está associada às comorbidades psiquiátricas, como os transtornos de ansiedade, depressão, transtorno de pânico e dissociação[13].

Para diagnosticar o TEPT, o paciente deve ter sido exposto a um evento estressante de curta ou longa duração. Em consequência desse evento, desenvolvem-se três dimensões de sintomas:

[15] CAMINHA RM (Org.). **Transtornos do estresse pós-traumático (TEPT): da neurobiologia à terapia cognitiva**. São Paulo: Casa do Psicólogo.

1) **Revivência** – caracteriza-se por recordações aflitivas recorrentes e intrusivas do evento, incluindo pensamentos, imagens ou percepções, sonhos recorrentes, agir ou sentir como se o evento traumático estivesse se repetindo, com episódios de *flashbacks*.
2) **Esquiva / Entorpecimento emocional** – pensamentos de evitação associados ao trauma; incapacidade de lembrar algum aspecto importante do trauma e sentimento de distanciamento das outras pessoas.
3) **Hiperestimulação/hipervigilância** – caracterizado pela dificuldade em conciliar ou manter o sono, irritabilidade ou surtos de raiva, dificuldade de concentração, hipervigilância e resposta de sobressalto exagerada[16].

O TEPT é uma resposta retardada a uma situação excepcionalmente estressante. Os sintomas incluem crises de ansiedade diante de uma situação que lembre o ocorrido, revivências do evento (*flashback*), pesadelos, insônia e outros distúrbios do sono[13]. Sete pacientes preencheram critérios diagnósticos para esse transtorno, sendo que a maioria apresentou apenas sintomas isolados. Dos pacientes que apresentaram TEPT, quatro eram homens, todos foram sedados e ventilados mecanicamente, com média de permanência na UTI de 15,5 dias – variando de 10 a 30 dias. Quanto às memórias, 4 pacientes apresentaram memórias de fatos reais e ilusórias, 2 só memórias ilusórias e 1 não tinha nenhuma recordação desse período. Desses pacientes, 2 tinham histórico de doença psiquiátrica prévia (ansiedade e depressão) e 3 estavam fazendo uso de psicotrópicos. Não observamos um aumento significativo de transtorno mental no pós-alta da UTI-Covid se comparado às avaliações de pacientes de UTI geral.

Memórias de UTI: o que lembra o paciente após a alta

Sonhos, pesadelos e alucinações foram frequentemente relatados pelo paciente no retorno ambulatorial. Tais recordações eram de natureza desagradável e persistiram ao longo de meses após a alta da UTI:

[16] ORGANIZAÇÃO MUNDIAL DA SAÚDE. CID-10 **Classificação Estatística Internacional de Doenças e Problemas Relacionados à Saúde**. 10 rev. São Paulo: Universidade de São Paulo; 1997.

> Tive alucinações terríveis, mas não sei o momento em que isso ocorreu. Muita coisa guardei pra mim, outras tento esquecer. E já esqueci boa parte. Lembro que existia um cronômetro que ia de X a Y, eu tinha que voltar ao X para me recuperar, esforçava-me para chegar até metade e sabia que a recuperação se daria se chegasse ao X. Existia também um número de +200 até -200. Cheguei a -198. E isso me angustiava muito... O maior problema das alucinações eram as provas (maratona) que eu era cobrado. Eu me acabava com aquelas provas. Tinha que fazer travessias para sobreviver. Desgastava demais minha mente e meu físico. Eu tinha que dar conta daquilo [...] Não sei se isso aconteceu em meia hora ou em 15 dias. Não havia espaço-tempo. (S., masculino, 57 anos).

A este tipo de relato denominaremos de memórias ilusórias que serão compreendidas aqui como uma experiência emocional decorrente da ameaça à integridade física e psíquica, formada por lembranças de eventos irreais de conteúdo ilusório de sonhos e pesadelos vívidos, registrados como memória subjetiva, e experimentadas no pós-extubação, como ilustrado no relato do paciente.

Anteriormente, nós investigamos a relação entre sedação e as memórias geradas pela ameaça de morte de pacientes de UTI geral, denominadas memórias traumáticas, tidas como fator de risco para o desenvolvimento de quadros psiquiátricos subsequentes[17]. Estas memórias têm sido categorizadas como memórias reais, de sentimentos e ilusórias[18-19].

Desse modo, um paciente que vivencia a internação na UTI como uma experiência traumática e estressante, pode desenvolver quadros clínicos psiquiátricos, como reações de estresse agudo. As memórias

[17] COSTA, J B., et al. Sedação e memórias de pacientes submetidos à ventilação mecânica em unidade de terapia intensiva. **Revista Brasileira de Terapia Intensiva**, 2014; 26(2): 122-129.

[18] SCHELLING G, et al. Exposure to high stress in the intensive care unit may have negative effects on health-related quality-of-life outcomes after cardiac surgery. **Crit Care Med**. 2003; 31(7):1971-80.

[19] JONES C, GRIFFITHS R D, HUMPHRIS G, SKIRROW PM. Memory, delusions, and the development of acute posttraumatic stress disorder-related symptoms after intensive care. **Crit Care Med**. 2001; 29(3):573-80.

ilusórias presentes em mais de 34% a 85% de pacientes pós-UTI estão relacionadas à gravidade da doença, à presença de *delirium* na UTI, ao uso de sedativos e analgesia, e ao mesmo tempo, de ventilação mecânica[20-21-22].

Do total de pacientes, 26,5% não tinham nenhuma lembrança do período de internação na UTI. Ao analisar as características clínicas dos pacientes observou-se que aqueles com maior gravidade, que foram sedados e ventilados mecanicamente, não tinham memórias desse período, sendo que destes pacientes 14,3% apresentaram memórias ilusórias.

Todos os pacientes entrevistados que tinham memórias ilusórias não se recordam de experiências de eventos reais na UTI, mesmo sendo este evento de conteúdo afetivo. A tabela a seguir expõe os dados analisados sobre os conteúdos das memórias dos pacientes pós-UTI.

Tabela 2 – Dados de memórias pós-UTI

Memórias pós-UTI	*Percentual%**
Memórias de fatos reais	41,8%
Memórias ilusórias	14,3%
Memórias reais e ilusórias	17,3%
Amnésia total	26,5%

* A somatória dos valores excede 100% devido à possibilidade de um mesmo paciente apresentar mais de um tipo de memória.

Alguns pacientes (17,3%) apresentaram uma combinação de memórias de eventos reais e ilusórias, sendo essas vivências nomeadas como

[20] AITKEN L M, CASTILLO M I, ULLMAN A, ENGSTR¨om A, CUNNINGHAM K, RATTRAY J. What is the relationship between elements of ICU treatment and memories after discharge in adult ICU survivors? **Aust Crit Care**, 2016; 29:5-14, quiz 15.

[21] SAMUELSON K A, LUNDBERG D, FRIDLUND B. Stressful memories and psychological distress in adult mechanically ventilated intensive care patients – a 2-month follow-up study. Acta Anaesthesiol Scand, 2007; 51(6):671-8.

[22] RINGDAL M, JOHANSSON L, LUNDBERG D, BERGBOM I. Delusional memories from the intensive care unit-experienced by patients with physical trauma. **Intensive Crit Care Nurs**, 2006; 22(6):346-54.

fontes de desconforto, estresse e ansiedade, lembradas pelo paciente após a alta da UTI em detalhes. As memórias de fatos reais estiveram relacionadas principalmente ao ambiente da UTI, como a lembrança dos aparelhos, de ver os outros pacientes, da videochamada e a alta para a enfermaria. Lembranças relacionadas ao tubo endotraqueal, à aspiração e à extubação foram relatadas por alguns pacientes.

Em relação às lembranças da intubação e da videochamada, mais da metade dos pacientes (59,2%) disseram não ter lembranças da intubação e 36,7% não se recordava das videochamadas, embora, neste momento, alguns já estivessem despertos e sem apresentarem confusão mental. Mesmo os pacientes que no momento do contato com os familiares por videochamada demonstraram uma conexão com seus familiares, muitos disseram não se recordar desse momento.

Memórias ilusórias na UTI: experiências perturbadoras

Pacientes que estiveram intubados relataram sobre suas memórias nas entrevistas feitas após alta hospitalar, com a presença de memórias ilusórias descritas como experiências assustadoras e caóticas, resultando em sentimentos de extrema vulnerabilidade e sofrimento psíquico caracterizado por medo, insegurança, angústia e percepção de um ambiente hostil.

As experiências e as memórias ilusórias relatadas por 31,6% dos pacientes foram analisadas. Estes descreveram suas memórias ilusórias como uma vivência onírica de conteúdo simbólico, experimentadas durante a intubação e no despertar da consciência.

Ao descrever suas memórias do período da UTI, muitos pacientes tinham bastante a relatar, outros trouxeram vagas lembranças desse período. No entanto, é importante conhecer a diversidade de memórias e as experiências vividas por pacientes durante sua permanência na UTI.

> [...] Eu vejo que muitas das coisas que eu sonhei parecem que tem a ver com a realidade do tempo que eu tive profundamente sedado. [...] Eu acredito que não ter lembranças pode ser até mesmo uma defesa do meu corpo, pra me poupar daquele ambiente, daquele flagelo terrível que eu passei. [...] Eu me sinto

> hoje como se eu tivesse envelhecido dez anos. Depois de tudo ainda tenho sequelas, uma dificuldade muito grande de caminhar, meu equilíbrio está muito afetado. Minha percepção das coisas, como se eu ficasse mais lerdo, pra entender as coisas, pra responder. A minha vista ficou ligeiramente mais turva. Em três meses eu perdi 20 quilos, e meu cabelo que era bem escuro ficou praticamente grisalho. Eu vi um vídeo engraçado uns dias desses e eu postei. Depois percebi que três dias antes eu postei aquilo, e nem me lembrava mais. Minha memória recente foi bastante afetada, eu tô bastante esquecido. Eu tenho procurado nem pensar muito nisso. Eu associo isso a esse período que eu tive passando esse flagelo todo. (C., masculino, 63 anos).

Os pacientes nos contaram muitas histórias, chamadas por eles de "sonhos/pesadelos estranhos" caracterizados por experiências de conteúdo assustador e sem sentido, como imagens de seres inomináveis, provocando sofrimento psíquico intenso durante sua permanência na UTI e agitação psicomotora, particularmente, no momento de retirada da sedação e retorno à consciência. Essas experiências foram nomeadas como ameaçadoras e geradoras de percepções irreais, predispondo aos pacientes a relembrança contínua dessas memórias de forma vívida, duradoura e descrita com detalhes. A seguinte vinheta traz o sofrimento vivido por um paciente na UTI:

> [...] comecei com, não sei se por causa da anestesia, um sonho muito real, sabe, uma coisa muito real com uma pessoa que, parecia, tipo um inimigo, uma pessoa querendo me matar a todo o momento, e eu queria mostrar para os médicos e eles não viam. Eu fazia sinal assim (nesse momento, apontou com os olhos para a esquerda). [...] Essa pessoa estava sentada na minha maca. [...] (L., masculino, 34 anos).

Outro paciente nos conta:

> Eu lembro de ter sonhado como se eu tivesse morrido. É até difícil de lembrar os detalhes. É como se eu sabia que ia morrer, tinha que avisar minha filha, que seria talvez a pessoa que ia ficar mais sentida com essa morte, mas não houve tempo de eu prepará-la para isso. Foram muitos pensamentos dessa natureza. Nesses sonhos que eu tive, muitas coisas batem com

> o período que eu tive intubado, e que eu não me lembro, tava muito sedado. Um exemplo é um sonho que eu tive, como se eu tivesse participado de uma gincana que teve uma progressão nacional, foi televisionada e tudo, então as pessoas me reconheciam. De repente eu me via sem condição de falar, minha voz não saía e minhas mãos estavam dentro do bolso. Eu faço uma associação com o período que eu estive amarrado, porque eu tava muito agitado, então fiquei amarrado na maca. (C., masculino, 63 anos).

O medo da morte e a luta pela sobrevivência permeada por sentimentos de angústia, ansiedade e agitação foram as reações emocionais mais descritas nos relatos dos pacientes no pós-UTI. Pacientes lembraram em detalhes o sofrimento vivido diante das experiências aterrorizantes que ameaçavam a sua existência e que estavam fortemente relacionados à sua sobrevivência. Outros disseram que permaneceram por muitos dias tentando escapar dessas vivências e lembraram seus esforços para fugir e pedir ajuda, por se sentirem ameaçados, perseguidos por pessoas querendo matá-lo. Todas as experiências foram descritas como angustiantes e que contribuíram para a perda de controle, agitação e intenso sofrimento psíquico.

> Tinha pessoas que queriam me matar, dando remédio errado. Ao lado da minha cama aparecia um gato e um cachorro, e quando eles viam pra terminar comigo, o gato se transformava em uma pessoa – parecido com o meu filho – e daí eles falavam, agora não dá, tem gente lá. Por várias vezes tentaram me matar. Teve uma noite que eles falaram de hoje não passa, por sorte tinha uma enfermeira que gostava de mim, e ela falou: não vou fazer isso! Ela se recusou a me matar. (V., masculino, 46 anos).

Outros pacientes descreveram suas memórias como experiências traumáticas que, muitas vezes, consistiam em temas como morte, escapar daquele lugar, viam partes de corpo, pessoas querendo fazer o mal, personagens surrealistas ou experiências assustadoras como participando de experimentos e abdução. Para a grande maioria dos pacientes, essas memórias pareciam reais, sendo que alguns pacientes tinham dúvidas no retorno ambulatorial se de fato, algumas daquelas experiências não tinham, de fato, ocorrido.

Vejamos o relato do paciente:

> Foi uma experiência bem traumática, eu não consigo lembrar com precisão porque a gente fica muito confuso, especialmente eu que fiquei um período muito longo desacordado. A vista ficava embaçada, ficava difícil me manter ativo. Depois que eu fui pra enfermaria foi um período que eu consigo me recordar. Foi um período que eu me senti muito em pânico, [...] eu sofri uma parada cardiorrespiratória e, segundo os enfermeiros que estavam me acompanhando, eu me debatia até o coração parar. Uma experiência muito traumática, terrível. Eu tive muitos pesadelos, eu sonhava que tava numa situação de guerra, em um *bunker*, como se eu tivesse contraído algum tipo de contaminação, o governo queria matar, tinha a intenção de eliminar essas pessoas, então, eu ficava escondido, não podia sair desse lugar. Nesse lugar tinha uma mulher hostil que queria me colocar pra fora de lá, e eu querendo ficar escondido lá. Era uma coisa muito horrível, porque eu via aquela situação de guerra, bombas caindo, e a coisa toda. (C., masculino, 63 anos).

As memórias ilusórias podem ser um fator de risco para o desenvolvimento de complicações psicológicas em curto prazo. Contudo, não identificamos um número elevado de pacientes que apresentaram complicações psicológicas, como TEPT. O TEPT é um transtorno psiquiátrico precipitado por um trauma. Os sintomas mais comuns apresentados pelos pacientes foram ansiedade, insônia, irritabilidade, dificuldade em se concentrar.

Pacientes que apresentaram *delirium* relataram em maior número memórias ilusórias ou amnésia desse período. Observou-se que a ocorrência de *delirium* na UTI interferiu na percepção de eventos reais e produziu intensas experiências ilusórias. Supomos que a sua duração esteve relacionada à gravidade da doença, à percepção do ambiente como ameaçador, às estratégias sedativas, ao uso de VM e aos fatores ambientais, agravado pelo isolamento social, pela restrição de visitas e pelo uso dos equipamentos de proteção pela equipe de saúde, dificultando a interação e a identificação dos profissionais.

Observou-se que pacientes que apresentaram *delirium* relataram não ter lembranças de fatos reais durante sua permanência na UTI, incluindo lembranças positivas como a videochamada. Por se tratar de uma disfunção cerebral aguda, que altera o estado de consciência de forma transitória e flutuante, acompanhada de disfunção cognitiva, pode ter levado a um comprometimento no registro/armazenamento de memórias de eventos reais.

Além disso, pacientes que permanecem com sedação profunda por longo período podem ter comprometimento nos parâmetros clínicos; aqueles com maior tempo de VM e permanência na UTI apresentaram amnésia do período de internação na UTI; e um número significativo relatou memórias de ilusão, sendo estes eventos importantes na formação de memórias ilusórias. No entanto, infere-se que esse efeito nas memórias seja, no mínimo, um somatório de outros eventos relacionados ao paciente com Covid, como maior gravidade, intensidade da disfunção respiratória, complicações na UTI, encefalopatia, ambiente ansiogênico e ameaçador, etc.

Frente à variedade de experiências desagradáveis enfrentadas pelo paciente crítico, como a VM, ruídos, insônia, dor, equipamentos, isolamento, entre outros, nenhum dos pacientes entrevistados relatou lembranças desses eventos. Desse modo, as experiências significativas na UTI estiveram relacionadas às vivências assustadoras de conteúdo ilusório, denominadas como "**uma batalha**" e "**experiências estranhas**" por muitos pacientes.

> Eu vivi uma batalha espiritual. De onde eu estava enxergava minha mãe, mas tinha um velho que dizia "se ela entrar, ela morre". Era uma coisa muito ruim, via pessoas querendo me matar... Tinha um senhor que não falava, mordia os dentes assim, o senhor que eu via, só que quando eu mordia o meu cano, aí ele ficava sem ar. Só que eu não aguentava mais, eu não tava aguentando mais mesmo, eu pensava, vou morder esse cano nem que eu morra junto com esse "véio aí"... Esse senhor era outro paciente, mas não era uma pessoa normal, era tipo um bicho (L., masculino, 34 anos).

As memórias de ilusão foram descritas como fonte de desconforto e estavam também relacionadas aos fragmentos de situações vividas na UTI, como uso de medicação, não poder falar, não poder se mexer. Sentimento de impotência, insegurança e perda de controle também estiveram presentes nos relatos dos pacientes e tais experiências foram experimentadas de forma muito real, gerando ansiedade, aflições e até mesmo levando o paciente a exibir alterações comportamentais, a exemplo de agitação psicomotora, levantar-se do leito, desconectar os tubos. É neste contexto que emerge o sofrimento:

> Em meus pesadelos era como se estivesse em uma guerra. Eu tive muitas experiências ruins. Tinha um homem que queria me entregar para o governo porque eu estava contaminado e teria que ser exterminado. Via sempre uma mulher com um saco, tipo de lixo, pegajoso, e queria me colocar lá dentro, mas eu sabia que se eu entrasse ali não conseguiria mais sair. Depois eles jogavam no mar. Tive outro pesadelo que me reunia com os amigos para contar sobre a hora da morte de cada um, e ficava pensando como a gente sabia o dia que ia morrer, isso me deixava muito angustiado. Outro sonho que tive era como se estivesse numa gincana, e eu era um destaque, só que eu tentava pedir ajuda, mas não conseguia mexer as mãos e não conseguia falar, apareceu um grupo de enfermeiros e eles achavam que eu era um indigente, eu tinha curativo e eu tentava falar para eles que aquela cirurgia tinha sido uma brincadeira, não era para ter sido feita. Vi pessoas recrutando outras para serem abduzidas e isso me causava muita angústia, flagelo, aflições. Todos os pesadelos era como se tivesse em uma guerra, lutando para sobreviver, senti muito medo de morrer por conta dessas vivências ... (...) A minha impressão hoje é que envelheci uns 10 anos em um curto espaço de tempo. (C., masculino, 63 anos,).

Pacientes após a alta persistem com recordações claras e com detalhes das experiências irreais vividas na UTI, no entanto experiências de eventos reais foram menos lembradas de forma espontânea. Observamos que pacientes que apresentaram *delirium*, ventilados mecanicamente e submetidos à sedação profunda, estiveram mais suscetíveis de experimentar eventos ilusórios após o despertar, no entanto, esta vivência parece não ter desencadeado de forma expressiva sintomas de TEPT – poucos pacientes preencheram critérios diagnósticos para esse transtorno, sendo que a maioria apresentou apenas sintomas isolados.

É importante que sobreviventes de UTI, especialmente aqueles que apresentaram *delirium*, sejam avaliados sobre suas experiências e memórias persistentes desse período, para que os pacientes tenham a oportunidade de falar sobre suas memórias e preencher as lacunas desse período. Temos feito intervenções importantes com os pacientes atendidos no ambulatório durante o relato de suas memórias e, ao serem informados de que outros pacientes viveram experiências semelhantes, disseram se sentir seguros e mais tranquilos.

Portanto, esta se mostrou uma intervenção necessária para preencher as lacunas desse período e ressignificar as vivências traumáticas. Além disso, precisamos reconhecer que as experiências vividas pelo paciente após o despertar são experiências de intenso sofrimento psíquico, trata-se de uma "emergência psíquica". Desse modo, é necessário que a equipe de saúde tenha a compreensão de que um paciente que passa por esta experiência está em franco sofrimento e precisa ser cuidado e escutado. Este é o dever ético do profissional, o de cuidar do sofrimento humano, esta é a arte de transformar o sofrimento em experiência de vida.

Os pacientes informaram que após a alta hospitalar não tiveram experiências semelhantes àquelas vividas na UTI, contudo sentiam a necessidade de compartilhar essa experiência com vista à compreensão do que de fato havia ocorrido neste período.

Desse modo, uma recomendação importante é de que sobreviventes de UTI, acompanhados em ambulatório, possam relatar suas memórias, preencher as lacunas desse período e, diante dessa demanda, serem assistidos de acordo com as implicações emocionais que essas experiências possam provocar em um período subsequente. As ferramentas existentes utilizadas pelos psicólogos se mostram insuficientes para responder a essas demandas.

Assim, a identificação de possíveis complicações emocionais de sobreviventes de uma doença crítica requer a compreensão da necessidade de intervenção e a elaboração de estratégias de cuidados que vão além daquilo que é o nosso saber.

CAPÍTULO 10

Como eu faço na prática: casos clínicos

Caso 1 – O moço dos dreadlocks

Raquel Guzella de Camargo
Rita Gomes Prieb

"Esse é um paciente jovem, tem 36 anos e está evoluindo muito mal, provavelmente vai precisar de uma intubação muito rapidamente. Ele veio acompanhado pela esposa e eu acho importante fazermos uma chamada com a família antes da intubação".

Essas foram as informações que eu recebi do colega médico quando fui chamada para atender o paciente. Eu estava na UTI e já sabia que o caso era grave.

J., o paciente do qual falo, estava sendo transferido da UPA para o nosso hospital, e logo ao ser avaliado pelo médico intensivista, julgou-se a necessidade de uma intubação rápida. Não se passaram mais do que vinte minutos desde a solicitação do atendimento e a minha aproximação do paciente e a equipe já estava organizando o que era preciso para a intubação. O carrinho de parada cardíaca já se encontrava próximo e todos os materiais necessários para o procedimento estavam sendo preparados e conferidos um a um. Percebia-se no cenário um movimento atípico, daqueles que encontramos quando uma situação de intubação ou algo mais grave está para acontecer. Nesses casos, a equipe fica mais agitada, checando monitores, conferindo materiais e equipamentos, verificando se algo mais precisa ser providenciado. O clima fica mais agitado e a gente sente isso.

O encontro com o paciente...

J. era um rapaz jovem. Quando o encontrei, ele já estava com muita dificuldade para respirar, com uso de máscara de Hudson, a qual o auxiliava na respiração. Falava muito pausadamente, devido à falta de ar. Lembro-me de que ele tinha *dreadlocks* enormes, marcantes – recém-feitos, como ele me falou depois. Esses *dreadlocks* estavam muito pesados e, por mais de uma vez durante o atendimento, ele repetiu que eles o deixavam ainda mais cansado. Chegou a pedir que eu mesma tirasse o seu penteado. Disse a mim o quanto estava assustado, que era muito novo e que tinha muito medo de ser intubado, embora soubesse ser esse o curso das coisas. Já havia conversado com o médico e este havia lhe explicado sobre o procedimento e como ele seria feito.

Naquele momento, realizei uma escuta qualificada, acolhendo sua fala e oferecendo minha atenção e presença empática. Pontuei que iríamos providenciar o corte dos *dreadlocks*, tendo em vista esse ser o seu desejo. Perguntei também se ele gostaria de conversar com seus familiares e ele aceitou. Gostaria de conversar com a esposa e as filhas.

Eram duas filhas: uma com 12 anos e outra com 15. Atentei-me para o benefício que seria para elas verem onde J. se encontrava: o ambiente de uma unidade intensiva e a presença e os cuidados de uma equipe para o pai. Perguntei-lhe se elas não poderiam ficar assustadas com toda aquela ambiência, com ele apresentando falta de ar. Ele disse que as filhas eram muito maduras e queriam muito que o pai fosse para o hospital, pois estavam assustadas com a falta de ar que ele vinha apresentando.

Em uma videochamada, esse é um ponto que devemos considerar: a importância da família ter a possibilidade de ver onde o paciente está, aspectos da ambiência que contextualizam o cuidado que está recebendo. Percebemos que, muitas vezes, há uma fantasia de sumiço, já que o paciente some da vista da família. Outra ação importante nesse momento é mostrar a equipe, apresentar e dizer "Olha, essa é fisioterapeuta, essa é enfermeira". Percebemos que isso tem um efeito muito terapêutico para a família, no sentido de ela se tranquilizar e realmente sentir-se mais confiante com relação ao cuidado que está sendo oferecido ao seu familiar. Trata-se de uma atitude que pode deixar os familiares mais seguros, pois todos os cuidados e aparatos tecnológicos estão sendo dispensados ao paciente. Por outro lado, convém questionarmos o que estas imagens produzem afetivamente, pois também podem influenciar na gravidade percebida pela família. Daí a importância de entendermos percepções e ajustarmos expectativas frente ao que está acontecendo.

Feitas essas considerações, realizamos a ligação. A esposa imediatamente me atendeu. Ela já havia sido informada pelo médico sobre a necessidade de intubação e da minha possível ligação para a videochamada. Ela, então, estava aguardando, na expectativa daquele momento. Iniciamos a conversa e fomos estabelecendo o vínculo.

No decorrer da chamada, percebi, pelo seu vocabulário, que ela tinha certo conhecimento sobre a intubação: sabia quais passos seriam seguidos até que o esposo estivesse intubado, entendia sobre os níveis de saturação, entre outras terminologias mais técnicas. Soube, então, que ela, assim como o paciente, havia sido técnica de enfermagem. De certa forma, isso foi tranquilizador, pois ela entendia sobre aquela movimentação no local. A esposa já havia explicado para as duas filhas o que iria acontecer, e das duas, somente a mais velha sentia-se à vontade para ver o pai naquele momento. A menor preferia aguardar até o pai estar melhor. Estes aspectos são fundamentais antes de iniciarmos, pois todos precisam estar com o mesmo entendimento sobre os fatos, para que os desejos sejam respeitados.

A videochamada

O momento da videochamada foi muito emocionante. A esposa conversou primeiro, sozinha com o paciente, e eu, mantive-me junto segurando o celular. Lembro-me das palavras dele para ela: "Meu amor, me espera que eu vou voltar, eu sei que eu vou ficar dormindo um tempo, que eu não sei que tempo é esse, mas tu pode ter certeza que eu vou voltar pra ti!". E eu ali, como espectadora daquele diálogo, daquela história contada e vivida na minha frente.

Ao olhar para o lado, deparo-me com umas seis pessoas da equipe paradas, com os olhos cheios de lágrimas, olhando para aquela cena.

Ali estavam presentes a médica que iria realizar a intubação, duas enfermeiras, dois técnicos de enfermagem e a fisioterapeuta. Todos ali, a postos, com os materiais organizados, o carrinho de parada preparado para o momento da intubação. Só que, diferente do momento prévio, em que eu percebia a unidade toda agitada, naquele momento eu me deparei com um silêncio total. Foi interessante perceber o movimento que ocorreu naquele instante: era como se todos tivessem entrado na história. Percebe-se ali que todos estão para e por aquele paciente, tendo a sua atenção voltada para ele. São momentos de muita potência afetiva. É muito bonito de ver, e é emocionante! Afetos são despertados em todos que estão ali, observando e compondo a cena.

Naquele diálogo, o casal seguiu com as trocas: a esposa procurou tranquilizar o marido dizendo que cuidaria das filhas, que tudo estava organizado; tranquilizou-o também com relação aos cuidados da mãe do paciente. Soube, então, que o paciente cuidava de sua mãe doente. Ele também se atentou aos aspectos práticos de sua vida, como seu trabalho e a organização da casa. Há uma vida e uma rotina que terão seus cursos seguidos enquanto o paciente estiver intubado. A dinâmica poderá mudar, as pessoas que assumirão as responsabilidades outrora realizadas pelo paciente também, porém, percebe-se no sujeito um movimento que procura garantir os cuidados e a segurança familiar, a continuidade dos negócios e da rotina. Há claramente uma tentativa de seguir protagonizando sua vida, ainda que saiba que ela vai estar em *"stand by"* por tempo indeterminado.

Percebi, naquele casal, uma conversa muito afetiva e intensa. Fui testemunha de frases como: "Me espera que eu vou voltar pra ti, a gente vai ficar junto pra sempre"; "Vida, eu te amo"; "Vida, eu tô te esperando"; "Tu vai fazer tudo que a doutora disser pra fazer que tu vai ficar bem e eu vou ficar aqui te esperando". De fato, diante de tanta intensidade, os olhos marejados ganham um espaço significativo no *setting*.

O intervalo de tempo em que couberam todos esses afetos foi curto, afinal, o estado do paciente era grave e precisávamos acelerar o passo. Próximos ao fim daquela videochamada, ainda houve espaço para que a filha mais velha pudesse dizer: "Pai, eu te amo, tu vai ficar bem! A gente tá aqui te esperando", e o pai respondesse: "Ai minha filha, eu te amo, diz pra mana que eu amo ela".

Quando encerramos a ligação, ele me perguntou: "Dá pra a gente ligar pro meu pai?". Como é que eu ia dizer que não? Olhei para a equipe e seus olhares me pediam para que fôssemos rápido: "Bom, a gente pode ligar pro seu pai, mas tem que ser bem breve". Foi então, que ele me disse: "Depois pergunta pra minha esposa, qual a minha história com meu pai que ela vai te contar, eu só queria dizer que eu tô aqui e que eu amo ele". Foi o suficiente para me convencer que aquela ligação precisava ser feita.

Tinha o conhecimento que o pai do paciente era médico, informação importante naquele contato inicial, pois eu poderia utilizar uma linguagem mais técnica. Seu pai atendeu a chamada e me informou que a esposa de J. já havia lhe inteirado da situação. Naquele contexto, já sabia que o filho precisaria ser intubado. Esse ponto só me ajudou naquele momento, tendo em vista alguns passos já estarem adiantados. Segui, então, dizendo que o filho gostaria de falar rapidamente com ele antes de ser intubado. A conversa foi bastante breve, mas teve tempo suficiente para que J. dissesse: "Pai, eu só quero dizer que eu te amo e que vai dar tempo da gente fazer tudo que a gente 'tava' combinando", e o pai respondesse: "Meu filho, fica tranquilo vai dar tudo certo, tu tá em boas mãos aí. Eu confio muito na equipe daí, fica tranquilo". Assim, encerramos as videochamadas. As últimas antes da intubação. E tudo feito exatamente conforme o desejo do paciente e o possível para aquele momento.

Concluí minha fala dizendo: "Espero que eu tenha conseguido te trazer perto das pessoas que tu gostaria e eu vou combinar contigo que assim que tu acordares nós vamos conversar de novo, mesmo que tu esteja intubado tu não te preocupa que eu vou ver como é que tu tá, eu vou te acompanhando. Eu vou acompanhar muito a tua esposa, eu vou falar com ela diariamente, com as tuas filhas se elas quiserem também e eu vou entender melhor a questão com teu pai que tu disse que a F. (esposa) ia me explicar". Na sequência, a equipe realizou a intubação.

Decido ligar para a esposa, pois queria verificar como ela e as filhas estavam. Nesse momento, a esposa me agradeceu, muito! E chorou! Colocou para fora tudo o que tinha segurado durante a conversa com o marido. Ela me disse: "Ai, que bom poder falar contigo porque eu queria muito chorar, eu 'tava' me segurando pra não chorar, eu queria botar pra fora isso que eu 'tô' sentindo". A esposa precisava daquele espaço e daquela escuta. E eu estava ali para oferecer. Foi importante ter realizado novamente a ligação!

Retorno então para falar com a equipe e escuto a médica dizer: "Às vezes vocês nos aprontam". Ela falava do momento de emoção vivenciado há poucos minutos. Seguimos conversando sobre como é saber que o paciente tem família, que têm filhos esperando lá fora. Aquele paciente tinha uma identidade pra nós. Sabíamos que era um pai super amado pelas filhas e pela esposa, que tinha uma história difícil com o pai, que esse pai também era médico. Sabíamos que o próprio paciente tinha sido um profissional de saúde, e isso acaba gerando um movimento de identificação na equipe como um todo.

A história do paciente...

Ao longo dos atendimentos, pude conhecer a história do casal. Estavam juntos há 16 anos. Era uma daquelas lindas histórias de relacionamento, com alguns entraves sociais envolvendo as diferenças de idade e de raça. Foi preciso que eles lutassem para ficar juntos. Soube que a mãe do paciente era técnica de enfermagem também. Que J. cresceu distante do pai.

Poucos meses antes de J. adoecer, seu pai descobriu um câncer bastante avançado no pâncreas. Foi então que o pai resolveu se reaproximar do filho. Havia naquela relação uma história de desencontro e distanciamento. Havia uma busca por fortalecer um vínculo familiar após a descoberta de uma doença grave. Todas essas informações, de caráter íntimo e pessoal, foram-me autorizadas pelo paciente minutos antes da sua intubação. Aquele paciente, que até poucos minutos atrás eu não conhecia, permitiu que eu tivesse acesso a essa parte tão privada da sua história, da sua vida.

O que possibilita a profundidade desse encontro? Como explicar a construção de um vínculo tão importante em tão pouco tempo? O que aconteceu na cena que facilitou aquele movimento tão empático, aquela comunicação fluida e natural?

Entendo que minha atitude empática, de disponibilidade interna, possivelmente tenha sido a melhor aliada naquele momento, foi um dos pontos que favoreceu a aproximação com a esposa e com o paciente. Em trocas feitas com alguns colegas, pude perceber que o estabelecimento profundo de confiança com o paciente logo no início possibilita a construção de um vínculo saudável. Talvez, por nós, psicólogos, naquele momento, representarmos um elo de ligação entre o paciente e sua família, por sermos uma ponte do paciente com o seu mundo lá fora. Nós somos aquelas pessoas que irão estar lá para realizar a videochamada do paciente com o seu familiar, que irão ligar diariamente para informar, escutar, conversar, acolher. Além disso, irão fazer essa interlocução com a equipe e pedir para que essa espere mais alguns minutos, pois o paciente precisa falar com o pai. Essa é uma relação que se estabelece em grande parte pela necessidade afetiva que muitos pacientes apresentam. A necessidade do contato humano naquele momento, ainda mais se tratando de uma doença que já foi descrita como "a doença da solidão". A importância de ter alguém que esteja ali para além da parte técnica que cabe à Medicina, Enfermagem e Fisioterapia. Alguém que seja o elo do externo com o interno, do que está do lado de fora com o que está do lado de dentro.

Percebo que essa ponte que construímos, essa atitude disponível e empática que assumimos e manifestamos ao paciente e à sua família traz acolhimento, alívio e tranquilidade. Isso é possível por meio de uma escuta qualificada, de estar junto com o paciente e o familiar, de realizar conexões afetivas, de ser o porta-voz quando necessário. Sendo assim, tudo se estabelece rapidamente. O tempo e a gravidade das condições clínicas do paciente pedem que seja desta forma. Há alguém que precisa ser intubado. Há uma equipe pronta para realizar o procedimento. E há o psicólogo, com o celular na mão, intermediando o último contato do paciente com a sua família antes da intubação, num cenário em que ninguém sabe o desfecho.

O psicólogo e o paciente são dois desconhecidos, e juntos, conduzem aquele momento em uma relação de entrega, disponibilidade, encontro. Penso eu, que um dos nortes nesse momento para o psicólogo seja o raciocínio utilizado na intervenção em crise. O paciente está ali, dando-te a mão, e você o puxa da correnteza e diz: "Vou te conectar com a tua esposa, com a tua família"; "Estou aqui com, para e por você". Percebo que aquilo que fazemos naquele momento, e que é de maior potência, é a conexão. A gente se conecta com aquele paciente e com a sua história. Escuta-o atentamente, faz uma articulação com o que a equipe disse, abre espaço para o que o paciente sente frente toda aquela situação. Acolhe a sua fala a partir do que ele quer te falar naquele momento. Valida aquilo que é significativo para ele. Torna-o sujeito naquela cena.

Além disso, uma das premissas básicas do atendimento psicológico se concentra no estabelecimento de um vínculo favorável à relação terapêutica. Ao iniciar o contato com um paciente, Morrison[1] considera que o desenvolvimento do *rapport* é vital para que se tenha acesso a quem é a pessoa a ser atendida. Um *rapport* bem estabelecido possibilita que o paciente fale espontaneamente e revele informações pessoais importantes. O *rapport* é um sentimento de harmonia e de confiança entre o paciente e o profissional. A maneira que o psicólogo utiliza para falar e se expressar, o respeito pelos seus limites bem como pelos limites do paciente, a demonstração do seu interesse em ajudar aquela pessoa são fatores que contribuem para o estabelecimento e desenvolvimento do *rapport*. Por meio dessa atitude, vemos, escutamos e acolhemos a outra pessoa.

O destino dos *dreadlocks*

Quando J. já estava intubado, preocupei-me em garantir que seus *dreadlocks* fossem cortados, afinal, aquilo era o que ele queria. Portanto, articulamos a ação junto com a equipe e cortamos o cabelo dele. Por se tratar de material contaminado com Covid, o cabelo precisaria ser descartado, contudo, resolvemos registrar fotograficamente seu penteado para mostrar-lhe quando estivesse acordado. Aquilo era importante para o paciente, portanto, também era importante para nós transformarmos em ação o seu desejo.

E bem, com o pai, seu desejo também foi vivido! Embora por um curto intervalo, após a recuperação do paciente, ele e o pai tiveram tempo para aproveitar a presença um do outro, antes do pai falecer. J. estava feliz por saber que tinha podido viver isso!

[1] MORRISON, J. **Entrevista inicial em saúde mental**. 3 ed. Porto Alegre: Artmed, 2010.

Caso 2 – Lutando por dois

Jefferson Clayton da Silva Oliveira
Raquel Guzella de Camargo

A partir de agora, apresentaremos a descrição de um caso clínico acompanhado pelo Serviço de Psicologia do qual fazemos parte, em um hospital de alta complexidade. Antes de dar sequência à descrição propriamente dita, é importante situarmos quem realiza a leitura desta vinheta, acerca da dinâmica desse Serviço.

Nosso espaço é composto por um grupo de profissionais psicólogos que realizam suas atividades em horários pré-definidos e que se organizam entre si para atender todas as demandas que aparecem no hospital. Essas demandas podem surgir a qualquer momento, seja do dia ou da noite, tendo em vista a rotina imprevisível que caracteriza o ambiente hospitalar. Desse modo, podemos ser solicitados a qualquer tempo, não sendo raras as situações em que um profissional é chamado e faz um atendimento pontual de um caso que já está sendo acompanhado por outro colega, não disponível ou presente no momento. Dito isso, o caso que segue é fruto de um caso que foi acompanhado por dois profissionais da Psicologia do nosso Serviço.

Descreveremos aqui os atendimentos realizados a J.B., mulher, 37 anos, gestante de 25 semanas. Dos aspectos clínicos, talvez o leitor precise saber que a paciente em questão apresentava teste para Covid-19 positivo, estava hipossaturando (81% em ar ambiente) e foi levada ao atendimento de urgência e, posteriormente, encaminhada à Unidade de Terapia Intensiva do hospital em que atuamos, o qual é serviço de referência na região.

Assim que possível, realizamos um atendimento de triagem psicológica, objetivando o levante de possíveis demandas. A paciente foi atendida à beira de leito mostrando-se receptiva à abordagem. Apresentei-me como psicólogo do hospital. Durante esse atendimento, a paciente estava em máscara de reservatório de oxigênio (O_2) em cerca de 4 L/min. J.B. encontrava-se nervosa, com a respiração curta, entrecortada. Disse que era muito ansiosa e eventualmente apresentava crises de ansiedade intensas.

Naquele momento inicial, fiz o que era possível para tranquilizá-la: repassei informações sobre a dinâmica do hospital, disse que os pacientes geralmente têm dúvida; intervi na questão da ansiedade fazendo a técnica de psicoeducação sobre o manejo de uma possível crise de ansiedade – no fim das contas, acredito que o mais benéfico desse atendimento foi eu ter ensinado uma técnica de prolongamento da respiração, o que foi dito antes disso não estou certo que ela tenha fixado.

Nos dois dias que se seguiram, eu fui acompanhando a paciente pelo prontuário e, em alguns momentos, passava próximo ao leito. Pela experiência, observava que ela estava agravando, pois evoluiu com aumento do fluxo de suporte de oxigênio para manutenção da saturação >90%. Em um dos dias que passei no leito pela manhã, por ela estar pronada (Glasgow 15, com esforço respiratório e alto fluxo de oxigênio), optei por não realizar nenhum tipo de atendimento. Até esse momento, não tinha visto uma gestante pronada – é uma cena difícil de ver, tanto pela imagem criada quanto pelo possível andamento clínico.

No mesmo dia, a equipe optou pela Ventilação Não Invasiva (VNI). Esse é outro momento delicado, pois esse tipo de ventilação, embora não seja invasivo, como o próprio nome revela, não deixa de ser potencialmente ansiogênico, e talvez, até um pouco angustiante. A máscara é acoplada na cabeça do paciente fazendo movimentos intensos e sob pressão. Na sequência, após o término da VNI, estou atendendo no leito ao lado e observo que a paciente liga para o esposo e o informa de que a médica quer intubá-la.

Após o término da ligação, tenho a oportunidade de fazer a escuta. J.B. se mostra calma, apesar das manobras realizadas. Pergunto se ela gostaria que algo pudesse ser feito por ela naquele momento – ela afirma que não. Durante o atendimento, e com alguma insistência, ela questionou se eu já havia atendido outras gestantes que foram intubadas e como elas ficaram. Nesse momento, é difícil selecionar o que falar, pois já atendi casos com desfechos bem opostos. Ainda investigando a situação emocional da paciente, perguntei se ela confiava na equipe e ela respondeu de forma afirmativa. Insisti e perguntei se ela tinha dúvidas sobre o procedimento de intubação, que eu poderia chamar a médica, mas respondeu que ela já tinha sanado suas dúvidas e que não era necessário.

Posteriormente, conversei com a médica que me informou sobre nova tentativa de VNI durante a tarde, e se não lograsse êxito a paciente seria intubada. Nesse caso, não poderia dar seguimento ao atendimento e acompanhar o desenrolar do caso. Repassei a uma colega psicóloga a situação para acompanhamento.

O quadro clínico da paciente evolui e a equipe toma a decisão para o momento: a intubação é necessária. Após ser informada pelos colegas da UTI, eu, a colega psicóloga, dirijo-me até o setor e encontro a paciente já em processo de intubação. Posiciono-me na porta do quarto, afastada, de modo a não interferir na rotina dos colegas, mas tendo uma boa visualização da cena. A equipe estava a postos, todos os profissionais devidamente posicionados e já tornando efetivo o procedimento. Havia no quarto vários profissionais, alguns notadamente para executar ações e outros para observar o que seria feito. A atmosfera psicológica do ambiente era difusa – ora tensão ora segurança de que tudo estava pronto e daria certo. O que saltou aos meus olhos observadores e atentos foi o cuidado e o bem-estar com J.B. Os profissionais mais próximos a ela cruzavam olhares de ternura e segurança. A cena estava montada e todos prontos para executar as manobras necessárias com o máximo de segurança – uma cena realmente incrível sob vários aspectos.

Um ponto que vale ser destacado é o da habilidade e da segurança da médica que conduzia a intubação. Posicionada adequadamente, ela conseguia conversar e manter contato visual com a paciente – o que mantinha J.B. calma e entregue ao procedimento. Minutos antes, a médica conversava olho no olho de maneira acolhedora com J.B., que assentia positivamente quando lhe perguntavam algo. Além da médica, outros profissionais também interagiam com a paciente, especialmente para tranquilizá-la com relação ao bebê – diziam que ele estava sendo monitorado e estava bem. Todos organizados e acolhedores. Em poucos minutos, toda aquela tensão se dissipou – a intubação foi realizada, e com sucesso.

Ao final, a ventilação mecânica funcionando adequadamente e a paciente clinicamente estabilizada, acompanho os últimos movimentos da equipe e decido que é o momento de intervir – exatamente – in-tervir. Com a paciente já intubada, aproximo-me, comunicando-a que toda a equipe estaria lhe acompanhando, prestando os devidos cuidados para ela e para e seu bebê até o final dessa travessia.

Durante o que foi observado, o que chama a atenção é a atitude acolhedora percebida pela equipe, a percepção de que havia um vínculo prévio estabelecido com a paciente, um importante canal de acesso que tornou a sequência de manobras a mais humana possível. Posteriormente, em conversa com a médica, sou informada que no momento em que a paciente soube que precisaria ser intubada, manifestou desejo de ligar para seus familiares. A ponte para esse contato foi a videochamada – personagem presente em tantos outros momentos durante essa pandemia que já faz parte do nosso cotidiano; a qual serve realmente como ponte, tendo em vista a dimensão de ligações que proporciona entre quem está aqui, dentro do hospital, e quem está lá, do lado de fora.

As preocupações que acompanharam a paciente nos momentos prévios à intubação se voltaram para as questões técnicas relacionadas ao procedimento, e em como esse se daria levando em consideração ela ser uma gestante.

Como seu bebê ficaria ao longo do período de intubação? Que cuidados ele teria? Que outras experiências a equipe de saúde trazia com relação a gestantes que precisaram ser intubadas? Essas foram algumas das manifestações que J.B. expressou aos profissionais, em busca de respostas que lhe deixasse mais segura e confiante. A equipe, solícita e prestativa, gradativamente foi informando à paciente na medida em que suas dúvidas surgiam. Acolhendo suas perguntas e devolvendo-lhe respostas tranquilizadoras e explicativas. Dessa forma, ao chegar o momento efetivo da intubação, embora a ansiedade e o medo que a acompanhavam, a paciente parecia estar com um semblante calmo, paciente e atento.

Vários dias se passaram até que chegou o momento da extubação.

No final da manhã, observei o movimento da equipe em torno da paciente. J.B. possivelmente seria extubada durante a tarde. É interessante notar que esse tipo de informação geralmente está entre os colegas de UTI nos corredores e, via de regra, o psicólogo só é chamado em alguma situação muito atípica, quando algum evento interfere na conduta dos profissionais. Como acompanhei o caso desde a intubação, resolvi ficar por perto, observar a dinâmica e talvez alguma oportunidade para intervir.

Uma técnica em enfermagem disse algo que me chamou a atenção. Ela gostaria muito que J.B. fosse extubada pela médica que a intubou, como numa espécie de sucesso do caso, pois o paciente ser extubado é motivo de alegria entre todos. Ademais, a fala dela me remeteu ao que foi percebido durante o cenário pré-intubação, o cuidado, a entrega por parte de cada profissional.

Definido que J.B. seria extubada, duas fisioterapeutas e uma médica se posicionaram no leito. A médica à frente da paciente e as fisios (é assim que chamamos os colegas quando não sabemos o nome: pela profissão – espécie de metonímia muito usual na UTI) uma de cada lado do leito. A médica demonstrava alegria e felicidade enquanto uma das fisios conversava com a paciente a todo momento, explicando o que seria feito em cada passo. O tom da conversa era imperativo, na forma de comandos a serem seguidos, mas havia muito afeto por trás daquelas orientações.

J.B. estava com os membros superiores contidos, pois se encontrava muito agitada e isso evita que retirasse acidentalmente o tubo orotraqueal. As fisioterapeutas conversavam com a paciente tentando acalmá-la – falavam do bebê e que ela ficaria bem. Posteriormente, perguntei à fisioterapeuta se aquela agitação psicomotora era comum. Ela me explicou que não, era devido à combinação das drogas optada pela equipe para mantê-la sedada. J.B. respondia aos comandos a todo o momento, mas além de agitada, aparentava desespero – foi esse o sentimento que consegui depreender da observação daquela cena.

O momento exato da extubação foi extremamente rápido (questão de segundos), bem executado e, ao mesmo tempo, parecia desesperador, pois a paciente lutava para expelir o tubo orotraqueal. Ao mesmo tempo em que quem estava na sala comemorava, J.B. tossia, expelia secreção e se contorcia. Literalmente, um misto de emoções. Eu observava tanto a destreza das fisioterapeutas combinando todas as suas ferramentas psicológicas para que o procedimento tivesse sucesso quanto o desespero e alívio de J.B.

Depois de muita tosse, ânsia de vômito e expelir secreções, J.B., bastante agitada, conseguiu dizer suas primeiras palavras pós-tubo: "Bebê!". Automaticamente a fisioterapeuta já forneceu as primeiras informações: "O bebê está bem, ele está na sua barriga!". Mais alguns episódios de tosse e veio a segunda palavra: "Marido!". Aqui, atrevo-me a supor que seja uma figura de referência para a paciente, que em um momento tão mobilizador chama pelo nome de quem lhe dá segurança.

Continuei minha posição de observador. Não faço muito ideia do que pensaram sobre minha presença na cena, mas talvez intuitivamente suponho ou desejo que para eles pudesse fazer algum sentido um psicólogo ali, afinal, alguém visivelmente estava com o emocional afetado e um psicólogo cairia bem.

Na sequência, uma técnica em enfermagem trouxe um aparelho para medição dos batimentos cardíacos do nascituro. Ela justificou para J.B. que seria para que ela ouvisse esses batimentos no intuito de se tranquilizar, que tudo estava bem. Da posição de observador, logo percebi que é um procedimento padrão. Houve um evento, a extubação, que provocou intensas modificações em algo que estava há dias em um corpo em quase pleno equilíbrio. Muito assertiva/sagaz a intervenção da técnica em enfermagem, pois um procedimento de enfermagem foi utilizado com o objetivo de trazer uma informação segura. Com alguma dificuldade, J.B. ouviu os batimentos do filho, respondendo afirmativamente com a cabeça em meio à agitação que não cessava.

Minha aproximação final: cheguei bem próximo ao leito, segurei a mão de J.B. e me apresentei, disse que era o psicólogo J. e perguntei se ela se lembrava de mim – balançou com a cabeça positivamente e com veemência – o que me deixou feliz porque talvez eu poderia resgatar algo do vínculo que desenvolvemos e usar naquele momento aparentemente difícil. E foi exatamente o que aconteceu, pois sem muitas palavras, mas com presença, perguntei se eu poderia ficar ao lado dela segurando a sua mão – fiquei ao seu lado algo entre 10 e 15 minutos, tentando garantir alguma atmosfera emocional segura para aquela travessia.

Caso 3 - Aroma de tangerina

Jaquilene Barreto

Esse foi um encontro marcante. Falo marcante porque foram atendimentos intensos, marcados por momentos limites na vida da paciente: *na admissão – na transferência para UTI – durante a intubação – e no desfecho.* A minha impressão é como se eu tivesse que cruzar pela vida dessa senhora.

N. foi admitida em 2020, na enfermaria Covid em que, esporadicamente, faço alguns plantões. Veio transferida do hospital de campanha do município de origem já com o resultado de exame positivo para Covid, apresentando tosse seca, febre, inapetência, dor no corpo, Glasgow 15, em máscara de O_2 3l, saturando entre 82% – 84%. Paciente com histórico de câncer de intestino, em tratamento há 3 anos.

N. 78 anos, tinha uma aparência bem cuidada, senhora esbelta, cabelo curto e branco, com tom meio azulado. A família nos comunica o quanto é vaidosa. No primeiro atendimento, encontro a paciente sentada no leito, com máscara de reservatório. Paciente apresenta-se calma, atitude cooperativa, fala apenas o necessário, devido ao desconforto respiratório a mínimos esforços. Conta que é casada, tem filhos e que teve contato com um neto que estava com sintomas.

Na ocasião, queixa-se da falta de apetite e diz sentir vontade de chupar uma tangerina. Neste dia, realizado o primeiro contato por videochamada com os familiares (filhas), que demonstram preocupação com a condição da mãe e, para acalmá-los, N. conta com alegria que conseguiu chupar uma mexerica. Falo com as filhas, sem a presença da paciente, demonstram muito afeto, cuidado e preocupação com a mãe. Conversam sobre o receio da piora e da preocupação também com os demais membros da família, principalmente o pai, que também teve contato com a paciente.

Nos dois dias que se seguiram a paciente manteve quadro clínico com piora da tosse, inapetência, melhora do desconforto respiratório, porém com exames alterados. Do ponto de vista emocional, mantém humor adequado, aparenta boa adaptação à rotina da unidade, bom contato com as outras pacientes do quarto e com a equipe. Permanece com celular pessoal, porém diz ter falado pouco com os familiares devido à tosse, prefere se comunicar por mensagens.

Nos dias seguintes, a paciente mantém quadro de inapetência, com vômito, piora do desconforto. Há a necessidade de aumento de oxigênio, 5 dias depois, em 8 litros, em prona. Paciente foi informada de que o esposo internou na UTI do mesmo hospital com sintomas graves da Covid.

Durante o contato com os familiares – filhos demonstram preocupação, medo, sofrimento emocional intenso, com necessidade de virem até o hospital para conversar pessoalmente com a equipe médica sobre a condição dos pais – a eles ofertado escuta e acolhimento.

Do ponto de vista emocional, paciente cada vez mais quieta, mais introspectiva, fala pouco, evita contato com a família, diz se sentir cansada. Neste mesmo dia, ao final do plantão da tarde, a paciente foi encaminhada à UTI pela necessidade do aumento de oxigênio, piora dos exames e dessaturação (86%). Mantém Glasgow 15, prescrito sonda nasoenteral, prona espontânea. Paciente permanece mais quieta, responde apenas o que lhe é perguntado, aparenta preocupação e medo.

Nos próximos dias, a paciente apresenta períodos de melhora de exames, mas com piora progressiva do desconforto respiratório, mesmo mantendo 15 litros de oxigênio nos últimos dias, mantém hipossaturação, evoluindo com fadiga e piora respiratória, hipoxemia, com leve rebaixamento do nível de consciência (Glasgow 13).

Após 10 dias de internação, a paciente é informada que será intubada. Paciente concorda com o procedimento (acena com a cabeça), preferiu não falar com os familiares que estavam sendo informados pela médica que a mesma seria intubada. Procedimento realizado sem intercorrências. Neste dia estava eu lá, de plantão, acompanhando também esse momento da vida de N. Estava quieta, com desconforto respiratório, prefere não falar.

Os dias se passaram, e o atendimento se volta agora para a família, que dia após dia, recebem a videochamada, na esperança de uma notícia boa, foram dias de muitas preocupações, outros de esperança.

No decorrer dos dias, paciente com instabilidade hemodinâmica, piora da função renal, evolui com necessidade de hemodiálise.

Familiares compreendem a gravidade e a possibilidade de óbito. Foram informados no início do plantão da possibilidade de óbito nas próximas horas. No mesmo dia, paciente evolui com PCR e vem a óbito, no dia do meu plantão na unidade. Em momentos antes da PCR, e como já prevíamos a possibilidade de óbito nas próximas horas, utilizamos da videochamada para comunicar a gravidade da paciente, mas também para proporcionar um momento de despedida aos familiares.

Na ocasião, a filha solicita uma nova chamada para que pudessem se reunir para fazerem a despedida, com os filhos e os netos. Antes de realizar a videochamada, em meio a tubos, cateteres e fios, posicionamos a paciente no leito de forma confortável, penteamos seu cabelo, já que ela gostava de se apresentar aos familiares com boa aparência, preparamos a paciente para fazer o último encontro com a família. Na ocasião, foi chamado o padre da igreja na qual a paciente era membro, e também prestava serviços religiosos. Participaram da videochamada os filhos e o padre. Após oração de extrema unção, os familiares se despediram mesmo em meio a agonia e tristeza por estarem distantes, fizeram suas orações e solicitaram que a paciente fosse vestida com traje litúrgico usado pela mesma durante novenas e missas. Foi colocado junto à paciente uma oração e o seu terço, a pedido da filha. Paciente evolui a óbito, constatado pelas linhas retas no monitor, em meio à despedida da família, na presença da psicóloga e de uma técnica de enfermagem.

Esse é um caso que nos mostra as possibilidades de atuação do psicólogo com o paciente com Covid e a intensidade desses encontros. Durante a internação, pudemos presenciar o trabalho árduo da equipe médica para controlar os eventos indesejáveis, a quantidade de aparelhos ligados 24 horas por dia para o controle desse corpo e diversas medidas utilizadas para a manutenção dos parâmetros clínicos adequados – controle de sinais vitais, controle hemodinâmico, manter o corpo dentro dos parâmetros da normalidade – medidas necessárias, esse é o trabalho da Medicina: tratar e curar.

Mas, por vezes, o corpo dá sinais de seus limites, e preferimos ignorar já que, diante da falta de resposta esperada a um procedimento, tem-se outro que talvez dê conta desse limite. É preciso investir. É visível que a prioridade na UTI recai sobre a manutenção da vida – a missão é salvar vidas.

Olhar esse movimento da equipe em manter o corpo vivo, remete-nos a uma questão subjetiva importante: como trazer o *Sujeito* para dentro desse cenário? *Sujeito* esse que tem uma história, preferências, autonomia, desejos. Sabemos que o Homem não é só corpo, embora dentro da UTI, o que se vê são corpos e máquinas. Claro, vemos também os profissionais que por vezes, para manter o equilíbrio, "funcionam como máquinas", talvez para dar conta das dificuldades de entrar em contato com esse Homem, com suas dores. Mas essa é outra história, vamos ficar aqui com a história do nosso *Sujeito*.

O paciente na UTI, e especialmente o paciente adoecido por Covid, faz-nos pensar na sua destituição e na perda da sua realidade presumida. Mas sabemos que onde tem uma demanda clínica urgente para atender, há também uma demanda *psi*, ainda que não reconhecida. Então, diante desse cenário, como resgatar esse sujeito já que o nosso papel, enquanto profissional *psi*, é resgatar o Sujeito em quaisquer circunstâncias? Como olhar para o corpo simbólico?

Pensando no conceito básico de Sujeito, enquanto àquele de quem se fala, nas demandas que me foram endereçadas durante os atendimentos da paciente N. fui trilhando um caminho que pudesse olhar para essa paciente enquanto um ser-Humano, considerando algumas de suas dimensões: afetivo, comportamental e relacional.

Eu fui compreendendo que o meu papel ali, embora limitado, era estar lá, oferecendo a minha presença e esse espaço de escuta. Escuta essa própria do psicólogo, que capta aquilo que na maioria das vezes se torna imperceptível para outros profissionais. E mediante uma urgência orgânica, ele capta de forma precisa o desamparo próprio desse momento. Desamparo expresso pelas reações emocionais da paciente: desesperança, tristeza, apreensão, falta a palavra para nomear o sofrimento. Mas há gestos, olhares, silêncio, sinais que têm valor de palavras.

Durante toda a internação, enquanto a paciente estava consciente, não se observou sinais de crise psíquica, mesmo diante da notícia de que o seu esposo estava intubado. Diante também da informação de que a mesma seria intubada, a paciente não se desorganizou, reagiu com uma aparente resignação, concordando de pronto com a indicação médica.

Aprendemos com Freud que o trauma é algo que excede, causa ruptura e é insuportável para o sujeito, causando a crise psíquica. Desse modo, aprendemos a importância de avaliar e compreender em que lugar se encontra o paciente – na crise ou no sofrimento –, e intervir. Aqui coube a mim escutar esse sujeito e, a partir dessa escuta total – do que é dito, do que não é dito, dos sinais não verbais, do comportamento, das preferências, de tudo o que se pode observar – pensar nas possibilidades.

Atender um paciente grave, com possibilidade de morte e no limite de sua vulnerabilidade, requer uma intervenção dosificada, é como um remédio que tem hora, é preciso dosar nas palavras, avaliar o efeito nas reações/emoções do paciente, pois se não atentarmos para isso, esse atendimento pode ter efeitos colaterais indesejáveis. Uma intervenção importante e necessária com essa paciente foi manter a dignidade e respeitar os valores, história, desejos...

E foi trilhando esse caminho que pude compreender o meu papel diante desse cenário tão imprevisível e de difícil intervenção. Vi o quanto oferecer uma simples tangerina, proporcionar esse prazer, era algo tão importante para a paciente e também para os familiares, sendo este cuidado capaz de trazê-la para aquilo que dizia respeito às suas preferências, remetia a algo que lhe era familiar, conhecido, que fazia parte da sua história, da sua vida.

E diante da urgência que rompe com tudo aquilo que faz sentido para o sujeito, que descaracteriza, que desestabiliza, que destitui o sujeito de tudo o que lhe dá sentido, todas as intervenções realizadas tiveram como propósito manter esse significante: aquilo que era familiar, aquilo que faz parte da sua história – como elementos que trazem a paciente para um lugar mais seguro, e assim, abrimos passagem para que o Sujeito *psi* possa emergir mesmo diante do cenário de urgência, já que ao ser submerso pelo sofrimento, muitas vezes o paciente passa da condição de sujeito, para objeto.

E pensando no *Sujeito,* fiz-me presente, oferecendo a escuta, conhecendo algumas de suas preferências, mantivemos seus cabelos penteados, respeitamos os momentos de silêncio, respeitamos a recusa de falar com a família, oportunizamos a despedida da família, mantivemos a paciente no leito, após o óbito, até a chegada da roupa para vesti-la conforme o seu desejo expresso pela família, colocamos o seu terço e a sua oração em suas mãos, e assim, reunimos um pouco da sua história para que pudesse levá-la consigo.

Essa foi a intervenção possível e, após muitos questionamentos sobre a atuação do psicólogo diante de pacientes graves, intubados, com possibilidade de morte iminente, coube a mim, cuidar do Sujeito *psi,* dando-lhe voz nos momentos em que estava intubada a partir da história trazida pela paciente e seus familiares.

Três meses depois...

Atendo o esposo da dona N. no ambulatório pós-UTI. O Sr. A., 79 anos, sobrevivente da Covid, permaneceu 45 dias internado, recebeu a notícia da morte da esposa ainda no leito da UTI. Reagiu com momentos de crise emocional: recusava-se a falar com a equipe, mantinha a cabeça coberta, recusava se alimentar. Em uma conversa com a psicóloga, disse não saber como iria voltar para casa sem a esposa, disse que talvez não conseguisse entrar em sua casa.

Passada a crise, restou o sofrimento, muito sofrimento. Expresso no olhar vazio, no desânimo, na falta de perspectiva, na quebra do seu mundo. Atendo o paciente no ambulatório, ainda com queixas de dores físicas e emocionais pós-Covid: dores pelo corpo, cansaço, esquecimento, tristeza, apatia, insônia. Relata que nada é tão ruim quanto o vazio deixado pela perda da esposa.

Paciente em processo de luto, com sintomas depressivos, próprios desse momento, fala da sua dor e diz: "A pior dor que sinto é não ter podido dar um enterro digno a minha esposa. Ela merecia", "Ela morreu sozinha, sem velório, sem a família poder ver". E diante de tanto sofrimento, da dor desse Sr. que me causou angústia, mas também compaixão, tive a oportunidade de contar para ele tudo o que vivi nos atendimentos junto a D. N.

Falei para ele tudo que foi possível lembrar-se do que ela havia dito, tudo que foi possível fazer para trazer conforto a ela: oferecemos a fruta preferida dela, deixamos seu cabelo arrumado, contei das conversas dela com as outras pacientes e, por fim, disse: a dona N. não morreu sozinha, eu estava lá junto dela no momento em que seu coração lentamente parou de bater, deixei junto dela seu terço e a oração a pedido da filha...

E para sustentar essa dor, essa angústia e preencher um pouco desse vazio, procurei tecer os fios, que poderá sustentar a perda, seguir a vida adiante, ressignificar a dor, encontrar esperança, por meio da história contada sobre os últimos dias vividos pela dona N. na UTI-Covid. Essa foi a intervenção possível!

Caso 4 – O vazio que preenche tudo

Sheila Taba

No início da pandemia, quando o hospital já tinha definido a área para atendimento Covid, as demais enfermarias seguiram com seus fluxos habituais de demanda de atendimento psicológico. Afinal, outros adoecimentos seguiam mediante a uma desconhecida e temida pandemia que chegava dia após dia com muito temor a todos os profissionais da saúde, especialmente nos hospitais.

Como outros chamados ao serviço, alguém solicita a presença da psicóloga na UTI-Pediátrica. Pergunto se podem adiantar informações e a técnica de enfermagem responde, tensa: "Tivemos um óbito!" Entendo, imediatamente que não é possível obter mais informações por telefone. Pensativa e me preparando para a tristeza que iria encontrar, vou caminhando em direção à UTI-Ped. Penso e falo para mim mesma: "Seja forte! Você vai encontrar o melhor jeito de fazer esse acolhimento." Esse momento nunca é fácil.

Ao abrir a porta, ainda na antessala da UTI-Ped, eu vejo um grupo de pessoas ao redor de uma mulher, sentada numa cadeira, mergulhada em lágrimas. Logo, identifiquei que essa seria a mãe da criança que acabara de morrer. Pessoas da equipe multidisciplinar ao seu redor, explicações e acolhimento já sendo oferecidos. E aquela mulher, alheia a tudo, chorava.

A enfermeira do setor me chama de lado, juntamente com a assistente social, para nos contar que a criança chegou nessa madrugada, piorou seu estado clínico e foi a óbito no final da manhã, há pouco tempo. O detalhe é que se tratava de uma suspeita de Covid que seguiria o protocolo para o manejo com o corpo e o caixão lacrado.

Por fazermos parte de uma equipe multiprofissional habituada a trabalhar em conjunto, a assistente social, eu e a enfermeira entendemos de imediato que o acolhimento seria repleto de limitações e as orientações mais frias e pontuais. Entreolhamo-nos desnorteadas.

O que poderíamos fazer? Abraçar essa mãe desolada não seria possível, aliás, havia uma proibição clara, pois essa mulher esteve o tempo todo em contato com seu filho. Segurar o corpo ainda no quarto para aguardar outro familiar chegar? Não seria possível aguardar a chegada de outro familiar, pois a família mora em outra cidade e o corpo não poderia ficar muito tempo no leito, pois teríamos que seguir as recomendações da Comissão de Controle de Infecção Hospitalar para dar sequência ao preparo do corpo e encaminhamento ao necrotério o quanto antes, até mesmo pela necessidade de desinfecção do quarto. Por causa da suspeita de Covid, outro familiar não poderia vir, por risco de contaminação. Enfim, todas as possibilidades de acolhimento feitas em situações pré-pandemia eram restritas pelo período.

As orientações quanto aos rituais funerários de despedida também não eram nada acolhedoras. O caixão seria lacrado e não poderia ter velório. Essas eram as orientações para aquele momento específico da pandemia.

Essa situação ocorreu no início da pandemia onde tudo era assustador, desconhecido e repleto de incertezas. A equipe da assistência chorava junto com a mãe, por empatia, por medo de que essa experiência se tornasse rotina, e pela sensação de fracasso: "Não conseguimos salvar esse menino".

Todos estarrecidos, trocávamos olhares buscando as melhores formas de acolher essa mãe. Tínhamos, então, uma equipe multidisciplinar experiente diante de uma situação profundamente triste, com a sensação de total impotência. Não bastasse o fracasso diante da morte, havia a impotência das ações possíveis para o acolhimento de tanta dor. Que falta faz o recurso de um abraço nesse momento! Nenhuma técnica é tão poderosa e acolhedora quanto essa, diante do vazio que a morte deixa.

A família estava a caminho, ainda sem a informação do ocorrido. Saímos da UTI- Ped para que pudéssemos aguardá-los, sabíamos que teríamos que aguardar mais de uma hora. E, para tanto, procuramos o local mais adequado possível. Ficar próximo à UTI-Ped não seria possível, pois, em breve, iriam passar com o corpo para o necrotério. Outro local fechado, não seria indicado pelas circunstâncias e risco de contaminação. Por fim, encontramos um local agradável, sob as árvores, próximo à entrada do hospital.

Houve um longo e angustiante período de espera ao lado da mãe. O momento foi preenchido por um doloroso vazio, o qual se expressava no olhar perdido dessa mãe, que intercalava o choro ao silêncio. Aguentar essa dor e esse momento foi a intervenção possível. A presença forte (ou nem tanto) evitava o total abandono dessa jovem mulher até a chegada dos demais familiares.

Somente no momento de uma orientação específica, lembro-me do seu olhar atento, aliás, o único "olho no olho" firme. Ressalto que seriam inviáveis as despedidas e rituais, como habitualmente vivenciamos, pois não seria permitido o velório, e o caixão lacrado iria direto para o sepultamento, com poucos familiares presentes. Oriento que não fique retida nessas limitações e que consiga criar uma despedida personalizada, em momento posterior, mas, ainda assim, sem aglomeração e com os devidos cuidados. Posteriormente, soubemos que essa mãe conseguiu, de maneira muito criativa, reunir amigos em uma homenagem ao seu filho.

Finalmente os familiares chegam. Homens, adultos, que recebem a notícia dada pela própria mãe do paciente, acompanhada por nós da equipe (Assistente Social, Enfermeira e Psicóloga). Com a chegada da família, ela se permitiu desmoronar em choro, e até seu corpo se soltou frágil nos longos abraços trocados com seus familiares. O abraço paterno a segurou, com a firmeza de quem segura no colo o filho que está aprendendo a andar e acabou de cair. Os familiares, sem maiores questionamentos, choram, mas tratam da situação com objetividade e agilidade. São resolutivos, do ponto de vista das decisões pragmáticas e, logo, deixam o hospital. Sem abertura para algum tipo de acolhimento emocional. Ouviram as orientações burocráticas.

Com os pais orientamos na maneira de dar a informação para irmã de 4 anos de idade, a qual, apesar de ser tão pequena, precisaria saber do acontecido. Orientamos o uso de uma linguagem adequada com informações pertinentes, sem maiores detalhes. Enfatizamos que todos da família precisariam se fortalecer e fortalecer uns aos outros diante de tanta dor. Não tem como transmitir uma notícia ruim de uma maneira boa, porém a informação pode ser passada de forma tranquila.

Mais um óbito?

A história que se inicia na morte de uma criança continua viva na lembrança de todos que estiveram presentes naquele momento.

Dias depois do ocorrido, a enfermeira, coordenadora da UTI-Ped, solicita ajuda para a equipe, que desde aquele dia, estava muito abalada, chorando durante o plantão e esquivando-se de conversas.

Conheço a enfermeira e técnica de enfermagem há anos, mesmo assim, houve a negativa para uma conversa, mas, o choro irrompe e a possibilidade de falarmos das emoções que estão presentes surge. De maneira improvisada, encontramos um espaço reservado para conversarmos: a técnica de enfermagem, a enfermeira, a coordenadora da enfermagem, o médico, e eu, a psicóloga. Todos que estiveram presentes na assistência dessa criança no momento da intubação e do acolhimento de óbito.

Entre choro e tremores, compartilharam a dor que sentiam, falaram do medo de se contaminar, queixaram-se do desconforto dos EPI's (aventais, máscara N95, *faceshield*, touca, luvas e propés) e, por fim, a dor de lembrar de momentos de conversas com um menino que minutos depois estava morto e com quem tiveram que seguir o protocolo de manejo de corpos no contexto da doença causada pelo coronavírus. "Estávamos conversando com ele e segurando sua mão. Depois, estávamos limpando e colocando aquele corpo num saco." E, a enfermeira complementa: "Não quero nunca mais fazer esse procedimento!" (Protocolo de manejo de corpos no contexto do novo Coronavírus COVID-19).

Pairava o sentimento de culpa: "Eu falei pra ele que estaria tudo bem. Segurei sua mão e prometi que estaria com ele durante todo o procedimento e estaria ao lado dele ao acordar. Eu não imaginava que ele iria morrer... e, ele morreu!" A técnica de enfermagem chorava por ter prometido a essa criança que ficaria tudo bem.

O procedimento frio e insensível do manejo do corpo pós-morte, que a equipe teve que executar, foi um marco doloroso para as pessoas lidarem com as emoções que emergiram. Essa morte uniu todos os envolvidos numa gigantesca nuvem de dor que pairou nos profissionais e suas famílias, mais do que a família da criança poderia imaginar. A morte tocou delicadamente no coração de cada um e envolveu todos, permitindo emoções dolorosas e afetos acolhedores emergirem na vida de cada um.

Esse encontro para falar da situação vivida trouxe para a cena a pessoa que está por traz da persona de cada profissão. E, ao emergir na sua essência, cada um teve a oportunidade de fortalecer a sua identidade pessoal e se conectar verdadeiramente uns aos outros.

Foi falado tudo o que foi possível no momento, e os plantões e as atividades seguiram, com outras vivências e experiências, mas com a certeza de que essa foi ímpar.

Esse momento, em sua riqueza de detalhes seguiu na cabeça de cada profissional envolvido, querendo encontrar o que poderia ter sido feito diferente e o que motivou cada ação e decisão. Hoje, após mais de um ano do ocorrido, ao serem questionados sobre as lembranças desse caso, ouço as seguintes expressões: "Prefiro não falar, é muito difícil. Lembro de todos os detalhes." (enfermeira); "Ixi Maria! Por que falar desse caso?" (médico); "Pesado" (fisio); "Não tem como esquecer esse caso!" (Técnica de enfermagem).

A morte inesperada dentro de um procedimento que visa a manutenção da vida é por si só a contradição de uma ação. É muito claro que todos os procedimentos na área da saúde contêm riscos previstos e sabidos, assim é a intubação. Todavia, o óbito durante o procedimento é algo que impacta toda a equipe. Perguntei para a enfermeira que atua há mais de 10 anos na UTI-pediátrica: "Você vivenciou outros óbitos de crianças durante a intubação?". Ela faz uma pausa reflexiva e responde: "Não." Deixando claro que essa situação foi ímpar na sua vida profissional.

Seguimos no aprendizado da intubação Covid. Por que será que essa criança morreu? O desfecho indesejado nos traz dores, mas carrega, também, uma força surpreendente, que nos transforma. Hoje, apesar das dores vividas, entendemos que esse momento acrescentou mais do que traumatizou. Esse momento que nos arrebatou como uma forte onda no mar trouxe reflexões que transformaram os envolvidos, os quais, desenvolveram a empatia, pensaram em seus filhos e entenderam a dor da despedida como um elo que nos torna tão próximos e tão parte de uma realidade, na qual, apenas, estamos do lado de cá da história.

Esse óbito gravado em nossas mentes transforma-se em homenagem a essa criança, quando transcrito para que todos possam conhecê-la por meio dessas palavras.

Glossário

1. AEROSSOL: Partículas ainda menores que gotículas suspensas no ar.

2. AMBU: Abreviação em inglês de Artificial Manual Breathing Unit, ou seja, Unidade Manual de Respiração Artificial. Trata-se de um aparelho pequeno e portátil de fácil operação constituído por um balão conectado e uma máscara facial para oxigenação não invasiva.

3. ARRITMIA GRAVE: Alterações graves no ritmo ou na frequência dos batimentos cardíacos.

4. ASPIRADOR: Equipamento utilizado para fazer a aspiração das secreções das vias aéreas do paciente.

5. ASSINCRONIA VENTILADOR-PACIENTE: Desconexão entre o ventilador (na ventilação mecânica) e o paciente (demandas de tempo, fluxo, volume e /ou pressão do seu sistema respiratório).

6. ATELECTASIA: Fechamento dos alvéolos pulmonares em uma parte do pulmão.

7. ATELECTRAUMA: Lesão pulmonar causada pela repetição de abertura e fechamento dos alvéolos induzida pela ventilação mecânica.

8. AUSCULTA PULMONAR: Técnica do exame físico que permite aos profissionais de saúde identificar ruídos pulmonares.

9. BAIXA RESERVA DA FUNÇÃO PULMONAR: Funcionamento do pulmão no limite.

10. BAROTRAUMA: Lesão pulmonar causada por pressão muito elevada na ventilação mecânica.

11. BIOTRAUMA: Aumento dos mediadores inflamatórios provocado pela ventilação mecânica levando a várias lesões no tecido pulmonar, causada pela repetição de abertura e fechamento dos alvéolos, induzida pela ventilação mecânica.

12. BLOQUEADOR NEUROMUSCULAR: Fármaco que interrompe a transmissão dos impulsos nervosos, ocasionando o relaxamento dos músculos e das cordas vocais, facilitando a intubação orotraqueal.

13. BRONCOESPASMO: Fechamento e inchaço nas pequenas vias aéreas (brônquios e bronquíolos).

14. BOLSA-VÁLVULA-MÁSCARA (AMBU): Método por meio do qual se fornece rapidamente ventilação de resgate para pacientes com dificuldade respiratória.

15. CAPNÓGRAFO: Aparelho que monitora a concentração de dióxido de carbono nos gases respiratórios.

16. CONTENÇÃO FÍSICA: Imobilização do paciente segurando-o com as mãos ou prendendo-o ao leito por meio de faixas, lençóis, ataduras ou camisas de força. É uma medida terapêutica de exceção a ser utilizada em pacientes que estejam oferecendo riscos a si mesmos ou a terceiros, e que não estejam responsivos à contenção verbal ou química.

17. COVID-19: Nome da doença que em inglês é Corona Virus Disease (doença da corona vírus). O número 19 faz referência ao ano de 2019, ano em que foram identificados os primeiros casos. O vírus que provoca a doença é o coronavírus da síndrome respiratória aguda grave 2 [SARS-CoV-2].

18. *DELIRIUM*: Síndrome com início agudo, manifesta pela diminuição da consciência, desatenção e alterações na cognição, associados a uma causa fisiopatológica.

19. DERRAME PLEURAL: Acúmulo de líquido entre os tecidos que revestem os pulmões e o tórax.

20. DESMAME DA VENTILAÇÃO MECÂNICA / DESMAME VENTILATÓRIO: Procedimento de gradual retirada do suporte oferecido pelo respirador mecânico. Ele poderá durar algumas horas ou vários dias.

21. DESMAME DIFÍCIL: Condição clínica em que há dificuldades para a interrupção do suporte com ventilação mecânica, relacionada à gravidade da doença atual e à reserva funcional respiratória prévia.

22. DESSATURAÇÃO: Queda dos níveis de oxigênio no sangue.

23. DOENÇA PULMONAR OBSTRUTIVA CRÔNICA (DPOC): Um grupo de doenças pulmonares que bloqueiam o fluxo de ar e dificultam a respiração como Obstrução da passagem de ar pelos pulmões, dificultando a respiração, como a bronquite crônica e o enfisema.

24. EDEMA AGUDO: Acúmulo de líquido no interior dos pulmões.

25. EDEMA DE GLOTE: Inchaço na glote (garganta), prejudicando a passagem do ar para os pulmões.

26. ESCALA DE GLASGOW / GLASGOW – ESCALA DE COMA DE GLASGOW: Sistema padronizado para avaliação das respostas a estímulos em paciente neurologicamente comprometido. São atribuídos valores numéricos às deficiências de resposta de três categorias: abertura dos olhos, resposta verbal e capacidade de resposta motora. Esses valores são somados. Os resultados numéricos mais baixos indicam as situações clinicamente mais graves.

27. ESTIRAMENTO: Alongamento excessivo ou além dos limites normais do músculo.

28. EXTUBAÇÃO: Remoção do tubo orotraqueal.

29. EXTUBAÇÃO ACIDENTAL: Quando há um deslocamento do tubo orotraqueal para fora da via aérea de maneira não intencional.

30. FALÊNCIA DE EXTUBAÇÃO: É o desenvolvimento de insuficiência respiratória em até 48 horas após a extubação com necessidade de nova IOT.

31. FULLFACE: Máscara que cobre todo o rosto, utilizada em Ventilação mecânica Não Invasiva.

32. GASOMETRIA: Exame de sangue que avalia os valores de pH, oxigênio e dióxido de carbono.

33. HELMET: Capacete ou cápsula respiratória que serve para fazer ventilação não invasiva, sendo mais confortável que as máscaras de oxigênio habituais.

34. HIPERCAPNIA: Quando o organismo não consegue eliminar dióxido de carbono pelo sistema respiratório, causando aumento das concentrações do gás no sangue.

35. HIPEREXTENSÃO CERVICAL: Extensão da cervical além da sua capacidade normal.

36. HIPOSSATURANDO: Quando o paciente apresenta baixo nível de oxigênio no sangue.

37. HIPOXEMIA SILENCIOSA: Quando, apesar de baixos níveis de oxigênio no sangue, o paciente é oligossintomático, ou seja, não sente o desconforto respiratório proporcional à gravidade da insuficiência respiratória.

38. HIPOXEMIA: Baixo nível de oxigênio no sangue.

39. INTUBAÇÃO OROTRAQUEAL (IOT): Procedimento para colocação de um tubo na boca do paciente, passando pelas cordas vocais, e indo até a traqueia, a fim de proporcionar o suporte ventilatório por meio da ventilação mecânica.

40. INSTABILIDADE HEMODINÂMICA: Pressão arterial persistentemente anormal ou instável.

41. INSUFICIÊNCIA RESPIRATÓRIA AGUDA (IRPA): Falência do sistema respiratório em realizar trocas gasosas, isto é, a incapacidade em absorver oxigênio, eliminar dióxido de carbono ou ambos.

42. LARINGOSCOPIA: Visualização por meio de um laringoscópio das vias aéreas (faringe e laringe) para proceder à intubação orotraqueal.

43. LARINGOSCÓPIO: Instrumento utilizado para facilitar a visualização do acesso à laringe, constituído de um cabo e de uma lâmina. Existem diversos tamanhos e formatos.

44. MÁSCARA NÃO REINALANTE: Máscara que tem uma bolsa na parte frontal, em que o oxigênio que vem do cilindro fica armazenado. Diferente das demais máscaras, sua estrutura impede que o paciente inale o gás carbônico expirado por ele.

45. MÁSCARA DE NEBULIZAÇÃO: Máscara que cobre a boca e o nariz utilizada para levar o oxigênio ao paciente.

46. MÁSCARA DE RESERVATÓRIO DE OXIGÊNIO (O_2): Máscara usada em ventilação mecânica não invasiva com um reservatório que armazena oxigênio da respiração anterior, aumentando a concentração inalada pelo paciente.

47. NEBULIZAÇÃO: Método para administrar medicamentos ou oxigênio em forma de vapor.

48. NEUROPATIA DO DOENTE CRÍTICO: Quadro de comprometimento predominantemente motor, de natureza axonal, distribuição simétrica e instalação aguda que atinge pacientes internados em unidades de terapia intensiva.

49. PARÂMETROS VENTILATÓRIOS: O ventilador mecânico é ajustado para funcionar com determinadas valores de frequência, pressão, fração inspirada de oxigênio, volume de ar, sensibilidade de disparo, tempo de duração, etc.

50. PATÊNCIA DAS VIAS AÉREAS: Quando as vias aéreas estão livres, desobstruídas, sem impedimentos para a passagem do ar.

51. PERFUSÃO: Genericamente falando, é a passagem de sangue aos tecidos e órgãos. E, mais especificamente, é o mecanismo que bombeia sangue aos pulmões.

52. PNEUMOTÓRAX: Presença de ar entre os pulmões e a parede torácica, resultando no colapso parcial ou total dos pulmões.

53. PRESSÃO NEGATIVA: Existem duas formas de ventilação mecânica: pressão positiva e pressão negativa. A positiva força ar de fora para dentro dos pulmões; a pressão negativa cria um vácuo nos pulmões que puxa o ar para dentro (modo não mais utilizado).

54. PRONA: Posição em que o paciente fica de barriga para baixo.

53. REFRATÁRIA: Condição que não melhora com os tratamentos instituídos.

55. RESPIRAÇÃO ESPONTÂNEA EM TUBO T: Quando o paciente é desconectado da ventilação mecânica e ventila naturalmente ligado a uma fonte umidificada e com oxigênio.

56. RESTRIÇÃO DA MOBILIDADE CERVICAL: Quando o movimento na região do pescoço encontra-se limitado.

57. RETROGNATIA: Quando a mandíbula (parte inferior da boca) está posicionada mais posteriormente à maxila (parte superior da boca), levando o queixo a ficar mais para trás e afundado.

58. SARCOPENIA: Diminuição da massa muscular.

59. SATURAÇÃO DE OXIGÊNIO: Medida que corresponde ao conteúdo de oxigênio no sangue. É expressa em porcentagem.

60. SÍNDROME DA ANGÚSTIA RESPIRATÓRIA AGUDA (SARA) / SÍNDROME DO DESCONFORTO RESPIRATÓRIO AGUDO (SDRA): Insuficiência respiratória provocada por diversas doenças que causam acúmulo de líquidos e fluidos nos pulmões e redução do oxigênio no sangue. O paciente sente falta de ar, a respiração fica rápida e superficial e a pele pode ficar manchada ou azulada (cianose).

61. SÍNDROME RESPIRATÓRIA AGUDA GRAVE (SRAG): É a forma grave (insuficiência respiratória aguda) das infecções virais que causam síndrome gripal (vírus Sars-Cov-2 agente etiológico da COVID-19, vírus H1N1).

62. TAQUICARDIA: Quando os batimentos cardíacos estão acelerados.

63. TESTE DE RESPIRAÇÃO ESPONTÂNEA (TRE): Retira-se o paciente do ventilador mecânico conectando-o a uma fonte de oxigênio por meio de um tubo t durante pelo menos 30 minutos. Testa-se a possibilidade de extubação.

64. TOSSE EFETIVA: Quando o reflexo da tosse está presente e é efetivo para eliminar as secreções das vias aéreas.

65. TOTALFACE: Máscaras que cobrem todo o rosto.

66. TRAQUEOSTOMIA: Procedimento cirúrgico no qual se faz uma abertura na parede anterior da traqueia, com o objetivo de fornecer ao paciente uma possibilidade para respirar.

67. TRAQUEOSTOMIZADO: Paciente que recebe o procedimento de traqueostomia.

68. TROMBOEMBOLISMO PULMONAR: Obstrução das artérias pulmonares ou um de seus ramos por um coágulo sanguíneo (trombo).

69. TUBO OROTRAQUEAL: Tubo inserido desde a boca do paciente até a sua traqueia, de forma a manter uma via aberta até o pulmão para garantir a respiração adequada.

70. ÚLCERA POR PRESSÃO: Lesão na pele ou no tecido em decorrência da pressão prolongada sobre a pele provocada pela imobilização prolongada na cama.

71. VENTILAÇÃO MANUAL: Ventilação com ambu (bolsa-válvula-máscara). A máscara é mantida, manualmente, na face do paciente, na sequência, aperta-se a bolsa que leva oxigênio para o pulmão.

72. VENTILAÇÃO MECÂNICA INVASIVA – VENTILAÇÃO MECÂNICA: Método de suporte de ventilação e oxigenação de pacientes com insuficiência respiratória aguda ou crônica agudizada, por meio de ventilador mecânico e ou respirador.

73. VENTILAÇÃO NÃO INVASIVA (VNI): Auxílio ventilatório por meio da administração com pressão positiva por meio de máscaras para pacientes portadores de insuficiência respiratória aguda.

74. VENTILADORES MECÂNICOS MICROPROCESSADOS: Equipamentos projetados para realizar a ventilação artificial de pacientes.

75. VOLUTRAUMA: Aumento dos volumes de gases.

Posfácio

Este livro foi escrito a partir do trabalho da equipe de Psicologia Hospitalar do Hospital Universitário do Oeste do Paraná (HUOP), da cidade de Cascavel, no Paraná, com as participações da psicóloga Chefe do Serviço de Psicologia do Hospital de Clínicas de Porto Alegre e de duas psicólogas do nordeste: uma, professora do Departamento de Psicologia da Universidade do Ceará (UFC), e outra, mestranda em Psicologia da Saúde na Bahia. Esta é a turma que, sob a coordenação do professor Alfredo Simonetti, de São Paulo, escreveu o que vocês acabaram de ler.

Todos nós, psicólogos hospitalares, ao atendermos os pacientes, geralmente vamos de mãos vazias. Nós não carregamos papel nem caneta, nada de prancheta ou protocolo, não damos injeção, não ajeitamos o soro, não introduzimos ou retiramos tubos. Fazemos isso como um gesto estratégico, que sinaliza para o paciente que não temos nada para fazer na cena hospitalar a não ser conversar com ele. É assim quando estamos atendendo ao paciente no hospital, mas logo em seguida fazemos as anotações no prontuário e nos preocupamos em registrar os atendimentos pensando no outro lado do trabalho do psicólogo hospitalar: a pesquisa. No Ambulatório Pós-UTI, que funciona no HUOP, no qual acompanhamos os sobreviventes de UTI, além do atendimento clínico, também aplicamos testes e protocolos, entrevistamos pacientes e familiares e escrevemos relatos de casos. Ao percebermos que já tínhamos uma boa base de dados veio a ideia de fazer alguma coisa com estes.

Entre nós temos o hábito de brincar, dar muitas e boas risadas e, por vezes, dizemos que somos "sem noção" – quando temos ideias e planos muito "loucos". E foi em um desses momentos, vivendo essa inquietação, que resolvemos entrar em contato com outros psicólogos para talvez compartilhar aquilo que vínhamos fazendo no hospital.

Nesse tempo de pandemia, a tecnologia foi uma aliada, pois tivemos a oportunidade de conhecer mais de perto o trabalho de outros colegas e de compartilhar ideias. E foi em uma dessas *lives* que me identifiquei com o trabalho do Dr. Simonetti. Já conhecia outros trabalhos dele, e sabia que ele costumava entrar em contato com outros profissionais da área da psico para saber mais sobre a atuação dos colegas em determinados contextos. Diante disso, resolvemos enviar uma mensagem despretensiosa ao Dr. Simonetti para apresentar os dados do nosso Ambulatório Pós-UTI. Eu imaginei que talvez obtivéssemos resposta já que ele costumava fazer o mesmo. Após dois dias, recebi retorno da mensagem, dizendo que ele teria interesse em saber mais sobre o convite; ele topou. Fizemos um contato por telefone e a partir daí iniciaram os nossos encontros. Encontros que aproximam, que agregam, que encorajam, que nos dá disposição, coragem e ousadia para irmos além daquilo que antes imaginávamos ser apenas uma conversa e, com a ajuda da tecnologia, estivemos tão próximos e conectados.

Em abril de 2021, tivemos o nosso primeiro encontro *on-line* com o prof. Simonetti, encontro, nada programado, já que não sabíamos ao certo o que iríamos falar. Ainda me lembro do primeiro dia, o quanto estávamos todos na expectativa, ansiosos, já que nos parecia alguém tão distante. Aos poucos nós fomos nos aproximando, tendo uma relação, ouvindo aquilo que o "mestre" poderia nos ensinar. E de um encontro despretensioso, após muitas conversas, boas risadas e aproximação, fomos surpreendidos com o convite para colocar todos aqueles questionamentos, experiências, indagações e conhecimentos em um livro. Esse foi o início da realização desse sonho.

Ao se sentir escutado você vai adiante, você se arrisca, você se sente capaz, você enxerga e escuta as possibilidades que a vida e o momento trazem. E foi assim que aconteceu comigo, e também com todos. Digo isso porque percebia nos nossos encontros o quanto cada um se sentiu parte desse projeto, o quanto cada um se sentiu capaz, o quanto cada um apostou que daria certo. E foi assim, apostando no potencial e na contribuição de todos que materializamos esse sonho, sonho esse sonhado por vários.

E desse modo, nesses encontros de perto e de longe, esse livro se tornou um livro de relações. De relações humanas entre autores, colaboradores e entrevistados – profissionais, pacientes e familiares. Nenhum encontro desses foi pró-forma, acadêmico, ao contrário, todos foram cheios de significância, de conexão, de interesse, de oportunidade, de crescimento. Mas também de muito conhecimento sobre o ser humano diante de sua vulnerabilidade – isso você pode ver neste livro. Quando o encontro se dá por outras vias – da conexão, do interesse, da vontade de conhecer –, a escuta e o olhar se amplificam e, a partir daí, vem a possibilidade de muito aprendizado.

Por ser um livro de encontro e relações, ele foi feito por muitas mãos, ideias e arrumações. Cada um interessado naquilo que o outro poderia acrescentar, sugerir, criar, escrever. Foi um tempo em que nos sentimos "tomados pelas ideias do mesmo jeito que os autores de ficção ficam tomados pelos seus personagens", como me disse um dia o prof. Simonetti, ao contar em um desses encontros que havia sonhado com um "trecho" do livro.

Ao escrever no posfácio, tenho a sensação de que cumprimos com nosso objetivo, mas o que permanecerá é a sensação de um sonho realizado e o aprendizado de que encontros transformam, produzem afeto e movimento.

Outro nascedouro deste livro foi a nossa angústia profissional, pessoal e ética em não saber o que fazer com o nosso paciente zero. Aquele jovem de 29 anos que não queria ser intubado. O que estaria acontecendo com aquele jovem prestes a ser intubado, mas que, por sua dificuldade respiratória, não conseguia explicar. Este caso angustia a todos e, em especial, a equipe de psicólogos, a qual se reúne para falar desse paciente, dessa situação e começa a se indagar: "Como devemos nos preparar para o momento?". Inicia-se, então, a jornada de preparação para pensar na assistência psicológica neste momento específico: o da pré-intubação imediata.

Pesquisamos na literatura, perguntamos a profissionais que também se deparam com essa vivência (psicólogos, médicos, enfermeiros e fisioterapeutas) e ouvimos as experiências dos pacientes que passaram por este procedimento e puderam falar da subjetividade do momento.

O nosso paciente zero lutou bravamente para não ser intubado, foi ao seu limite físico e emocional e a equipe multidisciplinar da assistência se angustiou junto. O momento estava submerso na angústia e todos os envolvidos transpiravam essa emoção. A morte desse paciente deixou de herança muitas reflexões e, em cima de cada questionamento, nos impulsionamos a novas descobertas. Um mês depois da morte desse paciente, nós tivemos a oportunidade de encontrar sua mãe, que mobiliza ainda mais nosso desejo em transformar essa e tantas histórias num aprendizado ampliado e sensível em busca de uma prática que atue além das palavras e gestos, que se concretize na empatia, na atitude compassiva e na "presença disponível" como essência.

Entrar em contato com aquela mãe e poder ouvi-la após a perda do filho único, deu-nos a ideia de quem foi essa pessoa. Esse filho não era apenas mais um que teve a vida interrompida pela Covid, não era apenas um número. Além de saber de sua história, de seus gostos, preferências, ver os seus pertences e acolher o sofrimento e a dor inominável daquela mãe, com uma falta que nada preenche, deparamo-nos também com o nosso vazio, vazio de palavras que não dá conta de tão grande sofrimento, vazio e angústia, pois o que nos restou foi a escuta, a presença e o silêncio. Despedimo-nos daquela mãe com os olhos marejados e um nó bem grande na garganta, nó esse que começa a ser ressignificado ao encontrarmos o caminho em que as palavras puderam ser ditas e compartilhadas por meio de relatos de pacientes, profissionais de saúde, familiares, dos nossos pares psicólogos; e, por fim, da nossa equipe de Psicologia, que mediante as várias demandas desse momento de pandemia, propôs-se ao desafio de encontrar saídas, respostas e também consolo, transformando as inquietações diárias, o estresse, a impotência em palavras, em ações. Palavras essas que nos inundaram de ideias, sonhos, e por que não realizações? Ideias discutidas entre nossa equipe, discussão de casos, reflexões, possibilidades, aguçando a criatividade, pois o novo da pandemia exigia mudanças, resposta de nós – psicólogos.

Escrevemos este livro na ventania, quer dizer, na pandemia da Covid-19, a qual trouxe interrupções, sofrimento e dor. Ela trouxe também inquietações. Inquietações sociais, coletivas, individuais, profissionais. Ela trouxe a necessidade de repensar saberes e fazeres. Dessas inquietações produzimos conexões, aproximações e transformamos nosso dia a dia. Nós fomos além!

O trabalho com pessoas envolve isso: ir além, criar laços, transformar. Sem perceber, transformamo-nos nesse processo. Conscientemente, escolhemos viver a travessia e assumimos uma atitude diante do que o cenário nos solicitava. E assim, chegamos aqui.

Os Autores

Referências

AITKEN L M, CASTILLO M I, ULLMAN A, ENGSTR ¨om A, CUNNINGHAM K, RATTRAY J. What is the relationship between elements of ICU treatment and memories after discharge in adult ICU survivors? **Aust Crit Care**, 2016; 29:5-14, quiz 15.

AMERICAN PSYCHIATRIC ASSOCIATION. **Manual diagnóstico e estatístico de transtornos mentais**: DSM-5. 5.ed. Porto Alegre: Artmed, 2014.

ANTONIAZZI, A. S., DELL'AGLIO, D. D., Bandeira, D. R. **O conceito de coping**: uma revisão teórica. Estudos de Psicologia, 3(2), 273-294. 1998.

ARIÈS, P. (1977). **A história da morte no Ocidente**: da idade média aos nossos dias. Rio de Janeiro: Nova Fronteira, 2017.

BITENCOURT, A. G. V., et al. Análise de estressores para o paciente em Unidade de Terapia Intensiva. **Revista Brasileira de Terapia Intensiva**, 19, 53-59, 2007.

BOTEGA, N. J. **Prática psiquiátrica no hospital geral**: interconsulta e emergência. 4 ed. Porto Alegre: Artemed, 2017. p. 5 36.

BOWLBY, J. **Apego e perda: tristeza e depressão**. 3 ed. São Paulo: Martins Fontes, 2004.

BRASIL. **Conselho Federal de Psicologia**. Resolução n. 4 de 26 de março de 2020. Dispõe sobre regulamentação de serviços psicológicos prestados por meio de Tecnologia da Informação e da Comunicação durante a pandemia do COVID. Diário Oficial da República Federativa do Brasil, Brasília (DF), 2020 Mar 26; Seção 1:61.

CAMINHA RM (Org.). **Transtornos do estresse pós-traumático (TEPT): da neurobiologia à terapia cognitiva**. São Paulo: Casa do Psicólogo.

CAPUZZO, M., et al. **Analgesia, sedation, and memory of intensive care**. J. Crit Care, 16, 83-89. 2001.

COSTA, J. B. da; MARCON, S. S.. Elaboração e avaliação de um instrumento para identificar memórias referentes à Unidade de Terapia Intensiva. **Jornal Brasileiro de Psiquiatria**. 58 (4), 2009. https://doi.org/10.1590/S0047-20852009000400002

COSTA, J. B. da; MARCON, S. S., ROSSI, MR. Transtorno de estresse pós-traumático e a presença de recordações referentes à unidade de terapia intensiva. **Jornal Brasileiro de Psiquiatria** (UFRJ. Impresso), v. 61, p. 13-19, 2012.

COSTA, J. B. da, et al. Fatores estressantes para familiares de pacientes criticamente enfermos de uma unidade de terapia intensiva. **Jornal Brasileiro de Psiquiatria** (UFRJ. Impresso), v. 59, p. 182-189, 2010.

COSTA, J. B. da, et al. Psychological disorders in post-ICU survivors and impairment in quality of life. **Psychology & Neuroscience**, v. 12, p. 391-406, 2019.

COSTA, J B., et al. Sedação e memórias de pacientes submetidos à ventilação mecânica em unidade de terapia intensiva. **Revista Brasileira de Terapia Intensiva**, 2014; 26(2): 122-129.

CHADLI A, et al. Covid-19: patient care after discharge from the intensive care unit. **The international jornal of clinical practice**, 2021

CREPALDI, M. A., et al. **Terminalidade, morte e luto na pandemia de COVID-19**: demandas psicológicas emergentes e implicações práticas. Estudos de Psicologia (Campinas), 37, 2020.

CRUZ, C. D.; RACHEL Riera. **Comunicando más notícias**: o protocolo SPIKES, 2016.

CUNHA, F. A., DE SOUSA OLIVEIRA, A. F. Complicações decorrentes da ventilação mecânica ao paciente de unidades de terapia intensiva (UTI) adulto. **Health Research Journal**,1(1), 138-161, 2018.

DAVYDOW, D. S., et al. **Posttraumatic stress disorder in general intensive care units survivors**: A systematic review. Psychiatric General Hospital, 30, 421-434

DECETY, J.; JACKSON, P. L. The Functional Architecture of Human Empathy. **Behavioral and Cognitive Neuroscience Reviews**. p. 71-100. 2004.

DEMOROUTI, E. Individual strategies to prevent burnout. In: M. P. Leiter, A. B. Bakker, & C. Maslach (Orgs.). **Burnout at work**: A psychological perspective (pp. 32-55). New York: Psychology Press, 2014.

DUARTE, T. D. L., et al. Repercussões psicológicas do isolamento de contato: uma revisão. **Psicologia Hospitalar**, 13(2), 88-113, 2015.

ESPINHA, T. G., AMATUZZI, M. M. **O cuidado e as vivências de internação em um hospital geral**. Psicologia: teoria e pesquisa, 24, 477-485, 2008.

ELY E. W, et al. Effect on the duration of mechanical ventilation of identifying patients capable of breathing spontaneously. **N Engl J Med.**, 335(25):1864-9, 1996.

ESTEBAN A, et al. A comparison of four methods of weaning patients from mechanical ventilation. Spanish Lung Failure Collaborative Group. **N Engl J Med.**, 332(6):345-50, 1995.

FIGLEY C. R. **Compassion fatigue as secondary traumatic stress disorder**: an overview. p.1-20. New York: Brunnar/Mazel, 1995.

FOLKMAN, Susan, RICHARD S. Lazarus. An Analysis of Coping in a Middle-Aged Community Sample. **Journal of Health and Social Behavior**, 21, n. 3 219–39. 1980.

FREUD, S. Reflexões para os tempos de guerra e morte. In: **Introdução ao narcisismo**: ensaios de metapsicologia e outros textos (1914-1916). Souza, P. C. (Trad.). Vol. 12. São Paulo: Companhia das Letras, 2010.

INGRAVALLO, F. Death in the era of the COVID-19 pandemic. **The Lancet Public Health**, 5(5), e258. 2020.

IZQUIERDO, I. **A arte de esquecer**: Cérebro, Memória e Esquecimento. 3 ed. vol. 3. Rio de Janeiro, 2004.

GAIARSA, J. A. **Respiração, angústia e renascimento**. São Paulo: Ágora, 2010.

JONES C, GRIFFITHS R D, HUMPHRIS G, SKIRROW PM. Memory, delusions, and the development of acute posttraumatic stress disorder-related symptoms after intensive care. **Crit Care Med**. 2001;29(3):573-80.

KANFER, F. H., SASLOW, G. **An outline for behavioral diagnosis**. Behavior therapy assessment, 495-506, 1976.

KOHLENBERG, R. J., TSAI, M. **Psicoterapia analítica funcional**: Criando relações terapêuticas intensas e curativas. ESETec, 2001.

KOK, V. C. Compassionate extubation for a peaceful death in the setting of a community hospital: a case-series study. **Clinical interventions in aging**, 10, 679, 2015.

KNUDSEN, K., et al. Awake intubation creates feelings of being in a vulnerable situation but cared for in safe hands: a qualitative study.**BMC anesthesiology**, vol. 16,1 71. 30 Aug. 2016. doi: 10.1186/s12871-016-0240-z

LAGO, Kennyston Costa. **Fadiga por compaixão**: quando ajudar dói. 210 f. Dissertação (Mestrado em Psicologia Social, do Trabalho e das Organizações) Universidade de Brasília, Brasília, 2008.

LAGO, K C. **Compaixão e Trabalho**: como sofrem os profissionais de saúde. Tese de Doutorado, UNB, 2013.

LAGO, K., CODO, W. **Fadiga por compaixão**: o sofrimento dos profissionais em saúde. Editora Vozes: Petrópolis, 2010.

LEVINE, P. A. Imobilizado pelo medo: aprendendo com os animais. In: **Uma voz sem palavras**: como o corpo libera o trauma e restaura o bem-estar. São Paulo: Summus, 2012. Cap. 4, p. 48-76.

LISBÔA, M. L., CREPALDI, M. A. Ritual de despedida em familiares de pacientes com prognóstico reservado. **Paidéia**, 13(25), 97-109, 2003.

LUIZ, T. D. S. C., SILVA, O. C. D., VENTURA, T. C. C., DRESCH, V. Caixa de memórias: sobre possibilidades de suporte ao luto em unidade de terapia intensiva durante a pandemia de COVID-19. **Revista Brasileira de Terapia Intensiva**, 32, 479-480, 2020.

MARTINS, A., SILVA, A. I., NÊVEDA, R. Ajustamento psicológico de doentes com insuficiência respiratória crónica em ventilação mecânica domiciliária. **Revista Portuguesa de Psicossomática**, 7(1-2), 125-137, 2005.

MORSE, J. M., et al. Exploring Empathy: A conceptual fit for nursing practice? **Jounal of nursing scholarship**. 24(4) p. 273-280, 1992.

MORRISON, J. **Entrevista inicial em saúde mental**. 3 ed. Porto Alegre: Artmed, 2010.

MURTA, S.; TRÓCCOLI, B. **Stress ocupacional em bombeiros**: efeitos de intervenção baseada em avaliação de necessidades. Estudos de Psicologia (Campinas). 24. 10.1590/S0103-166X2007000100005, 2007.

NATIONAL HEALTH COMMISSION OF CHINA. **A notice on the issuance of guidelines for emergency psychological crisis intervention in pneumonia for novel coronavirus infections**, 2020.

ORGANIZAÇÃO MUNDIAL DA SAÚDE. CID-10 **Classificação Estatística Internacional de Doenças e Problemas Relacionados à Saúde**. 10 rev. São Paulo: Universidade de São Paulo; 1997.

PARKES, C. M. **Amor e perda**: as raízes do luto e suas complicações. São Paulo: Summus, 2009.

PRESTO B, DAMÁZIO L. **Fisioterapia na UTI**. 2. ed. Rio de Janeiro: Elsevier, 2009.

RATTRAY J E, JOHNSTON M, WILDSMITH J A. **Predictors of emotional outcomes of intensive care**. Anaesthesia, 2005; 60:1085-92

RINGDAL M, JOHANSSON L, LUNDBERG D, BERGBOM I. Delusional memories from the intensive care unit-experienced by patients with physical trauma. **Intensive Crit Care Nurs**, 2006;22(6):346-54.

ROMANO, B. W. **Princípios para a prática da psicologia clínica**. Casa do Psicólogo, 1999.

SAMUELSON K A, LUNDBERG D, FRIDLUND B. Stressful memories and psychological distress in adult mechanically ventilated intensive care patients – a 2-month follow-up study. Acta Anaesthesiol Scand, 2007;51(6):671-8.

SCHELLING G, et al. Exposure to high stress in the intensive care unit may have negative effects on health-related quality-of-life outcomes after cardiac surgery. **Crit Care Med**. 2003;31(7):1971-80.

SCRAGG P, JONES A, FAUVEL N. **Psychological problems following ICU treatment. Anaesthesia**, 2001;56:9-14.

SILVA, M. J. P., ARAÚJO, M. M. T. Comunicação em Cuidados Paliativos. In: CARVALHO, R. T., PARSONS, H. A. (Orgs.). **Manual de Cuidados Paliativos**. 2 ed. Academia Nacional de Cuidados Paliativos, 2012.

SIMONETTI, A. **A cena hospitalar**: psicologia médica e psicanálise. Belo Horizonte: Artesã, 2018.

SIMONETTI. A. **Curso à distância** – Terapia de Crise & estresse pós--traumático, 2020.

SIMONETTI, A. **Manual de Psicologia Hospitalar:** o Mapa da doença. Belo Horizonte: Artesã, 2018.

SNAITH, R. P.; ZIGMOND, A. S. **Escala de Depressão e Ansiedade Hospitalar** (Hospital Anxiety and Depression Scale – HADS), 1994.

TAMAYO, M. R.; Mendonça, H.; Silva, E. N. Relação entre estresse ocupacional, coping e burnout. In: M. C. Ferreira, H. Mendonça (Orgs.). **Saúde e bem-estar no trabalho**: Dimensões individuais e culturais (pp. 35-61). São Paulo: Casa do Psicólogo, 2012.

VALDEMAR A. Angerami-Camon. **E a Psicologia entrou no hospital**. São Paulo: Cengage, 2003.

VARGAS, M. H. M., SCHERF, M. F., SOUZA, B. S. Principais critérios relacionados ao sucesso e insucesso do desmame da ventilação mecânica invasiva. **Rev. Saúde Integrada**. [Internet], 12(23), 162-77, 2019.

WANG, C., et al. Immediate psychological responses and associated factors during the initial stage of the 2019 coronavirus disease (COVID-19) epidemic among the general population in china. **International Journal of Environmental Research and Public Health**, 17(5), 1729, 2020.

WANG D, et al. **Clinical characteristics of 138 hospitalized patients with 2019 novel coronavirus-infected pneumonia in Wuhan**. China: JAMA, 2020.

WARE, J. E., SHERBOURNE, C. D. The MOS 36-Item Short-Form Health Survey (SF-36): I. Conceptual framework and item selection. **Medical Care**, 1992, 30 473-483.

WEISS D S, MARMAR C R. **The Impact of Event Scale** – Revised. In: J. P. Wilson & T. M.

YANG X, et al. Clinical course and outcomes of critically ill patients with SARS-CoV-2 pneumonia in Wuhan, China: a single-centered, retrospective, observational study. **Lancet Respir Med**, 2020;8(5):475-81.

Referências complementares

ALVES, R. **O amor que acende a lua.** Editora Papirus, 2011.

ANDRADE, C. D. **Sentimento do mundo** (Mãos dadas).

ANGELO, H., de Medeiros Batista, L., DOS SANTOS VASCONCELOS, A., DA SILVA FERNANDES, D. B., & CAVALCANTI, U. D. N. T. Mudanças da atuação multiprofissional em pacientes com COVID-19 em unidades de terapia intensiva. **Health Residencies Journal-HRJ**, 1(7), 32-51.77.

ALVES, R. A morte como conselheira. In: CASSORLA, Roosevelt M. S. (Coord). **Da morte**. Campinas: Papirus, 1991.

BARBOSA, S C., SOUZA, S., Moreira, J S. Fadiga por compaixão como ameaça à qualidade de vida profissional em prestadores de serviços hospitalares. **Revista psicologia organizações e trabalho**, 2014.

BEZERRA, C. B., et al. Impacto psicossocial do isolamento durante pandemia de Covid-19 na população brasileira: análise transversal preliminar. **Saúde e Sociedade**, 29, e200412.

BRASIL. **Conselho Federal de Psicologia**. Oficio-Circular n. 40/2020/GTec/CG-CFP. Carta de Recomendações sobre Coronavírus do Conselho Federal de Psicologia.

BROOKS, S. K., et al. **The psychological impact of quarantine and how to reduce it: rapid review of the evidence**. The Lancet. v. 395, p. 912-920, 2020. Disponível em: <https://www.thelancet.com/article/S0140-6736(20)30460-8/fulltext#>.

CABIANCA Ca, MENEGHETI Gg, BERNARDI Ic, GURGEL Sj, Ac. Comparação entre Escala de Performance de Karnofsky e Escala de Avaliação de Sintomas de Edmonton codeterminantes na assistência paliativa. **Rev Soc Bras Clin Med**., 2017 jan-mar;15(1):2-5.

CARVALHO CCR, JUNIOR CT, FRANCA SA. III Consenso Brasileiro de Ventilação Mecânica – ventilação mecânica: princípios, análise gráfica e modalidades ventilatórias. **J Bras Pneumol**. 2007;33(Supl 2): S 54-S 70.

CARVALHO, CRR, FERREIRA JC, COSTA ELV. **Ventilação mecânica** – Princípios e Aplicação. Ed Atheneu; 2015.

CRISPIM, D., SILVA, M. J. P., CEDOTTI, W., CÂMARA, M., GOMES, S. A. **Visitas virtuais durante a pandemia de COVID-19**. Disponível em: <https://ammg.org.br/wp-content/uploads/Visitas-virtuais-COVID-19.pdf>.

CRUZI, C. de O., SPIKES, Rachel Riera. **Comunicando más notícias**: o protocolo Universidade Federal de São Paulo (Unifesp). Diagn Tratamento. 2016;21(3):106-8.

DEOCLECIANO T. G. **Dicionário de Termos Médicos e de Enfermagem**. São Paulo, Editora Rideel, 2002.

DELLON, E. P., et al. Physician practices for communicating with patients with custic fibrosis about the use of non-invasive and invasise mechanical ventilation. **Chest journal**. 2012.

DEVEREAUX, A., et al. **Summary of suggestions from the task force for mass critical care summit**, January 26–27, 2007. Chest, 133(5), 1S-7S.

DOHERTY, R. The **Emotional Contagion Scale**: A measure of individual differences. Journal of Nonverbal Behavior, 21 (2), 131-154. 1997.

DIRETRIZES BRASILEIRAS DE VENTILAÇÃO MECÂNICA – 2013. Realização: AMIB e SBPT. 2013

DU, L., et al. The spike protein of SARS-CoV– a target for vaccine and therapeutic development. **Nature Reviews Microbiology**, 7(3), 226-236.

FOLKMAN, S. **Personal control, stress and coping processes**: A theoretical analysis. Journal of Personality and Social Psychology, 46(4), 839-852. https://doi.org/10.1037/0022-3514.46.4.839

GUIMARO, MS., CAIUBY, AVS., SANTOS, OFP., LACERDA SS., ANDREOLI, SB. Sintomas de estresse pós-traumático em profissionais durante ajuda humanitária no Haiti, após o terremoto de 2010. **Ciência & Saúde Coletiva**, 18(11):3175-3181, 2013

GUIMARÃES, M. A.; SILVA, F. B.; ARRAIS, A. A atuação do psicólogo junto a pacientes na unidade de tratamento de queimados. **Rev. Bras. Queimaduras**. v. 11, n. 3, p. 128-134, 2012.

HIGGS A, et al. Difficult Airway Society; Intensive Care Society; Faculty of Intensive Care Medicine; Royal College of Anaesthetists. Guidelines for the management of tracheal intubation in critically ill adults. **Br J Anaesth**. 2018, Feb;120(2):323-352.

HORTAL, M. C. R.; HEDBORG, A.; BIGUET, G.; NYGREN-BONNIER, M. Experience of using non-invasive ventilation as an adjunct to airway clearance techniques in adults with cystic fibrosis – A qualitative study. **Physiotherapy theory and practice**, 2017.

KÜBLER-ROSS, E. **Sobre a morte e o morrer**. 3 ed. São Paulo: Martins Fontes, 2002.

LASSEN HC. **A preliminary report on the 1952 epidemic of poliomyelitis in Copenhagen with special reference to the treatment of acute respiratory insufficiency**. Lancet, 1953; 261:37- 41

LIU DJJ, et al. **Emergências em Clínica Médica** – Coleção residência médica. Ed Atheneu, 2019.

LUÍS R. **Dicionário de termos técnicos de medicina e saúde**. Rio de Janeiro: Editora Guanabara Koogan, 2003.

MARIA DE FÁTIMA (Sup.). **Stedman Dicionário Médico**. Rio de Janeiro: Editora Guanabara Koogan, 2003.

MARTILLO M, et al. Postintensive Care Syndrome in survivors of critical illness related to Coronavirus Disease 2019: cohort study from a New York City critical care recovery clinic. **Crit Care Med.**, 2021

MEYER NJ, GATTINONI L, CALFEE CS. Acute respiratory distress syndrome. **Lancet**. 2021 Jul 1;398(10300):622–37. doi: 10.1016/S0140-6736(21)00439-6.

MONGODI S, SALVE G, TAVAZZI G, POLITI P, MOJOLI F. COVID-19 Post-ICU team, et al. High prevalence of acute stress disorder and persisting symptoms in ICU survivors after COVID-19. **Intensive Care Med.**, 2021

MALDONADO, G., CARDOSO, MR. O trauma psíquico e o paradoxo das narrativas impossíveis, mas necessárias. **Psic. Clin**, Rio de Janeiro, vol.21, N. 1, P.45-57, 2009.

NIKAYIN S, et al. Anxiety symptoms in survivors of critical illness: a systematic review and meta-analysis. **Gen Hosp Psychiatry**, 2016; 43:23-29.

PARKER A M, et al. Posttraumatic stress disorder in critical illness survivors: a metaanalysis. **Crit Care Med**. 2015;43(5):1121-1129.

PHAM, T., BROCHARD, L. J., SLUTSKY, A. S. **Mechanical ventilation**: state of the art. In: Mayo Clinic Proceedings (Vol. 92, No. 9, pp. 1382-1400). Elsevier.

QIU, J., et al. 2020. A nationwide survey of psychological distress among Chinese people in the COVID-19 epidemic: implications and policy recommendations. **General Psychiatric**, 33(2), e100213. https://doi.org/10.1136/gpsych-2020-100213

RABIEE A, et al. Depressive symptoms after critical illness: a systematic review and meta-analysis. **Crit Care Med.**, 2016; 44(9):1744-1753.

RIGHY C, et al. Prevalence of post-traumatic stress disorder symptoms in adult critical care survivors: a systematic review and meta-analysis. **Crit Care**,2019; 23:213

ROSSANO, C. L. Distanciamento e isolamento sociais pela Covid-19 no Brasil: impactos à saúde mental. **Revista de Saúde Coletiva**, Rio de Janeiro, v. 30(2), 2020.

SCHELLING G, et al. The effect of stress doses of hydrocortisone during septic shock on posttraumatic stress disorder and health-related quality of life in survivors. **Crit Care Med**. 1999; 27(12):2678-83.

SILVA, S. G. D., NASCIMENTO, E. R. P. D., SALLES, R. K. D. Bundle to prevent ventilator-associated pneumonia: a collective construction. **Texto & Contexto-Enfermagem**, 21, 837-844.

SOUZA, S. A. R. Atendimento psicológico aos pacientes em ventilação mecânica invasiva: relato de experiência em uma unidade de terapia intensiva na pandemia de COVID-19. **Brazilian Journal of Development**. v. 7, n. 2, p. 20265-20275, 2021.

TABA, Sheila. **Visita de criança em Unidade de Terapia Intensiva em um Hospital Público**: elaboração de protocolo. 106 f. Dissertação (Mestrado em Psicologia) – Pontifícia Universidade Católica de São Paulo, São Paulo, 2012.

WALKER, P. G., et al. **The global impact of COVID-19 and strategies for mitigation and suppression**. London: Imperial College. Retrieved from: <https:// www.imperial.ac.uk/media/imperial-college/medicine/sph/ide/gida-fellowships/Imperial-College-COVID19-Global-Impact-26-03- 2020v2.pdf>.

WANG, G., ZHANG, Y., ZHAO, J., ZHANG, J., JIANG, F. Mitigate the effects of home confinement on children during the COVID-19 outbreak. **The Lancet**, 395, 945-947. http://dx.doi.org/10.1016/S0140-6736(20)-30547-X

WEIS F, et al. Stress doses of hydrocortisone reduce chronic stress symptoms and improve health-related quality of life in high-risk patients after cardiac surgery: a randomized study. **J Thorac Car**.

WORLD HEALTH ORGANIZATION. **The CID-10 Classification of mental and Behavioural Disorders**: Diagnostic Criteria for Research. Geneva: WHO, 1993.

ZHANG, J., WU, W., ZHAO, X., ZHANG, W. Recommended psychological crisis intervention response to the 2019 novel coronavirus pneumonia outbreak in China: a model of West China Hospital. **Precision Clinical Medicine**, 3(1), 3-8.

Os autores

Organizadores

Alfredo Simonetti

Médico psiquiatra e psicanalista. Psicólogo clínico e hospitalar. Professor de psiquiatria da Faculdade de Medicina São Camilo (SP-SP). Médico colaborador do AMBAN (IPQ-HC-USP-SP). Professor convidado da PUC-SP em Psicologia Hospitalar. Palestrante do programa Café Filosófico (TV CULTURA). Coordenador do Núcleo de Estudos e Pesquisas em Psicologia Hospitalar (NEPPHO). Autor dos livros *Manual de Psicologia Hospitalar* (Ed. Artesã), *A Cena Hospitalar – psicologia médica e psicanálise* (Ed. Artesã) e *O nó e o Laço* (Ed. Integrare).

Jaquilene Barreto

Psicóloga hospitalar do Hospital Universitário do Oeste do Paraná – (HUOP), Cascavel-PR. Mestre em Ciências da Saúde pela Universidade Estadual de Maringá-PR. Coordenadora do projeto de extensão e pesquisa: Ambulatório interdisciplinar de seguimento em terapia intensiva do HUOP.

Colaboradores

Aline Vaneli Pelizzoni

Psicóloga hospitalar do Hospital Universitário do Oeste do Paraná (HUOP), Cascavel-PR. Mestre em Biociências e Saúde pela

Unioeste. Psicóloga Residente em Reabilitação Multiprofissional em Anomalias Craniofaciais pela Unioeste.

Andrea Batista de Andrade Castelo Branco

Mestre em saúde pública (UFC). Doutora em Psicologia (PUC-Minas). Professora do Departamento de Psicologia da Universidade do Ceará (UFC) e do mestrado em Psicologia da Saúde da Universidade Federal da Bahia (UFBA).

Bruna Freire Ribeiro

Acadêmica de Psicologia. Estagiária do Serviço de Psicologia Hospitalar do Hospital Universitário do Oeste do Paraná (HUOP), Cascavel-PR.

Gabriel Afonso Dutra Kreling

Médico. Especialista em clínica médica (USP-SP). Pós-graduado em cuidados paliativos (Pallium). Ex-coordenador da Ala Covid-19 do Hospital Universitário do Oeste do Paraná. Residente de Medicina Intensiva (Hospital das Clínicas USP-SP).

Karla Driele da Silva Alves Arruda

Psicóloga clínica. Especialista em Urgência pelo Programa de Residência Multidisciplinar em Urgência (UFBA) e mestranda em Psicologia da Saúde (UFBA).

Jefferson Clayton da Silva Oliveira

Psicólogo clínico. Especialista em saúde pública pela Unioeste. Psicólogo hospitalar do Hospital Universitário do Oeste do Paraná (HUOP), Cascavel-PR.

Lucas Jagnow Guerra

Psicólogo clínico. Psicólogo da saúde e da educação na Prefeitura Municipal de Assis Chateaubriand (PR). Pós-graduando em Psicologia do Desenvolvimento e da Aprendizagem pela Pontifícia Universidade Católica do Rio Grande do Sul (PUC-RS).

Pedro Henrique de Araújo

Psicólogo clínico. Estagiário do Serviço de Psicologia Hospitalar do Hospital Universitário do Oeste do Paraná (HUOP), Cascavel-PR.

Raquel Guzella de Camargo

Psicóloga. Pós-graduada em Psicologia Hospitalar (Instituto Zayn). Residente do Programa em Reabilitação Multiprofissional em Anomalias Craniofaciais do Hospital Universitário do Oeste do Paraná (HUOP/Unioeste), Cascavel-PR. Graduanda em Terapia Ocupacional (UFPR).

Rita Gomes Prieb

Psicóloga hospitalar. Chefe do Serviço de Psicologia do Hospital de Clínicas de Porto Alegre-RS.

Sara Caldart Lupatini

Psicóloga hospitalar do Hospital Universitário do Oeste do Paraná (HUOP), Cascavel-PR. Especialista em saúde da família, na modalidade de residência pela Universidade Federal da Integração Latino-Americana (UNILA), Foz do Iguaçu-PR.

Sheila Taba

Psicóloga hospitalar do Hospital Universitário do Oeste do Paraná (HUOP), Cascavel-PR. Mestre em Psicologia Clínica pela Pontifícia Universidade Católica de São Paulo (PUC-SP).

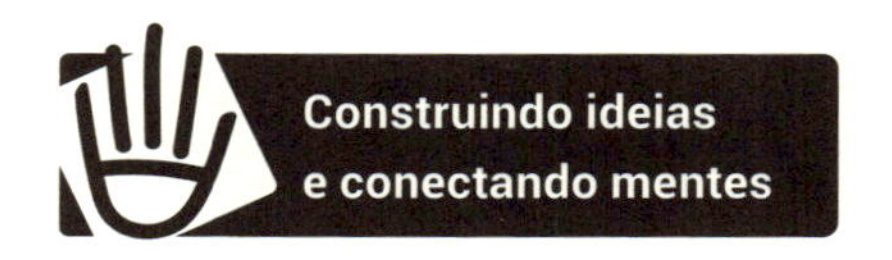

Este livro foi composto com tipografia Bembo Std
e impresso em papel Pólen Soft 80g.
na Gráfica Formato em março de 2022.